T0118777

PHILOSOPHIE DE LA FAMILLE

COMITÉ ÉDITORIAL

TEXTES CLÉS

PHILOSOPHIE DE LA FAMILLE

Communauté, normes et pouvoirs

Textes réunis
par
Gabrielle RADICA

PARIS
LIBRAIRIE PHILOSOPHIQUE J. VRIN
6, place de la Sorbonne, V^e
2013

S. Freud, *Le malaise dans la culture*, trad. D. Astor, p. 117-126
© Flammarion, coll. GF, 2010

A. Hochschild, « The Working Wife as Urbanizing Peasant » in
A. Hochschild and A. Machung, *The Second Shift*, p. 250-255
© 1989, 2003 by Arlie Hochschild. Used by permission of Viking Penguin, a
division of Penguin Group (USA) Inc.

C. Pateman, *Le contrat sexuel*, trad. C. Nordmann, p. 142-151
© Éditions La Découverte, 2010

S. Moller Okin, *Justice, genre et famille*, trad. L. Thiaw-Po-Une, p. 213-236
© Flammarion, coll. Champs, 2008

M. Walzer, *Sphères de justice*, trad. P. Engel, coll. *La couleur des idées*,
p. 319-330
© Éditions du Seuil, 1997, pour la traduction française

F. Engels, *L'origine de la famille, de la propriété privée et de l'État*, trad.
J. Stern revue par C. Mainfroy, p. 126-152
© Éditions sociales, Paris, 1983

R. Lenoir, *Généalogie de la morale familiale*, coll. *Liber*, p. 15-36
© Éditions du Seuil, 2003

J. Donzelot, *La police des familles*, p. 49-58
© Éditions de Minuit, 1977

© *Librairie Philosophique J. VRIN*, 2013
Imprimé en France
ISSN 1639-4216
ISBN 978-2-7116-2482-9
www.vrin.fr

INTRODUCTION

NORMES ET « RÉALITÉ » DE LA FAMILLE

La famille est un objet de réflexion délicat, sur lequel il semble qu'on ne puisse prendre position sans passion. Il suffit pour s'en convaincre d'évoquer les débats houleux que ne manquent pas de susciter aujourd'hui la question des modalités d'adoption ou d'aide médicale à la procréation, l'évocation du mariage homosexuel, de la polygamie ou encore des conditions d'attribution des allocations familiales. La chose n'est pas neuve : l'admission des « unions libres » parmi les formes familiales reconnues, les vicissitudes du droit de divorcer ou d'avorter, ont suscité également des polémiques violentes, et l'on pourrait renouveler le constat en remontant dans le temps ou en quittant le cadre de la France. Quoique ces débats engagent les normes régissant l'organisation de la vie familiale, certains de leurs protagonistes se comportent parfois comme si changer ces normes pouvait tout simplement changer le monde, ou du moins menacer leur monde.

La famille ne peut à première vue échapper à une analyse normative : il y aurait de bons et de mauvais parents ; des unions légitimes et des unions non légitimes ; de mauvaises et de bonnes – voire une seule bonne- éducations ; des adoptions justifiées, d'autres non ; un nombre adéquat d'enfants par famille, etc. Il n'est pas jusqu'à la tolérance elle-même vis-à-vis des différentes formes familiales, qui ne constitue une de ces normes.

Si tel est le cas, il convient de rechercher la nature de ces normes, savoir d'où elles viennent, qui les édicte, les valide, et comment notamment elles s'articulent à la réalité des pratiques. Or il y a deux façons de penser le lien entre les normes et la « réalité » du phénomène familial.

On peut d'abord considérer que les normes familiales dérivent d'une réalité qui les précède et à laquelle elles doivent se conformer. Cette réalité de référence peut être à son tour de deux espèces très différentes. Les conceptions *naturalistes* considèrent la famille comme un regroupement humain qui est nécessaire quelle que soit la société dans laquelle elle prend place, parce qu'elle remplit des fonctions considérées comme universelles. La procréation, l'éducation des enfants, les liens affectifs domestiques, ou encore la complémentarité « naturelle » de l'homme et de la femme sont invoqués pour justifier telle définition souhaitable de la famille et pour valoriser, par exemple, une politique fiscale favorable aux familles, ou bien une morale conjugale prônant la fidélité et l'hétérosexualité. À l'opposé des positions naturalistes, des auteurs sceptiques ou *relativistes* considèrent que la famille est un phénomène qui varie tellement en fonction des sociétés dans lesquelles il se manifeste, qu'aucune norme universellement valable ne peut la régir. Dans ce cas, les normes sont multiples, et personne ne peut s'autoriser à critiquer une société différente de la sienne, au motif que cette dernière tolérerait l'adultère ou la bigamie, ou encore favoriserait la gestation pour autrui, puisque les systèmes normatifs sont par principe imperméables les uns aux autres. «Le meurtre des enfans, meurtre des peres, communication de femmes, trafique de voleries, licence à toutes sortes de voluptez, il n'est rien en somme si extreme qui ne se trouve receu par l'usage de quelque nation» avertit Montaigne [1].

Mais malgré les conclusions opposées qu'elles en tirent, les positions relativistes comme les positions naturalistes s'appuient sur une réalité de référence (nature ou société) qu'elles considèrent comme donnée pour parvenir à la formulation de normes familiales. Or, on peut considérer autrement l'articulation des normes à la «réalité» des pratiques familiales : toute posture *volontariste* qui par le droit, par le discours, par les prati-ques, prône de nouvelles formes de famille et invoque pour cela le désir des individus ou leur droit subjectif, suppose au contraire que la réflexion normative sur la famille n'est pas prisonnière des faits et peut accéder à une certaine autono-mie [2]. Notons que ces trois positions – naturaliste, relativiste / culturaliste, volontariste – sont des idéaux-types et l'on observe dans la littérature sur la famille plutôt des mélanges variables de ces trois modes de raisonnement que les types purs.

Une réflexion sur l'origine et le statut des normes familiales, autant que sur le statut de la «réalité» ou de la «naturalité» des pratiques familiales à laquelle les normes s'articulent s'avère donc nécessaire. Les normes pesant sur la

1. Montaigne, *Apologie de Raymond Sebond*, *Essais*, I, XII, «Quadrige», Paris, P.U.F., 3 vol., 2004, t. 1, p. 580.
2. Typique de cette méthode est l'ouvrage de M. Iacub, *L'empire du ventre* (Paris, Fayard, 2004), qui s'appuie sur la capacité du droit à forger des fictions pour distendre le lien devenu à son sens trop étroit entre maternité et accouchement.

famille ne sauraient être élaborées de façon absolument autonome sans risquer un artificialisme excessif, ou la perte de tout socle argumentatif pour convaincre de leur bien-fondé. Mais le statut de cette « réalité » sur laquelle on s'appuie pour ériger des normes familiales est malheureusement tout autant problématique. Il y a fort à parier que celle-ci ne nous parvienne jamais, ne puisse jamais être observée qu'à travers un regard déjà façonné par certaines normes, quand cette réalité n'est pas en fait tout simplement la projection plus ou moins consciente de certaines normes. Par exemple, pour ce qui est de la nature, son invocation est souvent purement incantatoire, et vise précisément à masquer l'aspect douloureusement artificiel d'une institution, ainsi que les efforts permanents qu'elle demande pour être maintenue[1]. Mais à son tour, la reconnaissance des variations sociales affectant l'institution familiale se méprend quand elle tient le système familial propre à chaque société pour un pur fait aisément descriptible, quand elle n'aborde les normes que comme un donné, car elle risque alors de cacher leur caractère dynamique, et d'occulter les débats qui portent sur la famille et ont lieu dans chaque société, ou les changements qui les travaillent. L'articulation entre normes et réalité serait peut-être une façon insuffisante de poser le problème des normes familiales.

---

1. Freud suggère qu'une tendance incestueuse explique bien mieux l'origine des prohibitions de l'inceste, qu'une horreur naturelle que nous éprouverions pour lui (*Totem et Tabou*, trad. S. Jankélévitch, Paris, Payot et Rivages, 2001, « La peur de l'inceste », p. 32). À quoi bon interdire ce que nos sentiments nous interdisent déjà ?

FAMILLE ET POUVOIR

La validation ou la contestation des normes de l'organisation familiale s'inscrivent en effet dans des luttes sociales, politiques, religieuses, et derrière la question de ces normes se profile l'enjeu du pouvoir auquel elles font obstacle ou qu'elles favorisent. Quand une norme familiale s'impose qui apparaît protectrice pour certains (par exemple l'égalité juridique des époux), ou au contraire oppressive (par exemple le droit de regard des parents sur le mariage de leurs enfants), c'est qu'elle favorise certains acteurs qui défendent en elle leur pouvoir, leur avantage, ou bien leur liberté et leurs droits.

La famille est en effet un lieu où se définissent et s'exercent différents pouvoirs. Il ne s'agit pas ici seulement des relations de pouvoir internes à la sphère familiale (des parents sur les enfants, des conjoints l'un sur l'autre), mais aussi du pouvoir social que reçoit un groupe domestique du fait d'être reconnu comme famille, et enfin, du pouvoir politique, social, moral, religieux que subit la famille, et que subissent plus particulièrement certains types de famille[1]. Codes de lois, politiques familiales, appareils administratifs-assistantiels développés dans les États-Providence et qui jouent toujours un rôle ambivalent de protection et de contrôle simultanés, tabous religieux, tabous moraux : toutes ces contraintes et ces influences pèsent en permanence sur l'organisation et la vie des familles, et les modèlent fortement.

---

1. Rémi Lenoir comme Jacques Donzelot montrent combien les familles bourgeoises et les familles ouvrières et populaires se voient gouvernées différemment au XIXe siècle (voir *infra*, p. 297-337).

Allons plus loin : il faudrait repérer non seulement les pouvoirs qui s'exercent dans et par la famille, mais aussi ceux qui opèrent pour promouvoir telle ou telle description de la famille. L'analyse des luttes menées pour la définition de la famille permet de considérer la famille non comme une réalité donnée, mais comme une construction sociale et comme le résultat de conflits politiques[1]. Au lieu de rapporter les normes familiales à une réalité de référence – qu'il s'agisse de la nature ou des pratiques propres à chaque société –, il faudrait les rapporter directement aux forces en présence, prendre conscience des luttes qui ont lieu pour définir et constituer la famille, pour imposer tel ou tel modèle de famille, et souvent pour le présenter comme naturel afin de concourir à sa légitimation. Telle est la position *constructiviste* de Rémi Lenoir qui dénonce le *réalisme* et substitue au couple des normes et de la réalité, le couple des constructions de la famille et des pouvoirs qui les entretiennent. Son travail sur la « généalogie de la morale familiale » commence ainsi par réfuter l'affirmation selon laquelle la famille est une réalité donnée, naturelle, éternelle et montre les luttes qui ont pris place en France aux XIXe et XXe siècles entre différents acteurs : État, médecins, sociétés de philanthropie, etc. pour non seulement réguler, mais de façon plus radicale, définir la famille.

FAMILLE ET INDIVIDUS

Une réflexion sur la famille doit comprendre et révéler les différents niveaux où s'exercent des conflits, y compris

1. Voir le texte de Rémi Lenoir, p. 297-324.

les obstacles qu'oppose la famille à certaines formes de domination, car l'analyse des pouvoirs impliqués dans la famille révèle que cette dernière peut devenir un lieu de résistance, et non pas seulement d'oppression, selon sa capacité à refuser ces contraintes ou à les assimiler. La famille est aussi une protection, une sphère privée qui peut se couper au moins partiellement des diverses influences sociales, et ne pas en subir la domination.

C'est seulement après ces diverses précautions qu'une réflexion normative consciente de ses présupposés peut se déployer concernant la famille.

Contre des conceptions *interventionnistes* du rôle de l'État dans la famille (la *République* de Platon en serait l'illustration parfaite), la position *libérale*, dont on trouve le principe chez Constant, consiste à voir la famille comme une sphère privée et privilégiée qu'il faut couper de toute influence indue émanant de l'État, de mœurs intrusives ou autoritaires. Toutefois ce libéralisme semble pâtir de l'angélisme qui vient d'être dénoncé, car il omet le fait que l'oppression des individus peut provenir et provient souvent du sein même de la famille. En effet, certains de ses membres profitent de l'isolement familial pour opprimer les membres plus faibles, et jouissent pour cela de l'aide de certaines structures sociales de domination que la famille ne fait qu'amplifier et entretenir, comme les rapports de genre qui trouvent dans la sphère domestique leur assise et leur alliée. Faut-il alors reconnaître comme le fait Martha Nussbaum que la sphère familiale est une chose précieuse, mais non privée[1] et défendre à ce titre un certain

---

1. M. Nussbaum, *Frontiers of justice*, London, Belknap Press, 2006, p. 321 : « The family should be treated as a sphere that is precious, but not "private" ».

volontarisme juridique qui s'autoriserait à entrer dans l'intimité des familles, qui corrigerait les arrangements individuels biaisés et injustes entre personnes trop inégales ? Cette auteure défend bien une conception libérale de la famille, mais elle entend défaire un lien trop étroit ou mal entendu entre d'une part la défense de l'individu, de ses droits et de sa liberté, et d'autre part la protection sans conditions de la sphère familiale, au motif que cette dernière serait privée.

La pensée de la famille invite ainsi à examiner le statut de l'individu et les rapports entre *individualisme* et *holisme*. Une famille est un petit rassemblement d'individus, un niveau d'organisation des relations humaines, une totalité réduite dont on doit tenir compte à l'égal des autres associations et regroupements comme les entreprises, les organismes, écoles, églises, etc. pour éviter l'abstraction stérile de l'opposition entre société et individu ou entre État et individus. Or la famille est autant un lieu où l'individu est menacé, parce qu'elle perpétue des inégalités entre les individus, entre leurs droits et leur pouvoir respectifs, qu'un des milieux où l'individu peut s'affirmer comme tel, et trouver les chances de développer une personnalité propre.

Je privilégierai plus particulièrement, à propos des rapports entre individualisme et famille, les deux questions de la *liberté* et de *l'égalité* : en quoi la famille est-elle un lieu de *liberté* et en quoi ne peut-elle l'être ? En quoi la famille peut-elle favoriser les conditions d'une égalité et d'une *justice* entre ses membres, en quoi y est-elle rétive ?

QUELLE DÉFINITION DE LA FAMILLE ?

Ces problèmes reçoivent une lumière spécifique de la philosophie, qui suppose un travail définitionnel préalable. Toutefois cet effort de définition ne saurait se faire à son tour sans l'apport des différentes sciences humaines.

L'histoire et la sociologie soulignent les variations empiriques de l'institution familiale en tentant de mettre entre parenthèses toute attitude normative à son égard[1] et de se dévouer à la description. L'anthropologie, quant à elle, dégage les structures qui organisent la parenté et nous apprend qu'elles ont des répercussions sur la famille. Ces disciplines au demeurant collaborent fréquemment pour aborder le phénomène complexe de la famille[2]. La lecture de ces travaux montre une diversité des formes familiales qui est parfois telle que l'on a du mal à trouver quelque chose de commun entre la famille occidentale nucléaire moderne et ses diverses modalités ; l'institution des maris « furtifs » à Sumatra, aussi appelés maris « visiteurs » au Ghana, qui n'habitent pas chez l'épouse, mais la visitent la nuit[3] ; les frérèches et les communautés taisibles, vastes associations humaines de coopération et de cohabitation fondées ou non sur un lien familial, mais vivant « au même pot

---

1. La norme ne devrait dans ces disciplines plus être qu'un objet d'étude, et non une façon d'approcher l'objet, mais Rémi Lenoir émet des doutes sur la neutralité de la sociologie vis-à-vis de l'idéologie familialiste.

2. L. Barry, *La parenté*, Paris, Gallimard, 2008, chap. 1.

3. Selon une conception natolocale de la résidence, chacun restant habiter là où il est né. Je m'appuie principalement pour ces références sur *Histoire de la famille*, A. Burguière, C. Klapisch-Zuber, M. Segalen, F. Zonabend (dir.), 3 vol., Paris. Armand Colin, 1986, notamment l'article de F. Zonabend, « Regard ethnologique sur la famille et la parenté », t. I, p. 19-97, ici p. 60-61.

et au même feu » ; le prêt d'épouses que réalisaient les Romains à des fins de convenance notamment patrimoniale[1].

Phénomène variable, la famille l'est aussi parce que son observation et sa définition montrent une série d'éléments irréductibles les uns aux autres, quelque effort de rationalisation ou de réduction que l'on déploie pour les unifier. Ces éléments comprennent le plus souvent, mais non simultanément, ni de façon exhaustive : une cohabitation prolongée de certaines personnes, alliées ou parentes ; une sexualité plus ou moins exclusive, liée à des interdits définissant l'inceste ; l'organisation de la filiation (biologique/adoptive) ; l'économie et la gestion des propriétés individuelles ; la satisfaction des besoins élémentaires (nourriture, protection, éducation) et le travail de soin de soi et d'autrui qu'elle implique ; l'articulation de ce travail domestique à un travail dit productif, parce que rémunéré et extérieur à la sphère domestique ; les sentiments, devoirs et droits des membres de la famille les uns à l'égard des autres ; la transmission et l'entretien de biens patrimoniaux, ainsi que de symboles, de noms, de savoirs, de cultures, d'habitudes ; et enfin, une série de règles juridiques et de normes qui organisent la famille. Cette définition est empirique, descriptive, et composée de facteurs hétérogènes. C'est ce qui devrait prémunir contre divers préjugés naturalistes ou essentialistes concernant la famille. Parmi ces éléments, aucun ne se retrouve dans toutes les familles : la cohabitation des époux n'est pas échue aux maris « visiteurs » mentionnés plus haut ; la sexualité n'apparaît que ponctuellement entre mari et femme romains dans les

---

1. Y. Thomas, « À Rome, pères citoyens et cité des pères », *Histoire de la famille*, *op. cit.*, t. II, p. 253-302.

descriptions données par Yan Thomas. Mais grâce à cette définition, on peut aussi assurer la pertinence de la notion de famille, car on rencontre dans toutes les sociétés humaines des formes d'associations reposant sur au moins quelques-uns des éléments de cet ensemble.

Mêlant faits et normes, pratiques et institutions, visibilité sociale et intimité, la famille n'est donc pas une notion simple. C'est peut-être pourquoi l'anthropologue Laurent Barry qualifie le terme de « vague »[1]. Mais abandonner cette notion pour étudier d'autres objets aux contours plus nets serait abandonner un concept dont nous ne savons pas non plus nous passer, ce serait renoncer par ailleurs à éclairer certaines questions fondamentales de psychologie, de morale et de justice politique.

Malgré cette difficulté de définition, il reste possible de préciser le propos. Tout d'abord on peut le faire négativement : la famille étudiée ici n'est pas la parentèle, le groupe de tous ceux qu'un individu a pour parents et alliés, et qui comprend les parents plus ou moins éloignés d'un individu donné[2]. Il n'est pas non plus question de réfléchir sur la parenté et la filiation, même si leur connaissance est éclairante pour comprendre ce qui se passe dans les familles[3]. Enfin, la famille

1. Dans son lexique situé à la fin de *La parenté*, *op. cit.*, p. 769, il écrit ainsi à propos de la famille : « terme générique (et vague) désignant les personnes (consanguins ou alliés) se considérant comme « parents » et que l'on restreint souvent à ceux qui résident ensemble ».

2. Des cousins éloignés feront ainsi partie de la parentèle, mais non pas de la famille au sens retenu dans ce recueil.

3. Laurent Barry définit la parenté : « un procédé taxinomique qui porte sur l'humain, et qui trie entre nos semblables et les autres dans l'ensemble des individus qui sont réellement ou putativement liés entre eux par la naissance ou par le mariage » (*La parenté*, *op. cit.*, p. 17). La parenté aurait un rôle explicatif

est parfois avantageusement comprise comme la maisonnée, ou la cellule domestique, mais ces deux concepts qui privilégient l'organisation matérielle risquent de faire oublier l'importance des liens d'alliance, de filiation et de consanguinité qu'une famille entretient aussi la plupart du temps.

Le propos se concentrera donc sur la famille entendue comme ce mode d'organisation de l'existence sociale, qui rassemble quelques personnes alliées ou parentes dans l'accomplissement de certaines des tâches, réalisations et fonctions énumérées dans la définition précédente, notamment l'économie et les différents liens entre proches qui cohabitent.

ASSOCIATION ET COMMUNAUTÉ

Les textes philosophiques présentés dans le recueil ne mettent pas le même accent que ces études empiriques sociologiques, historiques, ethnologiques sur la diversité du phénomène familial. La plupart ignorent même les variations importantes du phénomène, dans la mesure où ils se fondent sur un modèle déterminé de famille (l'*oikos* aristotélicienne, la famille conjugale chez Locke). Néanmoins, aucun de ces textes ne développe une réflexion qui soit coupée de toute discipline empirique, qu'il s'agisse de l'histoire, du droit, de la sociologie, de la psychologie. En outre, on trouvera dans tous ces extraits une analyse de la plupart des éléments définitionnels importants et récurrents de la famille :

global qui rend compte de la filiation, de la consanguinité et de l'alliance. Ainsi, la filiation désigne par exemple une «règle qui détermine l'appartenance formelle et légale d'un individu à un groupe» (p. 15), et comprend un faisceau de droits et de devoirs qui en témoignent (p. 16).

cohabitation, procréation et filiation, économie, patrimoine et travail et enfin, règles organisant la sexualité.

C'est surtout un travail définitionnel que l'on trouve dans les premiers textes, lesquels permettent de façon plus générale de comparer la fécondité des catégories *d'association* (partie I) et de *communauté* (partie II) pour définir la famille. La première, celle d'association, représente la famille comme un regroupement volontaire d'individus et permet de situer la famille par rapport à la nature, puisque la famille serait d'après Rousseau et Freud l'institution socialisatrice et civilisatrice par excellence, dans la mesure où, les rapprochant, les faisant entrer dans des relations durables, elle fait passer les individus de l'état isolé naturel à l'état social. À l'opposé de ces prémisses individualistes et en première analyse égalitaires que porte la notion d'association, la communauté est une notion qui renvoie à la différenciation interne de la sphère familiale : la différenciation des membres, de leurs rôles, de leurs sentiments et de leurs ressources est soulignée par Aristote et par Hegel, qui opposent la famille à la société où les individus sont égaux. Mais le texte de Durkheim organise autrement les rapports de la communauté et de la société, faisant de chacune d'elle des étapes historiques successives de l'organisation sociale, plutôt que des modalités complémentaires et simultanées de l'organisation sociale. Sans refuser qu'elles puissent coexister, il montre que leurs logiques sont plus différentes que complémentaires.

QUELLE LIBERTÉ, QUELLE JUSTICE DANS LA FAMILLE ?

Chacune de ces notions, l'association familiale et la communauté familiale, fournissent ainsi des outils pour penser la liberté et la justice dont jouissent les individus dans la famille.

Or, penser la famille comme une association sera-t-il suffisant pour reconnaître la *liberté* de chacun de ses membres, ainsi que Locke l'affirme en défendant la nature volontaire, contractuelle et limitée du mariage ? Rien n'est moins sûr si l'on se penche sur les liens juridiques particuliers qui se tissent par le mariage et si l'on se persuade à la suite de Carole Pateman, que tout contrat repose en dernière instance sur le « contrat sexuel » originaire qui a mis à disposition des hommes la liberté et le travail des femmes dans la sphère domestique (partie III).

C'est à une réflexion sur la *justice* au sein de la famille (partie IV) qu'invite la combinaison des notions d'association et de communauté familiale, dans la mesure où elle concerne les rapports d'égalité et d'inégalité entre les membres de la famille. La difficulté de penser une justice au sein de la famille provient de la nécessité de combiner une certaine égalité avec de nombreuses différences et inégalités, mais aussi du rôle qu'y jouent les sentiments, la dépendance interpersonnelle et les rapports de genre et de génération. Susan Moller Okin, tout en reconnaissant l'importance de la vie familiale et sa spécificité, montre combien trop souvent la différence des rôles devient inégalité des statuts et des tâches. Aussi compte-t-elle rétablir l'égalité dans la famille en la pensant d'abord comme une association qui doit être volontaire et libre.

Enfin, la dernière partie (V) contient des textes dont le point commun est le refus de considérer isolément la famille, afin de mieux critiquer sa prétendue naturalité, afin de modérer les jugements optimistes concernant la liberté, la justice et la bienveillance qui sont censées s'y déployer. En insérant la famille dans un système économique plus vaste et qu'elle sert

(Engels), ou dans une politique familiale dont elle est le caisson de résonnance (Donzelot, Lenoir), les textes cités permettent de remettre en cause l'autonomie de la famille, en tenant compte des pouvoirs qui la parcourent. C'est à une relecture critique des textes précédents qu'ils invitent[1].

Références bibliographiques

Le but de cette bibliographie est simplement d'évoquer la grande variété des méthodes d'étude de la famille (histoire, sociologie, psychologie, anthropologie), ainsi que certains textes philosophiques fondamentaux auxquels les limites de ce recueil n'ont pas permis de faire justice.

ARIÈS P., *L'enfant et la vie familiale sous l'Ancien Régime*, Paris, Seuil, 1973.

BARRY L., *La parenté*, « Folio », Paris, Gallimard, 2008.

BOZON M., HÉRAN F., *La formation du couple : textes essentiels pour la sociologie de la famille*, Paris, La Découverte, 2006.

CHODOROW N., *The Reproduction of Mothering*, Berkeley, Los Angeles, London, 1978.

COMTE A., *Système de politique positive*, II, Paris, Crès, 1912.

DE SINGLY F., *Sociologie de la famille contemporaine*, Paris, Armand Colin, 2007.

DURKHEIM É., *De la division du travail social*, Paris, P.U.F., 1930, rééd. 2004.

1. Je tiens à remercier Sandra Laugier qui m'a donné la première impulsion pour ce travail, ainsi que Michel Malherbe qui en a suivi l'élaboration avec rigueur, Céline Spector, Marie Gaille, Jean-Pascal Anfray pour leurs relectures, Mélanie Plouviez pour son soutien durkheimien, et enfin, je remercie tout particulièrement Ninon Vinsonneau à qui je dois la traduction inédite d'Arlie Hochschild.

– *Textes*, 3 vol., t. III, *3. Fonctions sociales et institutions*, chap. 1 « Famille, mariage et institutions domestiques », Paris, Minuit, 1975, p. 7-155.

FREUD S., *Œuvres complètes*, Paris, P.U.F., 2010.

GILLIGAN C., *Une voix différente*, trad. A. Kwiatek, Paris, Champs-Flammarion, 2008.

GOODY J., *The European Family: an historico-anthropological Essay*, Oxford, Blackwell, 2000.

Histoire de la famille, BURGUIÈRE A., KLAPISCH-ZUBER C., SEGALEN M., ZONABEND F. (dir.), 3 vol., Paris, Armand Colin, 1986.

Histoire de la vie privée, ARIÈS P. et DUBY G. (éd.), 3 vol., Paris, Seuil, 1987.

LASLETT P., *The World we have lost*, London, Methuen and Cie, 1965.

LÉVI-STRAUSS C., *Les structures élémentaires de la parenté*, Paris, Mouton, 1967.

ROUGEMONT D. de, *L'amour et l'occident*, Paris, 10-18, 1939.

SEGALEN M., *À qui appartiennent les enfants ?* Paris, Tallandier, 2010.

SHORTER E., *Naissance de la famille moderne*, trad. S. Quadruppani, « L'univers historique », Paris, Seuil, 1977.

TOCQUEVILLE, *De la démocratie en Amérique*, 2 vol., Paris, Flammarion, 2010, notamment, t. 2, III, chap. 8 : « Influence de la démocratie sur la famille », p. 239 *sq.*

LA FAMILLE ENTRE NATURE ET SOCIÉTÉ

PRÉSENTATION

LE LIEN FAMILIAL, PLUS NATUREL QUE LE LIEN SOCIAL

La naturalité de la famille humaine peut désigner dans l'esprit de ses défenseurs plusieurs choses, en fonction de la conception de la nature qui est adoptée : nécessité inscrite dans l'ordre des choses, simple nécessité des fonctions que la famille accomplit[1], universalité, voire simple généralité du phénomène (selon une définition statistique et non substan tielle de la nature que l'on trouve chez Hume), mais aussi bonté et convenance du regroupement familial, satisfaction de sentiments eux-mêmes considérés comme naturels (voir les Stoïciens par exemple). Ici, c'est un autre sens encore qui sera examiné : la naturalité de la famille s'oppose à l'artifice, au caractère explicite, volontaire et complexe du lien social.

La famille unit ses membres d'une façon simple, et apparemment plus spontanée et immédiate que ne le fait la société, qui interpose entre les individus la distance des politesses, des formalités, des règlements. La famille (où les « familiarités » sont justement permises) semble un lien plus naturel que le lien social. C'est à ce titre que Rousseau et Freud

1. Voir *infra*, p. 29.

décrivent son apparition comme une étape essentielle du développement des liens humains dans l'histoire naturelle de l'état
civil qu'ils donnent tous deux. Ils en font l'intermédiaire entre
l'isolement individuel et le déploiement de liens proprement
sociaux.

Arguer que la famille est naturelle revient à souligner
qu'elle peut se constituer seule, sans l'intercession d'une
collectivité, car le désir de deux individus de s'allier y suffit,
sans accord explicite ni contrat privé. La famille produit alors
des normes implicites plus proches du modèle des mœurs
que de celui de la loi explicite, centralisée et contraignante.
Les familles n'ont pas besoin selon Rousseau de l'État pour
exister, ni des contrats qui sanctionnent après coup le lien
familial (voir dans la partie III, les textes de Locke et Kant,
p. 151-182) ; la coexistence, la « longue possession » suffisent,
d'après le texte du second *Discours* présenté dans le recueil
pour que l'on parle de famille.

LA FAMILLE, PREMIÈRE INSTITUTION SOCIALE

Bien qu'ils la placent près de la nature, Rousseau et Freud
font de la famille la première institution sociale. En outre, ils
soulignent tous deux son rôle dynamique dans le processus de
développement de la société et de la civilisation.

Rousseau voit ainsi dans la famille une étape décisive
du développement de la société dans l'histoire conjecturale
de l'état de nature dont il suit la progression depuis l'état
de « pure » nature, atomisé, jusqu'à l'état civil, doté d'une
structure politique centrale. La famille en effet sédentarise les
hommes, stabilise leurs modes de vie en coutumes auxquelles
ils s'attachent. Aussi, si elle ne suppose pas d'autre institution
qu'elle-même, et paraît naturelle à ce titre, la famille n'est

pourtant pas un besoin inscrit dans la nature de l'homme, puisque l'on peut très bien imaginer un état de pure nature où les unions sexuelles ne débouchent pas sur une cohabitation prolongée, et où la procréation n'engendre pas de longue coexistence de la mère et de son enfant.

Outre qu'elle suscite la société, la famille favorise le développement de diverses facultés et institutions humaines qui y sont liées : le langage, et les sentiments d'attachement qui s'accompagnent de l'apparition d'une conscience de la durée chez les individus. L'institution progressive des familles est donc chez Rousseau la condition non seulement de la société, mais aussi d'un développement pré-politique de la culture. Seules la proximité et la sédentarité permettent l'apparition d'un idiome commun, et des mœurs qui singularisent les cultures, faites d'abord de chants, de danse, que l'émulation des amours-propres contribue à perfectionner. Le développement de la famille contribue à la genèse de l'individu, puisqu'elle met chacun en scène devant les autres et le constitue comme différent des autres.

Si les mœurs naissent grâce à la famille, c'est l'assise de l'obéissance aux lois qui se prépare au sein de la famille : l'institution domestique aura pour fonction dans l'État rousseauiste de former des citoyens et de leur donner de solides raisons d'obéir à la loi. Si l'énoncé de la loi s'élabore en public, la propension à respecter des règles s'élabore surtout dans la sphère familiale, à l'opposé de ce qu'une lecture strictement artificialiste des relations sociales chez Rousseau pourrait laisser penser. Ainsi chez Rousseau la famille permet-elle de penser l'apparition de la société, les débuts de la culture et les fondements de la vertu politique.

LA FAMILLE FREIN ET MOTEUR DE LA CULTURE

Freud s'exerce lui aussi au genre de l'histoire conjecturale et souligne plus encore que ne le fait Rousseau le statut intermédiaire de la famille, qui fait sortir l'homme de la nature, mais contient également des forces l'empêchant d'entrer de plain-pied dans la civilisation. Ce statut intermédiaire doit être imputé au rôle ambivalent de la femme : c'est elle qui suscite ce mouvement civilisateur en aspirant à fixer son mari dans des liens familiaux, et donc dans une société, et tout à la fois le freine en tentant de dissuader ce dernier de se consacrer à des liens sociaux plus larges. Les hommes doivent sortir de la famille pour accéder à des formes plus vastes de coopération sociale, qui requièrent une discipline et une culture des pulsions que le maintien serein dans la sphère familiale empêche selon Freud.

Dans cette explication de l'origine de la société, il n'est pas question simplement des hommes en général, mais de l'arrangement social des sexes, de l'instauration de la différence entre hommes et femmes et d'après Carole Pateman, ces histoires de la société cachent ou masquent une autre histoire qui est toujours supposée sans être explicitée par ses auteurs : c'est celle du « contrat sexuel », préalable au contrat social, par lequel les femmes perdent leur liberté naturelle pour entrer dans la famille (voir *infra*, p. 191-202) et rendre possible un ordre social dont les fondements leur seront défavorables.

LA SOCIÉTÉ, CONDITION DE POSSIBILITÉ DE LA FAMILLE

Cette méthode de reconstruction génétique ignore délibérément la façon historique dont les hommes se sont rassemblés, mais elle éclaire le sens que ces penseurs prêtent à l'institution familiale. Cependant, Lévi-Strauss critique l'hypothèse d'un lien univoque entre famille et nature et il invoque la « nature duelle de la famille, tout à la fois fondée sur des nécessités biologiques – procréation des enfants, soins qu'ils réclament, etc. – et soumise à des contraintes d'ordre social »[1].

Quoique des raisons naturelles et biologiques rendent la famille nécessaire, et la société possible, on ne doit pas négliger le fait que la formation des familles ne serait pas à son tour possible sans la société. La famille n'a donc pas seulement un fondement naturel, mais aussi un fondement social :

> Dans toutes les sociétés humaines, l'apparition d'une famille a pour condition l'existence préalable de deux autres familles prêtes à fournir qui un homme, qui une femme, du mariage desquels naîtra une troisième famille et ainsi de suite indéfiniment. Il n'y aurait pas de société sans familles, mais il n'y aurait pas non plus de familles s'il n'y avait pas déjà une société.[2]

En échange de son implication dans le grand jeu social des alliances matrimoniales, qui implique le respect de certaines règles ainsi que le sacrifice de son identité et de sa continuité, puisqu'il la contraint de marier ses membres « à l'extérieur », chaque famille reçoit une protection de la part de la société. Cet échange lui permet de ne plus avoir à compter que sur elle-

---

1. *Histoire de la famille*, *op. cit.*, t. 1, p. 11. L'objet privilégié de Lévi-Strauss est d'habitude la parenté, non la famille, mais dans cet ouvrage d'historien qu'il préface, il livre sa conception des rapports entre société et famille.

2. *Ibid.*, p. 11-12.

même pour subsister, et d'éviter des conflits incessants avec les familles voisines.

Lévi-Strauss met également en garde contre le préjugé de la naturalité des sentiments familiaux[1]. Loin que les sentiments familiaux se déploient toujours dans le même sens dans toutes les familles de toutes les sociétés, on observe dans une même société que certaines relations familiales sont systématiquement froides, réservées ou conflictuelles, tandis que d'autres sont corrélativement chaleureuses, familières et dénuées de rivalité : le frère et la sœur craignent par exemple d'être vus ensemble chez les Lambumbu, alors que cette réserve fait défaut dans la relation conjugale[2]. Or, d'une société à une autre, ce ne sont pas les mêmes relations qui sont réservées, ni les mêmes qui sont chaleureuses et familières. Lévi-Strauss expose la nécessité d'éclairer cette diversité culturelle par une démarche structurale qui prenne en vue la *structure élémentaire* de parenté, c'est-à-dire non seulement le père, la mère et leurs enfants qui forment la famille[3], mais toujours aussi l'homme qui, pour que le mariage ait préalablement eu lieu, a cédé la femme au mari. Selon que c'est le père ou le frère qui possède ce droit de céder la future épouse à un homme, les relations des membres de la famille au père ou au frère de l'épouse seront affectées de signes différents ; les autres relations familiales en dépendront et s'y articuleront, d'abord par l'opposition complémentaire des relations qu'en-

1. « Réflexions sur l'atome de parenté », *Anthropologie structurale II*, Paris, Agora Pocket, Plon, 1996, p. 103-135.
2. *Ibid.*, p. 107-108.
3. *Ibid.*, p. 103.

tretient l'épouse respectivement à son père et à son frère[1], puis par une répercussion de cette opposition dans les relations du fils avec son père et son oncle. Toutes ces relations forment ensemble un *système* cohérent dont les éléments, *i.e.* ici les relations, ne peuvent être compris sans lui. Inutile donc d'adopter une démarche naturaliste, une genèse procédant d'individus, et de prétendre que les sentiments liant tel membre d'une famille à un autre seraient dus seulement à la nature (un père serait ainsi censé toujours aimer ses enfants) ou à certaines affinités ; la structure sociale doit être convoquée. Quant à l'universalité du phénomène familial, Lévi-Strauss rappelle qu'elle donne lieu à une diversité phénoménale que la méthode philosophique de l'histoire conjecturale est incapable d'expliquer. Pour toutes ces raisons, on ne devrait pas comparer terme à terme les types de familles d'une société à une autre, mais plutôt les organisations sociales, les systèmes sociaux complets qui expliquent leur genèse et dans lesquels les familles s'insèrent.

L'invocation de la nature pour expliquer la famille est une impasse, comme le note Durkheim :

> Rendre compte du mariage par l'instinct sexuel, des règles prohibitives du mariage entre parents par l'horreur instinctive de l'inceste, de la puissance paternelle par l'amour paternel, du progrès par l'instinct du progrès, etc., c'est rendre compte des vertus soporifiques de l'opium par sa vertu dormitive, c'est

---

1. Lévi-Strauss considère d'abord la symétrie de la relation entre frère et sœur et de celle qui existe entre mari et femme : quand l'une est marquée négativement, l'autre l'est positivement. Ensuite, on peut suivre la conséquence dans le système des relations de ce premier couple de relations : « la relation entre frère et sœur est à la relation entre mari et femme comme [...] la relation entre père et fils est à la relation entre oncle maternel et neveu », *ibid.*, p. 109.

> multiplier à l'infini et systématiquement les facultés irré-
> ductibles. De telles explications équivalent, en réalité, à des
> refus d'explication.[1]

Une cause réellement explicative de l'institution familiale
et de ses interdits serait de nature strictement sociale, et d'après
Durkheim un système familial donné s'explique d'abord par
le système familial antérieur dont il procède historiquement.

Il reste que l'invocation de la nature se retrouve chez les
auteurs qui en sembleraient pourtant les critiques les mieux
désignés : ainsi les nécessités biologiques sont-elles citées
par Lévi-Strauss lui-même comme une cause naturelle de la
famille.

LA FAMILLE CONTRE LA NATURE

Diderot propose un usage tout à fait différent de la notion
de nature dans le *Supplément au voyage de Bougainville* : la
famille monogame catholique est tout sauf naturelle, elle
est contre-nature puisqu'elle brime la nature humaine, ses
tendances et son aspiration au bien-être. L'invocation de la
nature permet de dénoncer les conventions sociales et religieuses qui font de la famille une institution injuste. Il ne s'agit
pas de penser les conditions de possibilité de la culture, mais
de critiquer la famille positive au nom d'une norme naturelle
de la famille. C'est au nom du « code de la nature » que Diderot
réhabilite les droits du plaisir sexuel, et critique les contraintes
inutiles que la religion lui impose. La nature de Diderot est
ainsi l'hypothèse produite par une rationalité critique afin de
condamner les institutions positives.

---

1. É. Durkheim, *Textes*, 3 vol., t.III, *3. Fonctions sociales et institutions*,
op. cit., p. 74.

Si l'invocation de la nature peut servir l'idéologie sociale dominante de la famille comme le déplore Rémi Lenoir, elle sert aussi à la combattre, et ce, dans des modalités qu'illustrent les invocations très différentes de la nature qui sont produites dans les *Lettres persanes* par Montesquieu ou dans la *Philosophie dans le boudoir* par Sade.

Toutefois, « le frottement voluptueux de deux intestins » n'est pas la fin ultime et naturelle de la famille d'après Diderot, celle-ci est la procréation qui fournira à la nation une richesse vivante. Et la nature qui semblait s'opposer aux institutions, devient alors chez lui la norme transcendante permettant de juger des institutions politiques, et non seulement de rappeler la vie organique et sexuelle des hommes.

Références bibliographiques

BACHOFEN J. J., *Le droit de la mère dans l'antiquité*, Préface de l'ouvrage *Das Mutterrecht*, Paris, Groupe français d'études féministes, 1903.

CONDILLAC, *Essai sur l'origine des connaissances humaines*, Paris, Vrin, 2002, Seconde partie, première section, chap. I, § 1-7.

HUME D., *Traité de la nature humaine*, t. II, *Les passions*, trad. J.-P. Cléro, Paris, GF-Flammarion, 1991, partie II, §IV et XI.

LÉVI-STRAUSS C., *Les structures élémentaires de la parenté*, Paris, Mouton, 1967.

LUCRÈCE, *De la nature*, trad. J. Kany-Turpin, Paris, GF-Flammarion, 1998, « Hymne à Venus », v. 1-61.

MONTESQUIEU, *De l'esprit des lois*, 2 vol., Paris, GF-Flammarion, 1979, vol. I, l. I, chap. 2 ; l. XVI ; vol. II, l. XXIII ; l. XXVI.

SADE D. A. F. de, *La philosophie dans le boudoir*, Paris, Flammarion, 2003.

SMITH A., *Lectures on Jurisprudence*, Liberty Fund, Indianapolis, 1982, p. 141 *sq.*

Jean-Jacques Rousseau

DISCOURS SUR L'ORIGINE ET LES FONDEMENTS DE L'INÉGALITÉ PARMI LES HOMMES

L'ÉTABLISSEMENT ET LA DISTINCTION DES FAMILLES [*]

Ces premiers progrès mirent enfin l'homme à portée d'en faire de plus rapides. Plus l'esprit s'éclairait, et plus l'industrie se perfectionna. Bientôt, cessant de s'endormir sous le premier arbre, ou de se retirer dans des cavernes, on trouva quelques sortes de haches de pierres dures et tranchantes, qui servirent à couper du bois, creuser la terre, et faire des huttes de branchages qu'on s'avisa ensuite d'enduire d'argile et de boue. Ce fut là l'époque d'une première révolution qui forma l'établissement et la distinction des familles, et qui introduisit une sorte de propriété, d'où peut-être naquirent déjà bien des querelles et des combats. Cependant, comme les plus forts furent vraisemblablement les premiers à se faire des logements qu'ils se sentaient capables de défendre, il est à croire que les faibles

* J.-J. Rousseau, *Discours sur l'origine et les fondements de l'inégalité parmi les hommes,* dans *Discours,* Paris, Flammarion, 1935, p. 121-126. Orthographe modernisée.

trouvèrent plus court et plus sûr de les imiter que de tenter de les déloger ; et quant à ceux qui avaient déjà des cabanes, chacun dut peu chercher à s'approprier celle de son voisin, moins parce qu'elle ne lui appartenait pas, que parce qu'elle lui était inutile, et qu'il ne pouvait s'en emparer sans s'exposer à un combat très vif avec la famille qui l'occupait.

Les premiers développements du cœur furent l'effet d'une situation nouvelle qui réunissait dans une habitation commune les maris et les femmes, les pères et les enfants. L'habitude de vivre ensemble fit naître les plus doux sentiments qui soient connus des hommes, l'amour conjugal et l'amour paternel. Chaque famille devint une petite société d'autant mieux unie, que l'attachement réciproque et la liberté en étaient les seuls liens ; et ce fut alors que s'établit la première différence dans la manière de vivre des deux sexes, qui jusqu'ici n'en avaient eu qu'une. Les femmes devinrent plus sédentaires, et s'accoutumèrent à garder la cabane et les enfants, tandis que l'homme allait chercher la subsistance commune. Les deux sexes commencèrent aussi, par une vie un peu plus molle, à perdre quelque chose de leur férocité et de leur vigueur : mais si chacun séparément devint moins propre à combattre les bêtes sauvages, en revanche il fut plus aisé de s'assembler pour leur résister en commun.

Dans ce nouvel état, avec une vie simple et solitaire, des besoins très bornés, et les instruments qu'ils avaient inventés pour y pourvoir, les hommes jouissant d'un fort grand loisir, l'employèrent à se procurer plusieurs sortes de commodités inconnues à leurs pères ; et ce fut là le premier joug qu'ils s'imposèrent sans y songer, et la première source de maux qu'ils préparèrent à leurs descendants ; car outre qu'ils continuèrent ainsi à s'amollir le corps et l'esprit, ces commodités ayant par l'habitude perdu presque tout leur agrément, et étant en même temps dégénérées en de vrais besoins, la privation en devint beaucoup plus cruelle que la possession n'en était douce ; et l'on était malheureux de les perdre, sans être heureux de les posséder.

On entrevoit un peu mieux ici comment l'usage de la parole s'établit ou se perfectionna insensiblement dans le sein de chaque famille, et l'on peut conjecturer encore comment diverses causes particulières purent étendre le langage, et en accélérer le progrès en le rendant plus nécessaire. De grandes inondations ou des tremblements de terre environnèrent d'eaux ou de précipices des cantons habités ; des révolutions du globe détachèrent et coupèrent en îles des portions du continent. On conçoit qu'entre des hommes ainsi rapprochés, et forcés de vivre ensemble, il dut se former un idiome commun, plutôt qu'entre ceux qui erraient librement dans les forêts de la terre ferme. Ainsi il est très possible qu'après leurs premiers essais de navigation, des insulaires aient porté parmi nous l'usage de la parole ; et il est au moins très vraisemblable que la société et les langues ont pris naissance dans les îles, et s'y sont perfectionnées avant que d'être connues dans le continent.

Tout commence à changer de face. Les hommes errant jusqu'ici dans les bois, ayant pris une assiette plus fixe, se rapprochent lentement, se réunissent en diverses troupes, et forment enfin dans chaque contrée une nation particulière, unie de mœurs et de caractères, non par des règlements et des lois, mais par le même genre de vie et d'aliments, et par l'influence commune du climat. Un voisinage permanent ne peut manquer d'engendrer enfin quelque liaison entre diverses familles. De jeunes gens de différents sexes habitent des cabanes voisines ; le commerce passager que demande la nature en amène bientôt un autre non moins doux et plus permanent par la fréquentation mutuelle. On s'accoutume à considérer différents objets et à faire des comparaisons ; on acquiert insensiblement des idées de mérite et de beauté qui produisent des sentiments de préférence. À force de se voir, on ne peut plus se passer de se voir encore. Un sentiment tendre et doux s'insinue dans l'âme, et par la moindre opposition devient une fureur impétueuse : la jalousie s'éveille avec l'amour, la discorde triomphe, et la plus douce des passions reçoit des sacrifices de sang humain.

À mesure que les idées et les sentiments se succèdent, que l'esprit et le cœur s'exercent, le genre humain continue à s'apprivoiser, les liaisons s'étendent et les liens se resserrent. On s'accoutuma à s'assembler devant les cabanes ou autour d'un grand arbre : le chant et la danse, vrais enfants de l'amour et du loisir, devinrent l'amusement, ou plutôt l'occupation des hommes et des femmes oisifs et attroupés. Chacun commença à regarder les autres, à vouloir être regardé soi-même, et l'estime publique eut un prix. Celui qui chantait ou dansait le mieux, le plus beau, le plus fort, le plus adroit ou le plus éloquent, devint le plus considéré ; et ce fut là le premier pas vers l'inégalité, et vers le vice en même temps : de ces premières préférences naquirent d'un côté la vanité et le mépris ; de l'autre la honte, et l'envie ; et la fermentation causée par ces nouveaux levains produisit enfin des composés funestes au bonheur et à l'innocence.

Sitôt que les hommes eurent commencé à s'apprécier mutuellement, et que l'idée de la considération fut formée dans leur esprit, chacun prétendit y avoir droit, et il ne fut plus possible d'en manquer impunément pour personne. De là sortirent les premiers devoirs de la civilité, même parmi les sauvages ; et de là tout tort volontaire devint un outrage, parce qu'avec le mal qui résultait de l'injure, l'offensé y voyait le mépris de sa personne, souvent plus insupportable que le mal même. C'est ainsi que, chacun punissant le mépris qu'on lui avait témoigné d'une manière proportionnée au cas qu'il faisait de lui-même, les vengeances devinrent terribles, et les hommes sanguinaires et cruels. Voilà précisément le degré où étaient parvenus la plupart des peuples sauvages qui nous sont connus ; et c'est faute d'avoir suffisamment distingué les idées, et remarqué combien ces peuples étaient déjà loin du premier état de nature, que plusieurs se sont hâtés de conclure que l'homme est naturellement cruel, et qu'il a besoin de police pour l'adoucir ; tandis que rien n'est si doux que lui dans son état primitif, lorsque, placé par la nature à des distances égales de la stupidité des brutes et des lumières funestes de l'homme civil, et borné également par l'instinct et par la raison à se garantir du mal qui le menace, il est retenu par la pitié naturelle de faire lui-même du mal à personne, sans y être porté par rien, même après en avoir reçu. Car, selon l'axiome du sage Locke, *il ne saurait y avoir d'injure où il n'y a point de propriété.*

Mais il faut remarquer que la société commencée et les relations déjà établies entre les hommes exigeaient en eux des qualités différentes de celles qu'ils tenaient de leur constitution primitive ; que la moralité commençant à s'introduire dans les actions humaines, et chacun, avant les lois, étant seul juge et vengeur des offenses qu'il avait reçues, la bonté convenable au pur état de nature n'était plus celle qui convenait à la société naissante ; qu'il fallait que les punitions devinssent plus sévères à mesure que les occasions d'offenser devenaient plus fréquentes ; et que c'était à la terreur des vengeances de tenir lieu du frein des lois. Ainsi, quoique les hommes fussent devenus moins endurants, et que la pitié naturelle eût déjà souffert quelque altération, cette période du

développement des facultés humaines, tenant un juste milieu
entre l'indolence de l'état primitif et la pétulante activité
de notre amour propre, doit être l'époque la plus heureuse
et la plus durable. Plus on y réfléchit, plus on trouve que
cet état était le moins sujet aux révolutions, le meilleur à
l'homme, et qu'il n'en a dû sortir que par quelque funeste
hasard, qui, pour l'utilité commune, eût dû ne jamais arriver.
L'exemple des sauvages, qu'on a presque tous trouvés à
ce point, semble confirmer que le genre humain était fait pour
y rester toujours ; que cet état est la véritable jeunesse
du monde, et que tous les progrès ultérieurs ont été, en apparence, autant de pas vers la perfection de l'individu, et, en
effet, vers la décrépitude de l'espèce.

Tant que les hommes se contentèrent de leurs cabanes
rustiques, tant qu'ils se bornèrent à coudre leurs habits de
peaux avec des épines ou des arêtes, à se parer de plumes
et de coquillages, à se peindre le corps de diverses couleurs,
à perfectionner ou embellir leurs arcs et leurs flèches, à tailler
avec des pierres tranchantes quelques canots de pêcheurs
ou quelques grossiers instruments de musique ; en un mot,
tant qu'ils ne s'appliquèrent qu'à des ouvrages qu'un seul
pouvait faire, et qu'à des arts qui n'avaient pas besoin du
concours de plusieurs mains, ils vécurent libres, sains, bons,
et heureux autant qu'ils pouvaient l'être par leur nature, et
continuèrent à jouir entre eux des douceurs d'un commerce
indépendant : mais dès l'instant qu'un homme eut besoin
du secours d'un autre ; dès qu'on s'aperçut qu'il était utile à
un seul d'avoir des provisions pour deux, l'égalité disparut,
la propriété s'introduisit, le travail devint nécessaire, et les
vastes forêts se changèrent en des campagnes riantes qu'il
fallut arroser de la sueur des hommes, et dans lesquelles

on vit bientôt l'esclavage et la misère germer et croître avec les moissons.

La métallurgie et l'agriculture furent les deux arts dont l'invention produisit cette grande révolution.

Sigmund Freud

LE MALAISE DANS LA CULTURE

Apparition de la famille et développement de la culture[*]

Mais si nous voulons savoir à quelle valeur peut prétendre notre conception d'un développement culturel comme processus particulier, comparable à la maturation normale de l'individu, nous devons manifestement nous attaquer à un autre problème, et nous poser la question de savoir à quelles influences le développement culturel doit son origine, comment il a pris naissance et par quoi fut déterminé son cours.

IV

Cette tâche semble démesurée, et l'on peut bien avouer son découragement. Voici le peu que j'ai pu deviner.

Après que l'homme originel eut découvert qu'il avait – littéralement – entre ses mains l'amélioration de son sort sur la terre par le travail, il ne put lui être indifférent qu'un autre

* S. Freud, *Le malaise dans la culture*, trad. D. Astor, Paris, GF-Flammarion, 2010, p. 117-126.

travaillât avec ou contre lui. L'autre acquit pour lui la valeur
d'un collaborateur avec qui il était utile de vivre. Encore auparavant, à l'époque reculée où il était proche du singe, il avait
pris l'habitude de fonder des familles ; les membres de la famille étaient vraisemblablement les premiers qui l'ont aidé. La
fondation d'une famille était probablement en corrélation avec
le fait que le besoin de satisfaction génitale ne survenait plus
comme un hôte qui apparaît soudain chez quelqu'un et ne
donne après son départ plus de nouvelles pendant longtemps,
mais comme un locataire s'installant à demeure chez l'individu. Par là, le mâle trouvait un motif pour garder auprès
de lui la femme – ou plus généralement, les objets sexuels ; les
femelles, qui ne voulaient pas se séparer de leurs petits sans
elles privés de secours, durent aussi, dans l'intérêt de ceux-ci,
demeurer auprès du mâle, plus fort [1]. Dans cette famille
primitive nous manque encore un trait essentiel de la culture ;
l'arbitraire du père et chef suprême était illimité. Dans *Totem et
tabou*, j'ai tenté de montrer la voie qui conduisait de cette

---

1. Certes, la périodicité organique du processus sexuel s'est maintenue,
mais son influence sur l'excitation sexuelle psychique s'est plutôt renversée en
son contraire. Cette modification est surtout en corrélation avec le recul des
stimuli olfactifs par lesquels le processus de menstruation agissait sur la psyché
masculine. Leur rôle fut repris par les excitations visuelles, qui, contrairement
aux stimuli olfactifs intermittents, pouvaient entretenir un effet permanent.
Le tabou de la menstruation est né de ce « refoulement organique » comme
défense contre une phase surmontée de développement; toutes les autres
motivations sont vraisemblablement de nature secondaire (*Cf.* C.D. Daly,
« Mythologie hindoue et complexe de castration » [*Hindu-Mythologie und*

famille au stade suivant de la vie en commun, sous la forme des alliances de frères. Par la victoire sur le père, les fils avaient fait l'expérience qu'une association peut être plus forte qu'un individu. La culture totémique repose sur les restrictions qu'ils durent s'imposer mutuellement pour maintenir ce nouvel état. Les prescriptions du tabou furent le premier « droit ». La vie en commun des hommes fut ainsi fondée doublement, par la contrainte au travail créée par les nécessités extérieures, et par le pouvoir de l'amour, qui ne voulait pas être privé, du côté de l'homme, de l'objet sexuel qu'est la femme, et du côté de la femme, de cette partie détachée d'elle-même qu'est l'enfant. Éros et Anankè sont eux aussi devenus les parents de la culture humaine. Le premier succès culturel fut que, désormais, un assez grand nombre d'hommes aussi pouvaient rester

Kastrationskomplex], *Imago* XIII, 1927.) Ce processus se répète à un autre niveau, lorsque les dieux d'une époque culturelle révolue deviennent des démons. Mais le recul des stimuli olfactifs semble lui-même être la conséquence du fait que l'homme s'est détourné de la terre, qu'il a décidé de marcher à la verticale; les parties génitales jusque-là recouvertes ont alors été rendues visibles et ont nécessité une protection, suscitant ainsi la honte. Au commencement de ce processus culturel fatal, il y aurait ainsi la verticalisation de l'homme. De là, l'enchaînement passe par la dévalorisation des stimuli olfactifs et l'isolement pendant la période des règles, à la prépondérance des stimuli visuels et la visibilité nouvelle des parties génitales, puis à la continuité de l'excitation sexuelle, la fondation de la famille, jusqu'au seuil de la culture humaine. Ceci n'est qu'une spéculation théorique, mais assez importante pour mériter une vérification exacte auprès des conditions de vie des animaux proches de l'homme.

Il y a aussi dans l'aspiration culturelle à la propreté, qui trouve une justification *a posteriori* dans les précautions hygiéniques mais qui s'est déjà manifestée avant cette prise de conscience, un facteur social qu'on ne peut ignorer. L'incitation à la propreté a jailli du besoin d'écarter les excréments en communauté. Et comme deux grandes puissances agissaient là ensemble, on pourrait s'attendre à ce que le développement ultérieur s'accomplisse sans accroc, vers une domination toujours plus grande du monde extérieur, comme vers une extension plus large du nombre d'hommes dans la communauté. On ne comprend pas non plus aisément comment cette culture agit autrement que pour le bonheur de ses participants.

Avant d'examiner d'où peut venir une perturbation, laissons-nous aller à une digression au sujet de la reconnaissance de l'amour comme l'un des fondements de la culture, afin de combler une lacune dans une explication antérieure. Nous disions que l'amour sexuel (génital) assurant à l'homme de vivre ses satisfactions les plus fortes et lui offrant à vrai

---

devenus désagréables à la perception des sens. Nous savons qu'il en est autrement dans les chambres d'enfant. Les excréments ne suscitent chez l'enfant aucune répugnance ; comme parties s'étant détachées de son corps, ils lui paraissent avoir de la valeur. L'éducation presse ici de manière particulièrement énergique le passage à la phase suivante de développement, où les excréments deviendront sans valeur, dégoûtants, répugnants et abjects. Un tel renversement de valeur serait à peine possible si ces matières échappées du corps n'avaient été condamnées par leur forte odeur à participer au destin réservé aux stimuli olfactifs après que l'homme se fut dressé à la verticale sur le sol. L'érotisme anal succombe donc d'abord au « refoulement organique » qui a ouvert la voie à la culture. Le facteur social qui assure la mutation ultérieure de l'érotisme anal est attesté par le fait que, malgré tous les progrès de l'évolution, l'homme est à peine rebuté par l'odeur de ses propres excréments, mais toujours par celle des déjections d'autrui. Le malpropre, c'est-à-dire celui qui ne cache pas ses excréments, offense ainsi autrui, ne montre aucun égard envers lui, et c'est ce que disent aussi les injures les plus virulentes et les plus usitées. Il serait de même incompréhensible que l'homme emploie comme mot d'injure le nom de son ami le plus fidèle dans le monde animal, si le chien n'attirait sur lui le mépris de l'homme par deux qualités : être un animal olfactif sans crainte des excréments, et ne pas avoir honte de ses fonctions sexuelles.

dire le modèle de tout bonheur, cette expérience aurait dû rendre évident le fait de continuer à chercher la satisfaction du bonheur de la vie dans le domaine des relations sexuelles et de placer l'érotisme génital au centre de la vie. Nous ajoutions que sur cette voie, on se rend de la manière la plus inquiétante dépendant d'un morceau du monde extérieur, à savoir de l'objet élu de son amour, et qu'on s'expose à la plus violente souffrance lorsqu'on est dédaigné par cet objet ou qu'on le perd à cause de son infidélité ou de sa mort. C'est pourquoi les sages ont de tous temps déconseillé avec la plus grande insistance de prendre cette voie dans la vie ; et toutefois, pour un grand nombre d'enfants des hommes, elle n'a rien perdu de son attrait.

Il est possible à une faible minorité de gens, de par leur constitution, de trouver cependant le bonheur sur le chemin de l'amour, mais de profondes modifications psychiques de la fonction amoureuse sont pour cela indispensables. Ces personnes se rendent indépendantes de l'assentiment de l'objet en reportant la valeur principale de l'amour qu'on suscite sur celui qu'on éprouve, elles se protègent contre la perte de l'objet en dirigeant leur amour non sur des objets individuels mais sur tous les hommes en même proportion, et elles évitent les fluctuations et les déceptions de l'amour génital en le déviant de son but sexuel, en transformant la pulsion en un mouvement *réfréné dans sa visée*. L'état qu'elles suscitent par là en elles, un sentiment égal, imperturbable, tendre, n'a plus guère de ressemblance extérieure avec la vie tempétueuse de l'amour génital dont elle est pourtant dérivée. C'est sans doute saint François d'Assise qui a poussé le plus loin cette exploitation de l'amour en vue du sentiment de bonheur intérieur ; ce que nous reconnaissons pour l'une des techniques d'accomplissement du principe de plaisir a d'ailleurs été maintes fois mise en relation avec la religion, religion avec laquelle celui-ci pourrait bien être corrélé dans ces régions reculées où l'on néglige la distinction entre le moi et les objets ainsi que celle entre ces derniers. Une considération éthique, dont la motivation plus profonde nous deviendra bientôt manifeste, veut voir dans cette propension à l'amour universel des hommes et du monde la plus haute disposition à laquelle l'homme puisse s'élever. Nous ne voudrions pas nous retenir d'exprimer dès à présent deux réserves principales. Un amour qui n'élit point semble souffrir d'une perte de sa propre valeur en ce qu'il fait du tort à son objet. Et de plus : tous les hommes ne sont pas dignes d'être aimés.

Cet amour qui fonda la famille continue à agir dans la culture, sous la forme originelle dont il est marqué en ne renonçant pas à sa satisfaction sexuelle directe, et sous la forme modifiée d'une tendresse réfrénée dans sa visée. Sous ces deux formes, il perpétue sa fonction qui est de lier entre eux un assez grand nombre d'hommes, et de manière plus intense que n'y parvient l'intérêt d'une communauté de travail. La négligence du langage dans l'emploi du mot « amour » trouve une justification génétique. On appelle « amour » la relation entre l'homme et la femme qui ont fondé une famille en raison de leurs besoins génitaux, mais aussi les sentiments positifs entre les parents et les enfants, entre les frères et sœurs dans une famille, bien que nous devions décrire cette relation comme un amour réfréné dans sa visée, comme tendresse. L'amour réfréné dans sa visée était originellement un amour pleinement sensuel, et il l'est toujours dans l'inconscient humain. L'un et l'autre, amour sensuel et amour réfréné dans sa visée, dépassent les limites de la famille et forment de nouvelles liaisons avec des êtres jusque-là étrangers. L'amour génital conduit à de nouvelles formations familiales, l'amour réfréné dans sa visée forme des « amitiés », qui deviennent culturellement importantes parce qu'elles échappent à maintes restrictions de l'amour génital, par exemple son exclusivité. Mais au cours de son développement, le rapport de l'amour à la culture perd son univocité. D'un côté, l'amour s'oppose aux intérêts de la culture ; de l'autre, la culture menace l'amour de restrictions sensibles.

Cette division semble inévitable ; sa cause ne saurait être reconnue tout de suite. Elle se manifeste d'abord comme un conflit entre la famille et la communauté plus grande à laquelle appartient l'individu. Nous avons déjà deviné que l'une des aspirations principales de la culture est d'agglomérer les hommes en grandes unités. Mais la famille ne veut pas céder la liberté de l'individu. Plus la cohésion des membres de la famille est intime, plus ils sont souvent enclins à se couper des autres, plus l'entrée dans une sphère de vie plus grande leur devient difficile. Le seul mode de vie en commun existant dans l'enfance, le plus ancien d'un point de vue phylogénétique, se défend d'être relayé par le mode de vie culturel, acquis plus tardivement. La relève de la famille devient, pour chaque adolescent, une tâche que la société l'aide souvent à résoudre par des rites de puberté et d'accueil. On acquiert l'impression que ce sont là des difficultés qui s'attachent à tout développement psychique, voire, au fond, à tout développement organique.

En outre, les femmes entrent bientôt en opposition avec le courant culturel et déploient leur influence pour le retarder et le retenir, elles qui par les exigences de leur amour ont posé les fondements de la culture. Les femmes représentent les intérêts de la famille et de la vie sexuelle ; le travail culturel est devenu toujours plus l'affaire des hommes, il leur impose des tâches toujours plus difficiles, les contraint à des sublimations pulsionnelles pour lesquelles les femmes ne sont guère à la hauteur. Puisque l'homme ne dispose pas d'une quantité illimitée d'énergie psychique, il doit accomplir ses tâches grâce à une répartition de la libido appropriée aux fins. Ce qu'il consomme à des fins culturelles, il le retire en grande partie aux femmes et à la vie sexuelle : le fait d'être constamment avec d'autres hommes, d'être dépendant de ses relations avec eux, le rend même étranger à ses tâches d'époux et de père. La femme se voit ainsi rejetée à l'arrière-plan par les exigences de la culture, et entre avec celle-ci dans un rapport d'hostilité.

Du côté de la culture, la tendance à restreindre la vie sexuelle n'est pas moins nette que cette autre qui consiste à étendre la sphère culturelle. Déjà, la première phase culturelle, celle du totémisme, apporte avec elle l'interdit du choix d'objet incestueux, peut-être la mutilation la plus décisive que la vie amoureuse des hommes ait subie au cours des âges. Avec le tabou, la loi et la coutume, d'autres restrictions sont établies, qui concernent aussi bien les hommes que les femmes. Toutes les cultures ne vont pas aussi loin dans le même sens ; la structure économique de la société influence aussi la proportion de liberté sexuelle restante. Sur ce point, nous savons déjà que la culture se plie à la contrainte des nécessites économiques, puisqu'elle doit soustraire à la sexualité une quantité importante de l'énergie psychique qu'elle consomme elle-même. La culture se conduit ici envers la sexualité comme une tribu ou une couche de population qui en a assujetti une autre à son exploitation. La peur du soulèvement des opprimés pousse à de sévères mesures de prudence. Notre culture d'Europe occidentale marque un point culminant dans un tel développement. D'un point de vue psychologique, il est tout à fait justifié qu'elle commence par prohiber les manifestations de la vie sexuelle infantile, car toute perspective d'endiguer les désirs sexuels de l'adulte est exclue sans un travail préalable dans l'enfance. Mais on ne peut en aucun cas justifier le fait que la société culturelle en soit venue au point de nier ces phénomènes faciles à démontrer, et même frappants. Le choix d'objet de l'individu parvenu à maturité sexuelle est réduit au sexe opposé, la plupart des satisfactions extragénitales sont interdites comme perversions. L'exigence qui se révèle dans ces interdits, exigence d'une vie sexuelle de même nature pour tous, se place au-dessus des inégalités dans la constitution sexuelle, innée et acquise, des hommes, coupe un certain nombre d'entre eux de la jouissance sexuelle et devient ainsi la source de graves injustices. Le succès de ces mesures restrictives pourrait être maintenant que, chez ceux qui sont normaux, qui n'en sont pas constitutionnellement empêchés, tout intérêt sexuel se déverse sans peine dans les canaux laissés ouverts. Mais ce qui échappe à la proscription, l'amour génital hétérosexuel, est encore grevé par les restrictions de la légitimité et de la monogamie. La culture actuelle fait connaître clairement qu'elle n'entend permettre les relations sexuelles que sur la base d'une union unique et indissoluble d'un homme à une femme, qu'elle n'aime pas la sexualité en tant que source autonome de plaisir, et qu'elle est disposée à ne la souffrir qu'en tant que source jusqu'ici irremplaçable pour la multiplication des humains.

C'est naturellement une extrémité. Il est connu que cela s'est avéré irréalisable, même sur de courtes périodes. Seuls les plus faibles se sont soumis à une si profonde intrusion dans leur liberté sexuelle, les natures plus fortes ne l'ont fait qu'à condition de compensations dont il pourra être question plus tard. La société culturelle s'est vue contrainte d'autoriser en silence de nombreuses transgressions qu'elle aurait dû, d'après ses statuts, persécuter. On ne peut toutefois faire l'erreur inverse de supposer qu'elle est tout à fait inoffensive parce qu'elle n'atteint pas toutes ses intentions. La vie sexuelle de l'homme culturel est pourtant gravement lésée, elle donne parfois l'impression d'une fonction en pleine rétrogradation, comme semblent l'être, en tant qu'organes, nos dents et nos cheveux. On est vraisemblablement en droit de supposer que son importance comme source de sensations de bonheur, c'est-à-dire dans l'accomplissement de nos buts vitaux, a reculé de manière sensible[1]. Parfois, on croit reconnaître que ce n'est pas seulement la pression de la culture, mais quelque chose dans la nature même de la fonction qui nous refuse une pleine satisfaction et nous pousse sur d'autres voies. Cela pourrait être une erreur, il est difficile d'en décider.

---

1. Parmi les œuvres de J. Galsworthy, Anglais à l'esprit raffiné qui jouit de nos jours d'une reconnaissance générale, j'apprécie depuis longtemps une petite histoire intitulée : « The apple tree ». Elle montre de façon pénétrante combien, dans la vie de l'homme culturel d'aujourd'hui, il y a peu de place pour l'amour simple et naturel de deux enfants des hommes.

DENIS DIDEROT

SUPPLÉMENT AU VOYAGE DE BOUGAINVILLE

LE MARIAGE EST CONTRE-NATURE[*]

A. Qu'entendez-vous donc par des mœurs ?

B. J'entends une soumission générale et une conduite conséquente à des lois bonnes ou mauvaises. Si les lois sont bonnes, les mœurs sont bonnes ; si les lois sont mauvaises, les mœurs sont mauvaises ; si les lois, bonnes ou mauvaises, ne sont point observées, la pire condition d'une société, il n'y a point de mœurs. Or comment voulez-vous que des lois s'observent quand elles se contredisent ? Parcourez l'histoire des siècles et des nations tant anciennes que modernes, et vous trouverez les hommes assujettis à trois codes, le code de la nature, le code civil, et le code religieux, et contraints d'enfreindre alternativement ces trois codes qui n'ont jamais été d'accord ; d'où il est arrivé qu'il n'y a eu dans aucune contrée, comme Orou l'a deviné de la nôtre, ni homme, ni citoyen, ni religieux.

---

[*] Diderot, *Œuvres Complètes,* J. Assezat (éd.), Paris, Garnier, 1875-1877, 20 vol., tome II, p. 240-246.

A. D'où vous conclurez, sans doute, qu'en fondant la morale sur les rapports éternels, qui subsistent entre les hommes, la loi religieuse devient peut-être superflue ; et que la loi civile ne doit être que l'énonciation de la loi de nature.

B. Et cela, sous peine de multiplier les méchants, au lieu de faire de[s] bons.

A. Ou que, si l'on juge nécessaire de les conserver toutes trois, il faut que les deux dernières ne soient que des calques rigoureux de la première, que nous apportons gravée au fond de nos cœurs, et qui sera toujours la plus forte.

B. Cela n'est pas exact. Nous n'apportons en naissant qu'une similitude d'organisation avec d'autres êtres, les mêmes besoins, de l'attrait vers les mêmes plaisirs, une aversion commune pour les mêmes peines : ce qui constitue l'homme ce qu'il est, et doit fonder la morale qui lui convient.

A. Cela n'est pas aisé.

B. Cela n'est pas si difficile, que je croirais volontiers le peuple le plus sauvage de la terre, le Tahitien qui s'en est tenu scrupuleusement à la loi de nature, plus voisin d'une bonne législation qu'aucun peuple civilisé.

A. Parce qu'il lui est plus facile de se défaire de son trop de rusticité, qu'à nous de revenir sur nos pas et de réformer nos abus.

B. Surtout ceux qui tiennent à l'union de l'homme avec la femme.

A. Cela se peut. Mais commençons par le commencement. Interrogeons bonnement la nature, et voyons sans partialité ce qu'elle nous répondra sur ce point.

B. J'y consens.

A. Le mariage est-il dans la nature ?

B. Si vous entendez par le mariage la préférence qu'une femelle accorde à un mâle sur tous les autres mâles, ou celle qu'un mâle donne à une femelle sur toutes les autres femelles ; préférence mutuelle, en conséquence de laquelle il se forme une union plus ou moins durable, qui perpétue l'espèce par la reproduction des individus, le mariage est dans la nature.

A. Je le pense comme vous ; car cette préférence se remarque non seulement dans l'espèce humaine, mais encore dans les autres espèces d'animaux : témoin ce nombreux cortège de mâles qui poursuivent une même femelle au printemps dans nos campagnes, et dont un seul obtient le titre de mari. Et la galanterie ?

B. Si vous entendez par galanterie cette variété de moyens énergiques ou délicats que la passion inspire, soit au mâle, soit à la femelle, pour obtenir cette préférence qui conduit à la plus douce, la plus importante et la plus générale des jouissances ; la galanterie est dans la nature.

A. Je le pense comme vous. Témoin toute cette diversité de gentillesses pratiquées par le mâle pour plaire à la femelle et par la femelle pour irriter la passion et fixer le goût du mâle. Et la coquetterie ?

B. C'est un mensonge qui consiste à simuler une passion qu'on ne sent pas, et à promettre une préférence qu'on n'accordera point. Le mâle coquet se joue de la femelle ; la femelle coquette se joue du mâle : jeu perfide qui amène quelquefois les catastrophes les plus funestes ; manège ridicule, dont le trompeur et le trompé sont également châtiés par la perte des instants les plus précieux de leur vie.

A. Ainsi la coquetterie, selon vous, n'est pas dans la nature ?

B. Je ne dis pas cela.

A. Et la constance ?

B. Je ne vous en dirai rien de mieux que ce qu'en a dit Orou à l'aumônier. Pauvre vanité de deux enfants qui s'ignorent eux-mêmes, et que l'ivresse d'un instant aveugle sur l'instabilité de tout ce qui les entoure !

A. Et la fidélité, ce rare phénomène ?

B. Presque toujours l'entêtement et le supplice de l'honnête homme et de l'honnête femme dans nos contrées ; chimère à Tahiti.

A. La jalousie ?

B. Passion d'un animal indigent et avare qui craint de manquer ; sentiment injuste de l'homme ; conséquence de nos fausses mœurs, et d'un droit de propriété étendu sur un objet sentant, pensant, voulant, et libre.

A. Ainsi la jalousie, selon vous, n'est pas dans la nature ?

B. Je ne dis pas cela. Vices et vertus, tout est également dans la nature.

A. Le jaloux est sombre.

B. Comme le tyran, parce qu'il en a la conscience.

A. La pudeur ?

B. Mais vous m'engagez là dans un cours de morale galante. L'homme ne veut être ni troublé ni distrait dans ses jouissances. Celles de l'amour sont suivies d'une faiblesse qui l'abandonnerait à la merci de son ennemi. Voilà tout ce qu'il pourrait y avoir de naturel dans la pudeur : le reste est d'institution. – L'aumônier remarque, dans un troisième morceau que je ne vous ai point lu, que le Tahitien ne rougit pas des mouvements involontaires qui s'excitent en lui à côté de sa femme, au milieu de ses filles ; et que celles-ci en sont spectatrices, quelquefois émues, jamais embarrassées. Aussitôt que la femme devient la propriété de l'homme, et que la jouissance furtive fut regardée comme un vol, on vit naître les termes *pudeur*, *retenue*, *bienséance ;* des vertus et des vices imaginaires ; en un mot, entre les deux sexes, des barrières qui empêchassent de s'inviter réciproquement à la violation des lois qu'on leur avait imposées, et qui produisirent souvent un effet contraire, en échauffant l'imagination et en irritant les désirs. Lorsque je vois des arbres plantés autour de nos palais, et un vêtement de cou qui cache et montre une partie de la gorge d'une femme, il me semble reconnaître un retour secret vers la forêt, et un appel à la liberté première de notre ancienne demeure. Le Tahitien nous dirait : Pourquoi te caches- tu ? de quoi es-tu honteux ? fais-tu le mal, quand tu cèdes à l'impulsion la plus auguste de la nature ? Homme, présente-toi franchement si tu plais. Femme, si cet homme te convient, reçois-le avec la même franchise.

A. Ne vous fâchez pas. Si nous débutons comme des hommes civilisés, il est rare que nous ne finissions pas comme le Tahitien.

B. Oui, mais ces préliminaires de convention consument la moitié de la vie d'un homme de génie.

A. J'en conviens ; mais qu'importe, si cet élan pernicieux de l'esprit humain, contre lequel vous vous êtes récrié tout à l'heure, en est d'autant ralenti ? Un philosophe de nos jours, interrogé pourquoi les hommes faisaient la cour aux femmes, et non les femmes la cour aux hommes, répondit qu'il était naturel de demander à celui qui pouvait toujours accorder.

B. Cette raison m'a paru de tout temps plus ingénieuse que solide. La nature, indécente si vous voulez, presse indistinctement un sexe vers l'autre : et dans un état de l'homme triste et sauvage qui se conçoit et qui peut-être n'existe nulle part...

A. Pas même à Tahiti ?

B. Non... l'intervalle qui séparerait un homme d'une femme serait franchi par le plus amoureux. S'ils s'attendent, s'ils se fuient, s'ils se poursuivent, s'ils s'évitent, s'ils s'attaquent, s'ils se défendent, c'est que la passion, inégale dans ses progrès, ne s'applique pas en eux de la même force. D'où il arrive que la volupté se répand, se consomme et s'éteint d'un côté, lorsqu'elle commence à peine à s'élever de l'autre, et qu'ils en restent tristes tous deux. Voilà l'image fidèle de ce qui se passerait entre deux êtres libres, jeunes et parfaitement innocents. Mais lorsque la femme a connu, par l'expérience ou l'éducation, les suites plus ou moins cruelles d'un moment doux, son cœur frissonne à l'approche de l'homme. Le cœur de l'homme ne frissonne point ; ses sens commandent, et il obéit. Les sens de la femme s'expliquent, et elle craint de les écouter. C'est l'affaire de l'homme que de la distraire de sa crainte, de l'enivrer et de la séduire. L'homme conserve toute son impulsion naturelle vers la femme ; l'impulsion naturelle de la femme vers l'homme, dirait un géomètre, est en raison composée de la directe de la passion et de l'inverse de la crainte ; raison qui se complique d'une multitude d'éléments divers dans nos sociétés ; éléments qui concourent presque tous à accroître la pusillanimité d'un sexe et la durée de la poursuite de l'autre. C'est une espèce de tactique où les ressources de la défense et les moyens de l'attaque ont marché sur la même ligne. On a consacré la résistance de la femme ; on a attaché l'ignominie à la violence de l'homme ; violence qui ne serait qu'une injure légère dans Tahiti, et qui devient un crime dans nos cités.

A. Mais comment est-il arrivé qu'un acte dont le but est si solennel, et auquel la nature nous invite par l'attrait le plus puissant ; que le plus grand, le plus doux, le plus innocent des plaisirs soit devenu la source la plus féconde de notre dépravation et de nos maux ?

B. Orou l'a fait entendre dix fois à l'aumônier : écoutez-le donc encore, et tâchez de le retenir.

C'est par la tyrannie de l'homme, qui a converti la possession de la femme en une propriété.

Par les mœurs et les usages, qui ont surchargé de conditions l'union conjugale.

Par les lois civiles, qui ont assujetti le mariage à une infinité de formalités.

Par la nature de notre société, où la diversité des fortunes et des rangs a institué des convenances et des disconvenances.

Par une contradiction bizarre et commune à toutes les sociétés subsistantes, où la naissance d'un enfant, toujours regardée comme un accroissement de richesse pour la nation, est plus souvent et plus sûrement encore un accroissement d'indigence dans la famille.

Par les vues politiques des souverains, qui ont tout rapporté à leur intérêt et à leur sécurité.

Par les institutions religieuses, qui ont attaché les noms de vices et de vertus à des actions qui n'étaient susceptibles d'aucune moralité.

Combien nous sommes loin de la nature et du bonheur! L'empire de la nature ne peut être détruit: on aura beau le contrarier par des obstacles, il durera. Écrivez tant qu'il vous plaira sur des tables d'airain, pour me servir de l'expression du sage Marc Aurèle, que le frottement voluptueux de deux intestins est un crime, le cœur de l'homme sera froissé entre la menace de votre inscription et la violence de ses penchants. Mais ce cœur indocile ne cessera de réclamer; et cent fois, dans le cours de la vie, vos caractères effrayants disparaîtront à nos yeux. Gravez sur le marbre: Tu ne mange-ras ni de l'ixion, ni du griffon; tu ne connaîtras que ta femme; tu ne seras point le mari de ta sœur: mais vous n'oublierez pas d'accroître les châtiments à proportion de la bizarrerie de vos défenses ; vous deviendrez féroces, et vous ne réussirez point à me dénaturer.

A. Que le code des nations serait court, si on le conformait rigoureusement à celui de la nature ! Combien de vices et d'erreurs épargnés à l'homme !

B. Voulez-vous savoir l'histoire abrégée de presque toute notre misère ? La voici. Il existait un homme naturel : on a introduit au dedans de cet homme un homme artificiel ; et il s'est élevé dans la caverne une guerre continuelle qui dure toute la vie. Tantôt l'homme naturel est le plus fort ; tantôt il est terrassé par l'homme moral et artificiel ; et, dans l'un et l'autre cas, le triste monstre est tiraillé, tenaillé, tourmenté, étendu sur la roue ; sans cesse gémissant, sans cesse malheureux, soit qu'un faux enthousiasme de gloire le transporte et l'enivre, ou qu'une fausse ignominie le courbe et l'abatte. Cependant il est des circonstances extrêmes qui ramènent l'homme à sa première simplicité.

LA COMMUNAUTÉ FAMILIALE

PRÉSENTATION

Faire de la famille la première institution et la première forme de société comme le font Freud ou Rousseau n'apprend pas quel genre d'institution est la famille, ni de quelle façon elle regroupe ses membres. Or la famille est certes une petite *société* qui s'articule à la grande, et qui la constitue autant qu'elle en est constituée à son tour, mais à d'autres égards elle mérite d'être caractérisée plutôt comme une *communauté*.

Cette opposition présente différents avantages pour comprendre la famille. Tout d'abord, la société renvoie à l'égalité des membres et à leur individualité, tandis que la communauté permet de considérer la famille comme un tout et de s'intéresser à la différence de ses membres, à leurs inégalités, à leur éventuelle complémentarité, voire à leur complémentarité naturelle que pose Aristote. Cette opposition nous permet de distinguer chez Aristote et chez Hegel la communauté familiale rassemblant des êtres inégaux et différents, de la société politique à laquelle participent des membres égaux d'après Aristote, ainsi que de la société civile et de la communauté étatique d'après Hegel[1].

L'ÉCONOMIE DOMESTIQUE ET LES BESOINS

Étudier la famille comme communauté permet de se demander comment elle organise les différences de la femme et de l'homme, des enfants et des parents, et ce, autour de la gestion des besoins. Aristote cherche à déterminer ce qui distingue la communauté domestique des autres formes de communauté (*koinonia*) comme la cité et le village, par la spécificité de son objet, de sa structure, de ses fins. Il décrit et définit la maisonnée ou « *oikos* » au début de son traité de politique, et affirme qu'elle est une unité productive, dévouée à la subsistance des membres et à l'éducation des enfants. Telle est l'étymologie du terme « économie » (*oiko-nomia*) : l'art de gérer la maison et les règles qui s'y rapportent, l'art d'organiser la production de façon à atteindre une relative autarcie, à maintenir et faire fructifier le patrimoine sans dépasser la norme des besoins[2]. L'*oikos* aristotélicienne est organisée

---

1. L'opposition de la société, *Gesellschaft*, et de la communauté, *Gemeinschaft*, fonctionne chez Hegel par excellence à propos de l'opposition de la société civile et de l'État. De fait, le terme de *Gemeinschaft* n'est employé dans le texte de Hegel sur la famille qu'au moment de mentionner la communauté des biens. Mais dans la mesure où la famille préfigure en un sens, par son caractère substantiel, la communauté de l'État, dans la mesure où elle forme un tout, une unité, elle peut aussi être légitimement caractérisée comme « communauté », et du moins l'opposition chez Hegel de la communauté familiale à la société me semble-t-elle conceptuellement légitime en français.

2. Sans quoi on tombe dans la chrématistique.

selon trois relations : la relation conjugale[1], la relation des maîtres aux esclaves et la relation des parents aux enfants. Cette tripartition sera reprise fréquemment dans les textes ultérieurs consacrés à la famille. Comme dans tous ses écrits, l'hypothèse finaliste guide l'enquête d'Aristote.

En considérant la famille non seulement par rapport au pouvoir qui s'y exerce, mais aussi par rapport à la valeur mineure de son objet, et par rapport aux activités spécifiques qui y sont menées, Aristote échappe au monisme de Platon qui dans la *République* ignore la différence de nature entre le pouvoir dans une cité et le pouvoir dans une famille. Aristote s'oppose également aux confusions des barbares qui traitent leurs femmes et leurs enfants comme ils traitent leurs esclaves. Faute de différencier les membres de leur famille et de voir que leurs épouses sont potentiellement libres, les hommes barbares n'accèdent pas à la liberté politique dont se prévalent les Grecs ; en traitant chez eux leurs femmes comme des esclaves, ils se comportent eux-mêmes comme des esclaves et justifient la domination politique grecque qui s'exerce sur eux ! Contre ces deux réductionnismes – platonicien et barbare – qui ignorent la spécificité de la sphère domestique, Aristote défend un pluralisme des communautés : la famille, le village, la cité ont des fins différentes, et partant, des natures différentes, et elles impliquent des relations différentes entre leurs membres. La famille aristotélicienne est subordonnée à la communauté supérieure des citoyens unis par le souci de la république et son caractère subalterne contraste avec l'excellence du régime de ces hommes libres. De ce fait, l'art économique est un art

---

1. L'harmonie entre le caractère des époux, leur amitié ou bonne entente (il n'est même pas question d'amour) est une vertu bienvenue dans la communauté domestique, mais elle n'est ni la cause efficiente, ni la cause finale de la famille.

servile, car il est lié à la satisfaction des besoins. Il est subordonné à la politique et à ce que doivent savoir les citoyens en tant qu'ils sont libres.

Une telle hiérarchie entre la valeur du domestique et la valeur du politique justifie la subordination politique des gens dont la place est au foyer : les femmes, les enfants, les esclaves. On conçoit de ce fait pourquoi une féministe comme Joan Tronto prend pour cible dans *Moral Boundaries* les frontières du domestique et du politique qu'elle propose de repenser, pour corriger les inégalités dont l'institution familiale est porteuse.

C'est aussi le naturalisme des différences entre hommes et femmes, hommes libres et esclaves, qui déploie dans le texte d'Aristote toutes ses conséquences inégalitaires. Or si les théories philosophiques du *care* comme celles de Susan Moller Okin et de Joan Tronto conservent une conscience aiguë des multiples asymétries de position dans une famille, liées aux soins, à l'aide, à l'éducation, elles entendent bouleverser les conséquences inégalitaires et naturalistes que l'on doit en tirer, car elles rappellent notamment que ces positions varient en permanence et que la vulnérabilité ne peut justifier une infériorité de statut puisqu'elle peut échoir à tout le monde, et ce, de façon provisoire ou définitive.

Le texte de Hegel fournit également une définition communautaire de la famille. D'abord pour une raison négative : la famille ne se réduit pas à un contrat, même si l'on trouve en elle des éléments contractuels, notamment ceux qui engagent le patrimoine[1]. Elle relève en effet de la sphère

1. Sur ce refus hégélien dirigé notamment contre Kant, voir C. Guibet-Lafaye, « Le mariage : du contrat juridique à l'obligation éthique », dans *Hegel penseur du droit*, J-F. Kervégan et G. Marmasse éds., Paris, CNRS, 2004,

éthique, de la réalité morale concrète et non de la morale abstraite. Elle ne peut donc être décrite par les seules déterminations qui relèvent du droit abstrait. Une définition contractualiste de la famille serait formelle. Chez Kant notamment, la définition contractualiste de la famille[1] se fait au prix d'une confusion des domaines : ce qui définit la propriété des choses ne saurait régler le lien entre des personnes libres, proteste Hegel. La propriété dépend des personnes pour pouvoir être seulement pensée, et on ne peut penser les personnes qui se marient comme des propriétés réciproques l'une de l'autre comme le fait Kant. On peut ajouter à cela trois arguments positifs qui font de la famille une communauté : en premier lieu le lien d'amour y est prépondérant ; en second lieu l'unité de la nouvelle « personne universelle »[2] que forme le couple dépasse l'état de séparation de ses membres (« Le rapport familial a pour base fondamentale substantielle le renoncement de la personnalité » (§ 40)), et les conjoints ainsi que leurs enfants tirent de cette appartenance à leur famille certains droits ainsi que certains devoirs qu'ils ne subissent pourtant pas comme contraignants, puisqu'ils les vivent dans l'élément de l'immédiateté et de la familiarité[3] ; enfin, en troisième lieu, la famille répartit les rôles en son sein, exprimant ainsi une différence entre ses

p. 147-163. Les raisons de l'opposition de Hegel à Kant sont détaillées dans la troisième partie.

1. Voir *infra* le texte de la *Doctrine du droit*, p. 171-182.

2. Par ailleurs comparée à un organisme ou encore à une substance dont les membres seraient les accidents.

3. C'est le propre d'une communauté éthique que de manifester de cette façon les différentes obligations aux individus qui lui appartiennent, voir M. Fœssel, « L'universel et l'intime : l'amour dans les *Principes de la philosophie du droit* », dans *Hegel penseur du droit, op. cit.*, p. 165-178.

membres : à l'homme l'activité extérieure, à la femme la piété
par exemple [1]. Mais quoique la famille soit conçue comme une
communauté, l'individualité de ses membres n'y est pas
entièrement dissoute, et elle ressurgit à différentes occasions
de la vie de la famille.

Hegel définit la famille par les tensions qui traversent
son concept : tension entre la vie sexuelle et la procréation
d'une part, et le développement d'un patrimoine d'autre part ;
entre nature et volonté ; entre nécessité et contingence. Alors
qu'Aristote donnait un tableau statique de relations normées,
le texte de Hegel est construit comme un récit ; on y suit
l'histoire d'une famille, de sa naissance (mariage) à sa mort
(départ des enfants, rupture du mariage ou mort des parents) en
passant par ses occupations essentielles (procréation, éducation des enfants). Ce récit de la vie d'une famille est scandé
par les moments où le naturel et l'arbitraire disparaissent, et
sont dépassés par le juridique et le volontaire. Ainsi le mariage
efface-t-il la dualité des époux et en fait-il une unité (§ 162), en
même temps qu'il dépasse la contingence de la jouissance
sexuelle et des inclinations particulières amoureuses. Mais
loin que puisse s'instaurer un tel ordre définitif, cette histoire
est constituée d'occasions que trouvent le naturel et l'arbitraire
pour faire irruption dans cette vie familiale « qui se veut
nécessaire », « universelle et durable », mais qui au fond est
éminemment « fragile » [2] : par exemple, quand l'amour
parental n'est pas assez discipliné pour éduquer les enfants et
préfère le jeu ou la complaisance envers la faiblesse enfantine,
à la destination morale de l'enfant ; par exemple, quand

---

1. Voir § 163 *sq.*

2. Selon les termes heureux de J. Lèbre, « La double vie de la famille
hégélienne », *Philosophie* 82, 2004, p. 59-76, p. 76.

un conjoint veut divorcer et fait jouer son arbitre individuel contre la nécessité de ce lien censément indissoluble du
mariage (néanmoins Hegel accepte le divorce); ou enfin,
quand un parent dispose mal de son patrimoine par son
testament ou ses dépenses excessives, et nie l'effort qui a
été déployé pour construire une communauté familiale dépassant les égoïsmes individuels. La famille est toujours
bordée par la possibilité d'être détruite, par les départs, les
morts, les ruptures. Dès sa formation, sa destruction future est
en vue. La famille ne cesse de réussir et de manquer l'union du
définitif et du provisoire, du corporel et du moral.

Les *Principes de la philosophie du droit* au demeurant
mettent constamment en valeur la liberté et la transcendance de
l'esprit. C'est pourquoi, selon Jérome Lèbre, le texte accorde
au développement du patrimoine plus d'importance qu'à la
sexualité ou à la procréation, dans la mesure où le patrimoine
seul est le résultat d'un effort, d'une discipline du désir et d'une
volonté, bref, d'un esprit, tandis que la sexualité comme la
procréation, naturelles et contingentes, sont reléguées dans
l'accidentalité[1]. Une telle hiérarchie des valeurs a des inci-
dences pratiques et normatives : ainsi la stérilité d'un époux,
fait naturel et contingent, ne saurait-elle annuler le mariage. De
la même façon, en ce qui concerne les testaments, Hegel refuse
l'individualisme qui soumet les membres de la famille à
l'arbitre d'un seul qui voudrait tester à son gré. Mais parce
qu'elles sont tout autant arbitraires, Hegel critique également les logiques lignagères qui président aux testaments et
s'imposent aux familles.

---

1. *Ibid.*

DE LA COMMUNAUTÉ À LA SOCIÉTÉ

On a opposé la société égalitaire à la communauté différenciée. Si l'on suit maintenant Ferdinand Tönnies[1] on aboutit à des résultats autres. Cet auteur distingue deux maniè-res de s'unir fondamentalement différentes : la communauté est un tout qui inclut les hommes selon un lien de proximité, de solidarité ; la société est quant à elle un lien volontaire, conscient et principalement contractuel. Ici, l'opposition du lien affectif au lien rationnel est décisive, et Durkheim qui diffuse la pensée de Tönnies en reprend certains éléments dans sa propre distinction entre communauté et société. Par exemple dans une argumentation historique, il considère la communauté comme l'organisation primitive du lien entre les hommes, fortement liée à la famille, et fait de la société le produit d'évolutions historiques plus récentes. Mais il lie le processus de la division croissante du travail social au passage historique du modèle communautaire au modèle social. De ce fait, c'est plutôt à la société qu'il prête l'orga-nisation et la différenciation interne des tâches et des fonctions (qu'il appelle « solidarité organique »). Ceci aboutit à estomper les traits de la communauté qu'Aristote et Hegel mettaient en valeur : c'est désormais dans la communauté que les fonctions et les tâches sont peu divisées (« solidarité mécanique ») d'après Durkheim, et c'est dans la société qu'elles le sont. Et pour ce qui concerne la famille, son histoire

depuis ses origines, n'est même qu'un mouvement ininterrompu de dissociation au cours duquel ces diverses fonctions, d'abord indivises et confondues les unes dans les

1. F. Tönnies, *Communauté et société*, Paris, Retz CEPL, 1977.

autres, se sont peu à peu séparées, constituées à part, réparties entre les différents parents suivant leur sexe, leur âge, leurs rapports de dépendance, de manière à faire de chacun d'eux un fonctionnaire spécial de la société domestique. Bien loin de n'être qu'un phénomène accessoire et secondaire, cette division du travail social domine au contraire tout le développement de la famille [1].

Ces usages de la notion de communauté (d'un côté Aristote, Hegel, de l'autre Tönnies, Durkheim) divergent fort, mais ils gardent deux points communs au moins : le premier est le holisme présent dans toute prise en compte de la communauté familiale [2] et le relatif effacement de l'individu qu'il induit ; le second, négatif, consiste dans l'opposition de la communauté immédiatement donnée au lien social plus médiatisé par la loi, la règle.

Durkheim critique la méthode philosophique de définition de la famille. Ce sociologue refuse l'hypothèse d'un modèle familial unique et étudie son évolution historique. La famille est une institution sociale et, si elle présente telle ou telle forme, c'est en raison de l'état antérieur de la société qui lui a donné naissance, ainsi que des autres institutions auxquelles elle s'articule. L'organisation de la famille dans une société ne saurait être indépendante de la forme de l'État, de l'état de la moralité, de la propriété et de la sexualité d'une société donnée. Ce texte rompt notamment avec les arguments qui font dériver la famille de la nature. En effet les règles de

1. É. Durkheim, *De la division du travail social*, Paris, P.U.F., rééd. 2004, p. 92.

2. Alors que la solidarité organique joue de partie à partie, la solidarité mécanique joue directement des parties au tout, voir F. Keck, M. Plouviez, *Le vocabulaire de Durkheim*, Paris, Ellipses, 2008, p. 80.

la méthode sociologique imposent de considérer l'institution familiale comme un fait objectif, *sui generis*, et bannissent les explications physiologiques et psychologiques comme hors de propos.

Dans le texte présenté ici, Durkheim affirme observer la réduction tendancielle de la famille à ses dimensions conjugales, et compte mesurer l'éloignement de la famille conjugale par rapport au communisme familial qu'il affirme lui avoir précédé anciennement. L'importance croissante de la famille conjugale permet à son tour d'expliquer le développement de l'individualisme, la puissance grandissante de l'État et, paradoxalement, son immixtion dans la vie familiale. C'est que le développement de la division sociale du travail est tout à la fois « source de différenciation individuelle et de solidarité sociale »[1], et de ce fait l'individu peut se distinguer dans une société familiale. Des historiens ont contesté récemment cette vision « évolutionniste » de la famille qui était partagée au début du XXe siècle par Le Play, Tönnies, Parsons ; une vaste enquête de Peter Laslett conduite jusqu'en 1972 a ainsi montré, d'une part, que « la famille réduite domine depuis le moyen-âge dans une partie de l'Europe » (la partie Nord-Ouest), c'est-à-dire depuis plus longtemps que ne le pose la thèse évolutionniste, et d'autre part au contraire, que d'autres modèles familiaux[2] dominent depuis le moyen-âge dans l'Europe centrale, méridionale et orientale[3]. Il reste qu'en faisant jouer l'opposition de la société et de la communauté à l'inté-

---

1. F. Keck, M. Plouviez, *Le vocabulaire de Durkheim, op. cit.*, p. 28.

2. Les formes complexes avec familles-souches, frérèches.

3. Voir A. Burguière, « Les cent et une familles de l'Europe », *Histoire de la famille, op. cit.*, t. III, p. 21-122, notamment p. 31 et suivantes, ainsi que p. 48 : « La famille nucléaire n'a guère franchi l'Oder ».

rieur de l'institution familiale, comme deux éléments dont les rapports seraient variables, Durkheim invite à observer le déploiement de l'individualisme, au lieu de le poser comme un principe anhistorique, et à l'articuler à l'évolution des formes d'institution familiale.

FAMILLE, SOCIÉTÉ, ÉTAT

Si la famille est une communauté et constitue à ce titre une sorte de fin pour les individus, elle ne saurait être totalement close ni repliée sur elle-même. Elle n'est bien sûr pas nécessairement autarcique, et la question se pose de la relation de cette petite communauté familiale à la grande communauté sociale qui l'inclut. Or il semble que l'on ne progressera dans la réponse que si l'on pose certaines questions préalables :

1) Tout d'abord, *à quelles communautés supérieures s'articule la famille ?* Alors qu'Aristote a tendance à réduire son modèle à une opposition de l'*oikos* et de la *polis*[1], Hegel distingue trois niveaux dans les *Principes de la philosophie du droit :* la famille, la société civile dans laquelle les individus prennent place, développent leurs activités et leurs échanges, travaillent et satisfont leurs besoins divers, et enfin l'État. On peut très bien comme le font Hobbes ou Rousseau nier l'autonomie du niveau de la société civile et affirmer que celle-ci ne subsiste pas sans la force de l'État ; on peut aussi ignorer l'importance de la famille comme le font tendanciellement différents penseurs libéraux qui préfèrent mettre l'individu en

---

1. Le niveau intermédiaire du village semble un mélange des deux autres éléments plutôt qu'un niveau autonome : c'est une sorte de grande famille et de petite cité.

avant, et faire abstraction de ses conditions concrètes de venue au monde et d'éducation. Mais si les niveaux d'organisation sociale et politique auxquels s'articule la famille ne sont pas clairement définis, on ne peut répondre à la question suivante :

2) Quels sont les *modèles de compréhension* des différents types de communautés, notamment les unes par rapport aux autres ? Les rapports de la famille et de l'État ne sont pas seulement génétiques (Aristote, Bodin), ils peuvent être aussi analogiques (chez Platon l'État est une grande famille, et la famille un petit État) ou encore téléologiques (chez Aristote l'État est la fin de la famille, le tout dans lequel elle accomplit toutes ses fonctions et prend sens). Ils sont parfois d'opposition : Rousseau accepte de faire procéder la société de la réunion première des familles dans le second *Discours*, mais il refuse fermement, dans les premières pages du *Discours sur l'économie politique* et à la suite de Locke, l'analogie entre le lien familial et le lien politique, car il condamne toute position paternaliste : tout distingue l'association politique (engageant du pouvoir et des intérêts qui sont d'abord distincts) de l'association familiale (engageant des sentiments et des intérêts naturellement communs).

Une fois les niveaux distingués ainsi que leurs liens notionnels précisés, on peut se demander :

3) Quelles *interactions* existent entre ces communautés ?

a) Cette question a en premier lieu un sens *descriptif*, qui vise l'énumération des rapports de pouvoir, de contrainte, de coercition, d'influence, mais aussi de coopération ou de division du travail entre les sphères individuelle, familiale, sociale, politique. Pour prendre le cas de la coopération, la division du travail interne à la famille ne saurait être étudiée sans être reliée au partage des rôles économiques, éducatifs, reproductifs entre la famille, la société et l'État. Ce qui a été fait ou produit dans la famille n'a plus besoin d'être fait par la société ni par l'État : ainsi la production, l'éducation et l'entretien de citoyens actifs politiquement, ainsi que leur subsistance est bien la tâche dont les familles, leurs femmes et leurs esclaves, délestent la cité décrite par Aristote alors que, pour prendre un exemple opposé, l'Europe aux XIXe et XXe siècles a inventé des formes de prise en charge collective de la subsistance et de l'éducation (assurances pour la vieillesse, le chômage, la maladie, instruction publique, etc.). De même, la production et l'entretien des travailleurs est la tâche qu'accomplissent silencieusement les familles, mais sans laquelle la sphère sociale et productive de l'économie ne pourrait fonctionner : c'est le travail qu'Engels, et quelques féministes à sa suite, désignent comme *re*-productif, car quoiqu'il soit indispensable à l'ensemble de l'économie sociale et à sa production, il ne produit pas un bien monnayable et échangeable.

b) La description des rapports existants entre les sphères débouche sur une réflexion *normative*, où les rapports du « domestique » ou du « privé » d'une part, et du public ainsi que du social de l'autre, peuvent être discutés.

Certes, on peut affirmer sans trop de peine que la famille doit bénéficier du refus libéral classique[1] d'une immixtion de l'État dans la vie des individus, car en tant que petite association, mais surtout en tant qu'association privée dont la plupart des activités ne concernent ni la société ni l'État, elle doit rester à l'abri des contraintes politiques, des influences morales ou religieuses auxquelles elle ne peut d'ailleurs résister seule. Un État libéral défendra une liste variable de

1. Porté par exemple par Benjamin Constant dans *La liberté des anciens et des modernes*.

libertés familiales (droit de fonder une famille sans subir l'influence de ses parents, de son Église, droit de dissoudre un mariage, etc.). La sphère privée des sentiments, de la maison, et des choix amoureux mérite une protection de la part de l'État et du droit ; les individus ont notamment un droit à voir protégé tout ce qui est indifférent au pouvoir politique et tout ce qui est insignifiant.

Toutefois cette protection n'est utile qu'un temps à la liberté des membres de la famille. Elle peut se retourner contre eux, notamment s'ils en sont les membres les plus vulnérables[1]. La famille est une « institution de base » pour reprendre les termes de Rawls, une institution dont l'organisation juridique, politique et sociale a de profondes influences sur la vie, les chances de bonheur, de réussite des individus. Refuser de voir cela, et se contenter de défendre la non-intrusion de la politique dans la famille revient à laisser se perpétuer dans un lieu qui y est particulièrement favorable différentes dominations sociales et politiques : ainsi, renvoyer aux seuls arrangements individuels entre conjoints la question de la division domestique des tâches trahit une cécité à l'égard de la façon dont la structure sociale environnante fait des femmes des partenaires toujours dévalorisés dans ce type de négociation, puisqu'elles peuvent moins arguer d'une réussite professionnelle extérieure, de hauts salaires, etc. pour se délester du travail domestique[2]. De là les critiques féministes comme celles de Joan Tronto dans *Moral Boundaries* qui rappellent que de telles « frontières » morales, politiques, notamment entre ce qui est privé et ce qui ne l'est pas, sont

---

1. Voir *infra*, « Critiques de la famille et critiques du pouvoir », p. 259 *sq.*
2. Voir *infra* le texte d'Arlie Hochschild, p. 183-189.

l'objet de décisions politiques et non l'effet d'un destin ou d'une nature sur lesquels nous ne pourrions rien.

La capacité de la famille à défendre la liberté et l'égalité des individus ainsi que l'aspiration de ces derniers à être traités de façon juste et non oppressive, sera examinée dans les trois dernières parties.

On peut voir en quoi la part respective de la dimension communautaire et de la dimension associative-contractuelle au sein de la famille pèse sur ces questions. Si certains auteurs ont insisté sur le pôle communautaire, des auteurs comme Kant, Locke ont insisté sur le statut associatif de la famille[1]. Les modèles associatif et contractuel permettront surtout d'évaluer la liberté et l'égalité des membres d'une famille (troisième partie), tandis que la question de la justice familiale (quatrième et cinquième parties) ne peut être clarifiée que si les deux modèles de la société et de la communauté sont simultanément disponibles pour penser la famille, et si on sait quel aspect de la justice familiale doit relever de l'égalité associative et contractuelle, quel aspect de la différenciation communautaire.

Références bibliographiques

ALBERTI L., *Libri della Famiglia*, in *Opere volgari*, 3 vol., Bari, Laterza, 1960-1966, t. I.

ARISTOTE, *Économique*, trad. B. A. van Groningen et A. Wartelle, Paris, Les Belles Lettres, 2003.

---

1. Il faudrait se garder de rigidifier ces oppositions, car Kant parle de communauté également.

HEGEL, *L'esprit du christianisme et son destin*, trad. O. Depré, Paris, Vrin, 2003.

Hegel penseur du droit, J-F. Kervégan et G. Marmasse (éds.), Paris, CNRS, 2004.

LAMANN M. A., *Emile Durkheim on the Family*, Thousand Oaks (Calif.), Sage, 2002.

LÈBRE J., « La double vie de la famille hégélienne », *Philosophie* 82, 2004, p. 59-76.

LEPAN G., *Jean-Jacques Rousseau et le patriotisme*, Paris, Champion, 2007.

ROUSSEAU J.-J., *La Nouvelle Héloïse*, IV, l. 10 et 11, dans *Œuvres*, Raymond-Gagnebin (éd.), 5 vol. ; « Bibliothèque de la Pléiade », Paris, Gallimard, 1959-1995, tome II, p. 441 *sq.*

– *Lettre à d'Alembert*, dans *Œuvres*, *op. cit.*, tome V, p. 1-125.

XÉNOPHON, *Économique*, trad. P. Chantraine, Paris, Les Belles Lettres, 2008.

POLITIQUE

L'OIKOS [*]

Nous voyons que toute cité est une sorte de communauté, et que toute communauté est constituée en vue d'un certain bien (car c'est en vue d'obtenir ce qui leur apparaît comme un bien que tous les hommes accomplissent toujours leurs actes) : il en résulte clairement que si toutes les communautés visent un bien déterminé, celle qui est la plus haute de toutes et englobe toutes les autres, vise aussi, plus que les autres, un bien qui est le plus haut de tous. Cette communauté est celle qui est appelée *cité*, c'est la communauté politique.

Ceux donc qui croient que *chef politique*, *chef royal*, *chef de famille* et *maître* d'esclaves sont une seule et même notion s'expriment d'une manière inexacte (ils s'imaginent, en effet, que ces diverses formes d'autorité ne diffèrent que par le nombre plus ou moins grand des individus qui y sont assujettis, mais qu'il n'existe entre elles aucune différence spécifique :

---

[*] Aristote, *Politique*, trad. J. Tricot, Paris, Vrin, 1995, p. 21-81 (N.d.É. : le passage sur la chrématistique a été coupé).

par exemple si ces assujettis sont en petit nombre, on a affaire
à un maître ; s'ils sont plus nombreux, c'est un chef de famille ;
s'ils sont plus nombreux encore, un chef politique ou un roi, –
comme s'il n'y avait aucune différence entre une grande famille et une petite cité ! Quant à *politique* et *royal*, la distinction serait celle-ci : si un seul homme est personnellement à la
tête des affaires, c'est un gouvernement royal ; si, au contraire,
conformément aux règles de cette sorte de science, le citoyen
est tour à tour gouvernant et gouverné, c'est un pouvoir
proprement politique. En fait, ces distinctions n'ont aucune
réalité.)

On s'apercevra clairement de la méprise en examinant la
matière à traiter selon la méthode qui nous a guidé jusqu'ici.
De même, en effet, que dans les autres domaines, il est nécessaire de poursuivre la division du composé jusqu'en ses éléments incomposés (qui sont les plus petites parties du tout),
de même aussi, pour la cité, en considérant les éléments dont
elle se compose, nous apercevrons mieux en quoi les diverses
formes d'autorité diffèrent les unes des autres, et verrons s'il
est possible d'obtenir quelque résultat positif pour tout ce que
nous venons de dire.

Dans ces conditions, si on considérait les choses à partir
de leur origine, dans leur développement naturel, comme on le
fait dans les autres domaines, nos présentes investigations
elles-mêmes apparaîtraient ainsi aux regards sous l'angle le
plus favorable.

La première union nécessaire est celle de deux êtres qui
sont incapables d'exister l'un sans l'autre : c'est le cas pour le
mâle et la femelle en vue de la procréation (et cette union n'a
rien d'arbitraire, mais comme dans les autres espèces animales
et chez les plantes, il s'agit d'une tendance naturelle à laisser
après soi un autre être semblable à soi) ; c'est encore l'union de

celui dont la nature est de commander avec celui dont la nature est d'être commandé, en vue de leur conservation commune. En effet, pour ce dernier cas, l'être qui, par son intelligence, a la faculté de prévoir, est par nature un chef et un maître, tandis que celui qui, au moyen de son corps, est seulement capable d'exécuter les ordres de l'autre, est par sa nature même un subordonné et un esclave : de là vient que l'intérêt du maître et celui de l'esclave se confondent. Ainsi, c'est la nature qui a distingué la femelle et l'esclave (la nature n'agit nullement à la façon mesquine des fabricants de couteaux de Delphes, mais elle affecte une seule chose à un seul usage ; car ainsi chaque instrument atteindra sa plus grande efficacité, s'il sert à une seule tâche et non à plusieurs). Cependant, chez les Barbares, la femme et l'esclave sont mis au même rang : la cause en est qu'il n'existe pas chez eux de chefs naturels, mais la société conjugale qui se forme entre eux est celle d'un esclave mâle et d'une esclave femelle. D'où la parole des poètes : *Il est normal que les Grecs commandent aux barbares*, dans l'idée qu'il y a identité de nature entre barbare et esclave.

Les deux communautés que nous venons de voir constituent donc la famille à son premier stade, et c'est à bon droit que le poète Hésiode a écrit : *Une maison en premier lieu, ainsi qu'une femme et un bœuf de labour*, car le bœuf tient lieu d'esclave aux pauvres. Ainsi, la communauté constituée par la nature pour la satisfaction des besoins de chaque jour est la famille, dont les membres sont appelés par Charondas, *compagnons de huche*, et par Epiménide de Crète, *compagnons de table*.

D'autre part, la première communauté formée de plusieurs familles en vue de la satisfaction de besoins qui ne sont plus purement quotidiens, c'est le village. Par sa forme la plus naturelle, le village paraît être une extension de la famille : ses membres ont, suivant l'expression de certains auteurs, *sucé le même lait*, et comprennent enfants et petits-enfants. Et c'est ce qui fait qu'à l'origine les cités étaient gouvernées par des rois et que les nations le sont encore de nos jours, car cités et nations ont été formées par la réunion d'éléments soumis au régime monarchique. Toute famille, en effet, est régie dans la forme monarchique par le mâle le plus âgé, de sorte qu'il en est de même pour les extensions de la famille, en raison de la parenté de leurs membres. Et c'est ce que dit Homère : *Chacun dicte la loi à ses enfants et à ses femmes*, car <ses Cyclopes> vivaient en familles dispersées ; et tel était anciennement le mode d'habitation. Et la raison pour laquelle les hommes admettent unanimement que les dieux sont gouvernés par un roi, c'est qu'eux-mêmes sont encore aujourd'hui gouvernés parfois de cette manière, ou l'étaient autrefois : et de même que les hommes attribuent aux dieux une figure semblable à la leur, ils leur attribuent aussi leur façon de vivre.

Enfin, la communauté formée de plusieurs villages est la cité, au sens plein du mot ; elle atteint dès lors, pour ainsi parler, la limite de l'indépendance économique : ainsi, formée au début pour satisfaire les seuls besoins vitaux, elle existe pour permettre de bien vivre.

C'est pourquoi toute cité est un fait de nature, s'il est vrai que les premières communautés le sont elles-mêmes. Car la cité est la fin de celles-ci, et la nature d'une chose est sa fin, puisque ce qu'est chaque chose une fois qu'elle a atteint son complet développement, nous disons que c'est là la nature de la chose, aussi bien pour un homme, un cheval ou une famille. En outre, la cause finale, la fin d'une chose, est son bien le meilleur, et la pleine suffisance est à la fois une fin et un bien par excellence.

Ces considérations montrent donc que la cité est au nombre des réalités qui existent naturellement, et que l'homme est par nature un animal politique. Et celui qui est sans cité, naturellement et non par suite des circonstances, est ou un être dégradé ou au-dessus de l'humanité. Il est comparable à l'homme traité ignominieusement par Homère de : *Sans famille, sans loi, sans foyer*, car, en même temps que naturellement apatride, il est aussi un brandon de discorde, et on peut le comparer à une pièce isolée au jeu de trictrac.

Mais que l'homme soit un animal politique à un plus haut degré qu'une abeille quelconque ou tout autre animal vivant à l'état grégaire, cela est évident. La nature, en effet, selon nous, ne fait rien en vain ; et l'homme, seul de tous les animaux, possède la parole. Or, tandis que la voix ne sert qu'à indiquer la joie et la peine, et appartient pour ce motif aux autres animaux également (car leur nature va jusqu'à éprouver les sensations de plaisir et de douleur, et à se les signifier les uns aux autres), le discours sert à exprimer l'utile et le nuisible, et, par suite aussi, le juste et l'injuste : car c'est le caractère propre de l'homme par rapport aux autres animaux, d'être le seul à avoir le sentiment du bien et du mal, du juste et de l'injuste, et des autres notions morales, et c'est la communauté de ces sentiments qui engendre famille et cité.

En outre, la cité est par nature antérieure à la famille et à chacun de nous pris individuellement. Le tout, en effet, est nécessairement antérieur à la partie, puisque, le corps entier une fois détruit, il n'y aura ni pied, ni main, sinon par simple homonymie et au sens où l'on parle d'une main de pierre : une main de ce genre sera une main morte. Or les choses se définissent toujours par leur fonction et leur potentialité ; quand par suite elles ne sont plus en état d'accomplir leur travail, il ne faut pas dire que ce sont les mêmes choses, mais seulement qu'elles ont le même nom. Que dans ces conditions la cité soit aussi antérieure naturellement à l'individu, cela est évident : si, en effet, l'individu pris isolément est incapable de se suffire à lui-même, il sera par rapport à la cité comme, dans nos autres exemples, les parties sont par rapport au tout. Mais l'homme qui est dans l'incapacité d'être membre d'une communauté, ou qui n'en éprouve nullement le besoin parce qu'il se suffit à lui-même, ne fait en rien partie d'une cité, et par conséquent est ou une brute ou un dieu.

Est certes un fait naturel la tendance que nous avons tous à former une communauté de ce genre, mais celui qui, le premier, réalisa cette communauté fut cause des plus grands biens. Car de même qu'un homme, quand il est accompli, est le plus excellent des animaux, de même aussi, séparé de la loi et de la justice, il est le pire de tous. L'injustice armée est, en effet, la plus dangereuse ; et la nature a donné à l'homme des armes qui doivent servir à la prudence et à la vertu, mais qui peuvent être employées aussi à des fins exactement contraires. C'est pourquoi l'homme est la plus impie et la plus sauvage des créatures quand il est sans vertu, et la plus grossière de toutes en ce qui regarde les plaisirs de l'amour et ceux du ventre. Mais la vertu de justice est de l'essence de la société civile, car l'administration de la justice est l'ordre même de la communauté politique, elle est une discrimination de ce qui est juste.

Maintenant que nous connaissons clairement de quelles parties la cité est constituée, il nous faut d'abord parler de l'économie domestique, puisque toute cité est composée de familles. Or l'économie domestique se divise en autant de branches qu'il y a de personnes dont une famille est à son tour constituée, et une famille, quand elle est complète, comprend des esclaves et des hommes libres. Et puisque toute recherche doit porter en premier lieu sur les éléments les plus petits, et que les parties premières et les plus petites d'une famille sont maître et esclave, époux et épouse, père et enfants, nous devons examiner la nature de chacune de ces trois relations et dire quel caractère elle doit revêtir : j'entends la relation de maître à esclave, les rapports entre époux (il n'y a pas de terme particulier pour désigner la relation unissant mari et femme), et en troisième lieu, la relation de père à enfant (qui n'a pas non plus de terme propre pour la désigner). Admettons donc ces trois relations que nous venons d'indiquer. Il y a aussi un autre élément, qui, selon certains, se confond avec l'économie domestique elle-même, et, selon d'autres, en est la partie la plus importante, et dont nous aurons à étudier le rôle, je veux parler de ce qu'on nomme l'*art d'acquérir des richesses*.

Pour commencer, traitons du maître et de l'esclave, afin d'observer ce qui intéresse les besoins indispensables de l'existence, et de voir en même temps si, pour atteindre à la connaissance de ces matières, nous serions en mesure d'apporter quelque conception plus exacte que celles qui sont actuellement reçues. Certains auteurs, en effet, estiment que l'autorité du maître constitue une science déterminée et que économie domestique, pouvoir sur l'esclave, pouvoir politique et pouvoir royal sont une seule et même chose, ainsi que nous l'avons dit au début ; d'autres, au contraire, pensent que la puissance du maître sur l'esclave est contre nature, parce que c'est seulement la convention qui fait l'un esclave et l'autre libre, mais que selon la nature il n'y a entre eux aucune différence ; et c'est ce qui rend aussi cette distinction injuste, car elle repose sur la force.

La propriété est une partie de la famille, et l'art d'acquérir, une partie de l'économie domestique (car sans les choses de première nécessité, il est impossible et de vivre et de bien vivre). Et de même que, dans un art bien défini, l'artisan sera nécessairement en possession des instruments propres à l'accomplissement de l'œuvre qu'il se propose, ainsi en est-il pour celui qui est à la tête d'une famille, et les instruments dont il dispose sont, les uns inanimés et les autres animés (par exemple pour le pilote, la barre est un être inanimé, et le timonier un être animé : car dans les divers métiers, celui qui aide rentre dans le genre instrument). De même également, la chose dont on est propriétaire est un instrument en vue d'assurer la vie, et la propriété dans son ensemble, une multiplicité d'instruments ; l'esclave lui-même est une sorte de propriété animée, et tout homme au service d'autrui est comme un instrument qui tient lieu d'instruments. Si, en effet, chaque instrument était capable, sur une simple injonction, ou même pressentant ce qu'on va lui demander, d'accomplir le travail qui lui est propre, comme on le raconte des statues de Dédale ou des trépieds d'Héphaïstos, lesquels, dit le poète, *Se rendaient d'eux-mêmes à l'assemblée des Dieux*, si, de la même manière, les navettes tissaient d'elles-mêmes, et les plectres pinçaient tous seuls la cithare, alors, ni les chefs d'artisans n'auraient besoin d'ouvriers, ni les maîtres d'esclaves.

Quoi qu'il en soit, ce qu'on appelle les instruments sont des instruments de production, tandis qu'une propriété est un instrument d'action : c'est ainsi que de la navette on obtient quelque chose d'autre que son simple usage, alors que du vêtement ou du lit on ne tire que l'usage. De plus, comme la production diffère spécifiquement de l'action, et que l'une et l'autre ont besoin d'instruments, ces instruments aussi doivent nécessairement présenter la même différence. Or la vie est action, et non production, et par suite aussi l'esclave est un aide à ranger parmi les instruments destinés à l'action.

Ajoutons que le terme *propriété* s'emploie de la même façon que le terme *partie*: la partie n'est pas seulement partie d'une autre chose, mais encore elle appartient entièrement à une autre chose; et il en est aussi de même pour la propriété. C'est pourquoi, tandis que le maître est seulement maître de l'esclave et n'appartient pas à ce dernier, l'esclave, au contraire, n'est pas seulement esclave d'un maître mais encore lui appartient entièrement.

Ces considérations montrent clairement quelle est la nature de l'esclave et quelle est sa potentialité: celui qui, par nature, ne s'appartient pas à lui-même, tout en étant un homme, mais est la chose d'un autre, celui-là est esclave par nature; et est la chose d'un autre, tout homme, qui, malgré sa qualité d'homme, est une propriété, une propriété n'étant rien d'autre qu'un instrument d'action et séparé du propriétaire.

Mais est-ce qu'il existe des hommes présentant naturellement pareil caractère, ou bien n'y en a-t-il pas? Et y a-t-il quelqu'être pour lequel il soit préférable et juste d'être esclave, ou si au contraire il n'en est rien et si l'esclavage est toujours contre nature? Voilà ce que nous avons maintenant à examiner.

La réponse n'est pas difficile: le raisonnement nous la montre, en même temps que les faits nous l'enseignent. L'autorité et la subordination sont non seulement des choses nécessaires, mais encore des choses utiles; et c'est immédiatement après la naissance qu'une séparation s'établit entre certaines réalités, les unes étant destinées au commandement, et les autres à l'obéissance. Et il existe de nombreuses espèces d'êtres qui commandent et d'êtres qui sont commandés (et toujours est plus parfaite l'autorité qui s'exerce sur des subordonnés dont la nature est elle-même plus parfaite: par exemple, il est préférable de commander à un homme qu'à

une brute : le travail, en effet, est d'autant plus parfait qu'il
est accompli par de meilleurs ouvriers ; et partout où il y a le
facteur dominateur et le facteur subordonné, leur rencontre
aboutit à une œuvre déterminée), car dans toutes les choses où
plusieurs parties se combinent pour produire quelque réalité
possédant unité de composition, que ces parties soient conti-
nues ou discontinues, dans tous ces cas se manifeste clairement
la dualité de ce qui commande et de ce qui est commandé ;
et cette distinction, qui est présente dans les êtres animés,
relève d'une loi universelle de la nature, puisque même dans
les êtres qui n'ont pas la vie en partage, on rencontre une sorte
d'autorité, comme c'est le cas par exemple, d'une harmonie. –
Mais ces dernières considérations relèvent sans doute d'un
examen par trop étranger à notre sujet. Pour nous en tenir à
l'être vivant, rappelons d'abord qu'il est composé d'une âme
et d'un corps, et que de ces deux facteurs le premier est par
nature celui qui commande, et l'autre celui qui est commandé.
Mais nous devons examiner ce qui est *par nature*, de préférence chez les êtres qui sont dans leur état normal, et non chez
ceux atteints de corruption. Et par suite, c'est l'homme se
trouvant dans la meilleure condition possible sous le rapport à
la fois du corps et de l'âme qui doit faire l'objet de notre étude,
et c'est en lui que se manifeste le mieux le jeu de ces deux
facteurs : chez les gens vicieux, en effet, ou se trouvant dans
une disposition perverse, le corps semblera souvent commander à l'âme, en raison de l'état défectueux et dénaturé du sujet.
Ainsi donc, c'est en premier lieu dans l'être vivant, disons-
nous, qu'il est possible d'observer l'autorité du maître et celle
du chef politique : l'âme, en effet, gouverne le corps avec une
autorité de maître, et l'intellect règle le désir avec une autorité
de chef politique et de roi. Ces exemples montrent avec évidence le caractère naturel et l'utilité de la subordination du

corps à l'âme, ainsi que de la subordination de la partie
affective à l'intellect et à la partie rationnelle, tandis que l'égalité des deux facteurs ou le renversement de leurs rôles respectifs est nuisible dans tous les cas. – Envisage-t-on à leur
tour les rapports entre l'homme et les autres animaux, on aboutit à la même constatation : les animaux domestiques sont d'un
naturel meilleur que les animaux sauvages, et il est toujours
plus expédient pour eux d'être gouvernés par l'homme, car
leur conservation se trouve ainsi assurée. – En outre, dans
les rapports du mâle et de la femelle, le mâle est par nature
supérieur, et la femelle inférieure, et le premier est l'élément
dominateur et la seconde l'élément subordonné. – C'est nécessairement la même règle qu'il convient d'appliquer à l'ensemble de l'espèce humaine ; par suite, quand des hommes diffèrent entre eux autant qu'une âme diffère d'un corps et un
homme d'une brute (et cette condition inférieure est celle
de ceux chez qui tout travail consiste dans l'emploi de la force
corporelle, et c'est là d'ailleurs le meilleur parti qu'on peut
tirer d'eux), ceux-là sont par nature des esclaves pour qui il
est préférable de subir l'autorité d'un maître, si l'on en croit
les exemples que nous avons cités plus haut. Est, en effet,
esclave par nature celui qui est apte à être la chose d'un autre
(et c'est pourquoi il l'est en fait), et qui a la raison en partage
dans la mesure seulement où elle est impliquée dans la sensa-
tion, mais sans la posséder pleinement ; car les animaux autres
que l'homme ne sont même pas capables de participer à cette
forme sensitive de la raison, mais ils obéissent passivement
à leurs impressions. Et effectivement l'usage que nous faisons
des esclaves ne s'écarte que peu de l'usage que nous faisons
des animaux : le secours que nous attendons de la force
corporelle pour la satisfaction de nos besoins indispensables
provient indifféremment des uns et des autres, aussi bien

des esclaves que des animaux domestiques. La nature tend assurément aussi à faire les corps d'esclaves différents de ceux des hommes libres, accordant aux uns la vigueur requise pour les gros travaux, et donnant aux autres la station droite et les rendant impropres aux besognes de ce genre, mais utilement adaptés à la vie de citoyen (qui se partage elle-même entre les occupations de la guerre et celles de la paix) ; pourtant le contraire arrive fréquemment aussi : des esclaves ont des corps d'hommes libres, et des hommes libres des âmes d'esclaves. Une chose, du moins, est claire : si les hommes libres, à s'en tenir à la seule beauté corporelle, l'emportaient sur les autres aussi indiscutablement que les statues des dieux, tout le monde admettrait que ceux qui leur sont inférieurs méritent d'être leurs esclaves. Et si cela est vrai du corps, bien plus justement encore pareille distinction doit-elle s'appliquer à l'âme : seulement, il n'est pas aussi facile de constater la beauté de l'âme que celle du corps.

Il est donc manifeste qu'il y a des cas où par nature certains hommes sont libres et d'autres esclaves, et que pour ces derniers demeurer dans l'esclavage est à la fois bienfaisant et juste.

D'un autre côté, que ceux qui professent l'opinion contraire aient raison aussi d'une certaine façon, c'est là une chose qu'il n'est pas difficile d'apercevoir. En effet, les termes *être esclave* et *esclave* sont pris en deux sens : car il existe aussi un esclave et un esclavage relevant d'une loi positive ; cette loi est une sorte d'accord général d'après lequel on admet que les biens conquis à la guerre sont la propriété du vainqueur. Or c'est là une conception du droit à laquelle de nombreux juristes opposent, comme ils le feraient pour un orateur, une *exception d'illégalité :* il est, à leur avis, monstrueux qu'un homme, parce qu'il a le pouvoir d'employer la violence et possède la supériorité de la force brutale, puisse réduire en esclavage et ranger sous son autorité la victime de sa violence. – Cette opinion a ses partisans comme la première a les siens, jusque dans les milieux cultivés. Et la cause de ce débat, et qui fait que les deux théories se recouvrent partiellement, c'est que, d'une certaine façon, la vertu, quand elle est pourvue de moyens extérieurs suffisants, possède aussi au plus haut point le pouvoir d'employer la force, et que le parti vainqueur l'emporte toujours par quelque supériorité morale ; il semble, par conséquent, que la force ne va pas sans vertu, et que le débat roule uniquement sur la notion de justice (car en raison du caractère inséparable de la force et de la vertu, les uns pensent que la justice consiste dans la bienveillance mutuelle, tandis que pour les autres, ce qui est juste en soi c'est la loi du plus fort) ; si, en effet, ces deux conceptions se présentent radicalement séparées l'une de l'autre, les autres théories perdent toute leur force et toute leur valeur persuasive, quand elles prétendent que ce qui est supérieur en vertu n'a aucun titre à commander et à exercer le pouvoir absolu du maître. –Mais certains autres s'attachant, croient-ils, à une sorte de droit en général (car la loi est une forme de justice), posent en principe que l'esclavage résultant de la guerre est juste, mais dans le même moment ils se contredisent : en effet, il peut se faire que la cause originaire d'une guerre soit injuste, et en outre on ne saurait reconnaître d'aucune manière que l'homme qui ne mérite pas d'être esclave soit esclave. Et si on refuse d'admettre cela, il en résultera que les personnes considérées comme appartenant à la plus haute noblesse sont des esclaves et des descendants d'esclaves, si eux ou leurs parents ont eu le malheur d'avoir été faits prisonniers et vendus ensuite comme esclaves. Aussi, les partisans de l'opinion dont nous parlons n'entendent pas appeler les Grecs eux-mêmes des esclaves, mais ils réservent ce nom aux barbares. Mais alors, en s'exprimant ainsi, ils n'ont en vue rien d'autre que l'esclavage naturel, dont nous avons précisément traité au début : car ils sont dans la nécessité d'avouer qu'il y a certains individus qui sont partout esclaves, et d'autres qui ne le sont nulle part. Le même principe s'applique encore à la noblesse de naissance : les Grecs se regardent eux-mêmes comme nobles, non seulement dans leur pays, mais encore n'importe où, les barbares au contraire n'étant nobles que chez eux, ce qui signifie qu'il existe deux sortes de noblesse et de liberté, l'une qui est absolue, et l'autre qui ne l'est pas, suivant la parole de l'*Helena* de Théodecte : *Moi, rejeton d'une double lignée de dieux, Qui aurait la prétention de me donner le nom de servante ?* Mais parler ainsi revient à faire de la vertu et du vice le principe de la distinction entre les termes *esclave* et *libre*, et entre l'homme de haute naissance et l'homme de basse extraction : car on estime que, tout comme un homme naît d'un homme, et une bête d'une bête, ainsi également un homme de bien est issu de gens de bien. Mais s'il est vrai que la nature tend souvent à réaliser ce vœu, elle n'en est cependant pas toujours capable.

On voit ainsi que le débat dont nous parlons a quelque raison d'être, et que le principe suivant lequel il y a, d'une part, les esclaves par nature, et, d'autre part, les hommes libres par nature, n'est pas absolu. On voit encore qu'une pareille distinction existe dans des cas déterminés où il est avantageux et juste pour l'un de demeurer dans l'esclavage et pour l'autre d'exercer l'autorité du maître, et où l'un doit obéir et l'autre commander, suivant le type d'autorité auquel ils sont naturellement destinés, et par suite suivant l'autorité absolue du maître, tandis que l'exercice abusif de cette autorité est désavantageux pour les deux à la fois (car l'intérêt est le même pour la partie et pour le tout, pour le corps et pour l'âme, et l'esclave est une partie de son maître, il est en quelque sorte une partie vivante du corps de ce dernier, mais une partie séparée ; de là vient qu'il existe une certaine communauté d'intérêt et d'amitié entre maître et esclave, quand leur position respective est due à la volonté de la nature ; mais s'il n'en a pas été ainsi, et que leurs rapports reposent sur la loi et la violence, c'est tout le contraire qui a lieu).

Il résulte clairement aussi de ces considérations qu'il n'y a pas identité entre pouvoir du maître sur l'esclave et pouvoir du chef politique, et que toutes les diverses formes d'autorité ne sont pas non plus les mêmes les unes que les autres, comme certains auteurs le prétendent. En effet, l'une de ces autorités s'adresse à des hommes naturellement libres, et l'autre à des hommes naturellement esclaves ; et l'administration d'une maison est une monarchie (une famille étant toujours sous l'autorité d'un seul), tandis que le pouvoir politique proprement dit est un gouvernement d'hommes libres et égaux. Le maître n'est donc pas appelé de ce nom en vertu d'une connaissance scientifique dont il serait détenteur, mais par le fait d'être naturellement tel, et on peut en dire autant de l'esclave et de l'homme libre. Cependant il peut exister une science du maître et une science de l'esclave : la science de l'esclave serait exactement de même sorte que celle qu'on cultivait à Syracuse, où, moyennant salaire, on enseignait aux esclaves l'ensemble de leurs devoirs domestiques. On pourrait même étendre l'étude des matières de cette sorte, tel que l'art de la cuisine et autres branches analogues du service : des serviteurs différents ont, en effet, des tâches différentes, les unes plus honorables, et les autres plus nécessaires, et, comme le dit le proverbe, *Esclave avant esclave, maître avant maître*. Toutes les connaissances de ce genre sont donc des sciences de l'esclave. Quant à la science du maître, c'est celle de l'utilisation des esclaves : car le rôle du maître ne consiste pas dans l'acquisition des esclaves, mais dans l'usage qu'il en fait. Cette science n'a rien de grand, ni de vénérable : le maître doit seulement savoir prescrire les tâches que l'esclave doit savoir exécuter. C'est pourquoi ceux qui ont la possibilité de s'épargner les tracas domestiques ont un préposé qui remplit cet office, tandis qu'eux-mêmes s'occupent de politique ou de philosophie.

La science d'acquérir les esclaves, à son tour, diffère de ces deux sciences : je veux parler de la science de leur juste acquisition, qui tient de l'art de la guerre ou de l'art de la chasse.

Arrêtons là notre distinction de maître et d'esclave.

En ce qui concerne toute propriété en général, ainsi que l'art d'acquérir des richesses, appliquons à leur étude la méthode suivie jusqu'ici, puisqu'enfin l'esclave est, avons-nous dit, une partie déterminée de la propriété. Tout d'abord, on peut soulever la question de savoir si l'art d'acquérir des biens se confond avec l'économie domestique, ou s'il en est une partie, ou si enfin il lui est subordonné ; et dans l'hypothèse où il lui est subordonné, on peut se demander si c'est de la façon dont l'art de faire des navettes est subordonné à l'art du tisserand, ou de la façon dont l'art du fondeur est subordonné à l'art du statuaire (car le genre de subordination de ces deux arts n'est pas le même, mais le premier fournit des instruments, et le second la matière, et j'entends par matière le substrat à partir duquel une certaine œuvre est exécutée : par exemple, pour un tisserand ce sera de la laine, et pour un statuaire, du bronze).

Or que l'art d'acquérir des richesses ne soit pas identique à l'art d'administrer une maison, c'est là une chose évidente (en effet, le premier a pour objet de se procurer des ressources, et le second de les employer : quel pourrait être l'art de faire usage des ressources familiales si on ne veut pas que ce soit l'économie domestique ?). Quant à savoir si l'art d'acquérir les richesses est une branche de l'économie domestique, ou si c'est un art d'une espèce toute différente, le débat reste ouvert. Si le rôle de l'acquéreur de richesses est bien, en effet, de considérer les sources d'où proviennent richesses et propriété, mais si la propriété embrasse de multiples formes, et la richesse également, dans ces conditions la première question qui se pose est d'examiner si l'agriculture est une branche déterminée de l'art d'acquérir des richesses, ou si c'est un art d'un genre tout différent. Et, d'une façon générale, le problème est le même pour la gestion et l'acquisition portant sur les subsistances.

Bien plus, il existe de nombreux modes d'alimentation qui déterminent de multiples genres de vie, à la fois chez les animaux et chez les hommes ; comme, en effet, il ne leur est pas possible de vivre sans nourriture, il en résulte que les différentes façons de se nourrir ont produit, chez les animaux, des différences correspondantes dans leur genre d'existence. Ainsi, parmi les animaux sauvages, les uns vivent en groupes, et les autres à l'état isolé : dans les deux cas, c'est de la façon la mieux adaptée à leur mode d'alimentation, du fait que certains d'entre eux sont carnivores, d'autres herbivores, et d'autres omnivores ; de sorte que c'est d'après leur facilité à se procurer la nourriture de leur choix que la nature a déterminé leur genre de vie. Et comme le même mode d'alimentation n'est pas naturellement agréable à toutes les espèces animales indistinctement, mais que l'une préfère telle nourriture, et l'autre telle autre, il en résulte que même à l'intérieur du groupe des carnivores et du groupe des herbivores, les genres de vie diffèrent l'un de l'autre. Il en est de même aussi chez les hommes, car il existe entre eux de grandes différences dans leurs façons de vivre. Les plus paresseux sont pasteurs (car la

nourriture que leur fournissent les animaux domestiques leur
arrive sans peine et sans effort ; mais les troupeaux devant
nécessairement changer de place à cause des pâturages, les
hommes sont eux-mêmes obligés de les accompagner, comme
s'ils cultivaient en quelque sorte une terre douée de vie).
D'autres hommes vivent de la chasse, les uns préférant tel
genre de chasse, les autres tel autre : certains, par exemple,
vivent de brigandage ; d'autres vivent de pêche : ce sont tous
ceux qui habitent près des étangs, des marais, des rivières,
ou d'une mer poissonneuse ; d'autres encore se nourrissent
d'oiseaux ou de bêtes sauvages. Mais, dans sa généralité, la
race humaine vit surtout de la terre et de la culture de ses
produits.

   Voilà donc l'énumération à peu près complète des
différentes sortes de vie, celles du moins dont l'activité pro-
ductrice est autonome, et qui ne font pas appel au troc ni au
commerce de détail pour se procurer la nourriture : tel est le
genre de vie du pasteur, de l'agriculteur, du brigand, du
pêcheur, du chasseur. D'autres hommes cumulent plusieurs
de ces occupations, et se créent ainsi une existence confortable,
complétant le gain insuffisant qu'ils retirent de l'occupation
moins lucrative, en tant que celle-ci se montre impuissante
à leur assurer les moyens de se suffire à eux-mêmes : par
exemple, les uns mènent à la fois une vie de pasteur et une
vie de brigand, d'autres une vie d'agriculteur et une vie de
chasseur, et ainsi de suite pour les autres : dans la mesure où le
besoin les y oblige, tous passent leur temps de cette façon-là.

   Quoi qu'il en soit, la propriété au sens dont nous en parlons
est manifestement un don accordé par la nature elle-même à
tous les êtres animés, aussi bien dès le premier instant de leur
naissance qu'à leur pleine maturité. En effet, au moment même
où ils mettent au monde leur progéniture, certains animaux

produisent en même temps une quantité de nourriture qui suffira jusqu'au jour où les petits seront capables de s'en procurer pour eux-mêmes : tel est le cas des animaux larvipares ou ovipares. Et les animaux vivipares possèdent en eux-mêmes pour leurs petits une provision de nourriture destinée à les alimenter jusqu'à une époque déterminée, c'est la substance appelée *lait*. Par voie de conséquence, nous devons évidemment supposer que la nature agit pareillement pour les animaux quand ils sont devenus adultes, et admettre qu'à la fois les plantes existent en vue des animaux, et les animaux pour le bien de l'homme : les animaux domestiques sont destinés à son usage et à sa nourriture, et, parmi les animaux sauvages, la plupart du moins, sinon tous, servent à lui procurer sa nourriture et d'autres secours, et ont pour fin de lui fournir vêtements et autres choses dont on se sert. Si donc la nature ne fait rien d'inachevé, ni rien en vain, c'est nécessairement en vue de l'homme que la nature a fait tous les êtres vivants. Et c'est pourquoi, même l'art de la guerre sera, en un sens, un mode naturel d'acquisition (car l'art de la chasse n'est qu'une branche de l'art de la guerre), art dont nous devons faire usage contre les bêtes féroces, et même aussi contre les hommes qui, destinés par la nature à l'obéissance, refusent de s'y plier, étant donné qu'une guerre de ce genre est naturellement juste.

Ainsi, il existe une espèce de l'art d'acquérir qui par nature est une branche de l'économie domestique, dans la mesure où celle-ci doit, ou bien avoir sous la main, ou bien procurer, de façon à les rendre disponibles, les richesses dont il est possible de constituer des approvisionnements, quand elles sont nécessaires à la vie et utiles à la communauté politique ou familiale. Et il semble bien que ce soient là les éléments constitutifs de la véritable richesse. Car un droit de propriété de ce genre suffisant par lui-même à assurer une existence heureuse n'est pas illimité, contrairement à ce que prétend Solon dans un de ses vers : *Pour la richesse, aucune borne n'a été révélée aux hommes*, car une limite a bien été fixée, comme dans le cas des autres arts, puisque aucun instrument, de quelque art que ce soi, n'est illimité, ni en nombre, ni en grandeur, et que la richesse n'est autre chose qu'une pluralité d'instruments utilisés dans l'administration domestique ou politique.

On voit donc qu'il existe un certain naturel d'acquérir, pour les chefs de famille et pour les chefs politiques, et on aperçoit aussi la raison de ce fait.

[…][1]

Il y a, avons-nous vu, trois parties de l'économie domestique : l'une intéresse le pouvoir du maître sur l'esclave, dont nous avons parlé plus haut, la seconde la puissance paternelle, et la troisième la puissance maritale : <ces deux dernières parties ne se confondent pas>, car gouverner une femme et des enfants, c'est assurément, dans les deux cas, gouverner des êtres libres, mais l'autorité ne s'exerce pas cependant de la même manière : pour la femme, c'est un pouvoir de type politique, et pour les enfants un pouvoir de type royal. En effet, le mâle est par nature plus apte à être un guide que la femelle, excepté dans les cas où leur union a eu lieu contrairement à la nature, et d'autre part, l'être plus âgé et pleinement développé est destiné à commander à l'être plus jeune et imparfait. Il est vrai que, dans la plupart des gouvernements libres, le citoyen est tour à tour gouvernant et gouverné (car on y tend à une égalité naturelle et à la suppression de toute distinction), ce qui n'empêche d'ailleurs pas que, durant la période où l'un

---

1. Dans ce passage coupé, est donnée une définition de l'art d'acquérir des richesses monétaires ou chrématistique.

gouverne et l'autre est gouverné, on cherche à les distinguer par l'aspect extérieur, par des titres et des honneurs, ce qui rappelle le discours tenu par Amasis au sujet du bassin à laver les pieds. Or le mâle et la femelle sont entre eux dans un rapport analogue ; seulement, leur inégalité est permanente.

La puissance du père sur ses enfants est d'essence royale, car l'autorité du générateur repose à la fois sur l'affection et sur la prééminence de l'âge, ce qui est bien la nature spécifique du pouvoir royal. Et c'est pourquoi Homère a désigné avec raison Jupiter du nom de *Père à la fois des hommes et des dieux*, comme étant le roi d'eux tous. En effet, c'est par nature que le roi doit différer de ses sujets, tout en étant de même race qu'eux : telle est précisément la relation du plus âgé au plus jeune, et celle du père à l'enfant.

On voit donc clairement que, dans l'administration domestique, on porte un plus grand intérêt aux personnes qu'à la possession des biens inanimés, plus d'intérêt aussi à l'excellence des personnes qu'à celle des choses dont on est propriétaire et qu'on appelle richesses, plus d'intérêt enfin aux personnes libres qu'aux esclaves.

Une première question, donc, peut se poser au sujet des esclaves : est-ce qu'il existe pour un esclave quelque vertu en dehors des qualités qu'il possède à titre d'instrument et de serviteur, une vertu qui en serait toute différente et d'un plus grand prix que ces dernières, telle que modération, courage, justice et autres états de ce genre, ou bien n'y a-t-il pour lui aucune vertu en dehors des services matériels qu'il rend ?

La réponse dans un sens ou dans l'autre est embarrassante : si l'esclave possède la vertu morale, en quoi différera-t-il de l'homme libre ? S'il ne l'a pas, comme les esclaves sont tout de même des êtres humains et qu'ils ont la raison en partage, l'absurdité est flagrante. C'est une question sensiblement la même qu'on se pose également au sujet de la femme et de l'enfant : ont-ils eux aussi des vertus ? La femme a-t-elle le devoir d'être modérée, courageuse et juste, et l'enfant peut-il être indifféremment déréglé ou modéré, oui ou non ? Et généralisant dès lors le problème, il faut examiner si l'être, quel qu'il soit, que la nature a destiné à commander, et l'être qu'elle a destiné à obéir, possèdent la même vertu ou une vertu différente. Si on doit admettre, en effet, que l'un comme l'autre ont en partage la vertu parfaite, pourquoi l'un devrait-il toujours commander et l'autre toujours obéir ? (Il n'est pas possible non plus que leur différence se fonde sur une participation plus ou moins grande à la vertu : commander et obéir, en effet, sont des notions qui diffèrent spécifiquement, ce que ne fait jamais la simple différence du plus au moins). Dirons-nous, au contraire, que l'un doit, et que l'autre ne doit pas, posséder la vertu ? Solution bien surprenante ! Si, en effet, celui qui commande, n'est ni modéré, ni juste, comment son commandement sera-t-il bon ? Si c'est au contraire celui qui obéit, comment son obéissance sera-t-elle bonne, puisque, étant déréglé et lâche, il ne remplira aucun des devoirs de sa position ? Manifestement, il est donc de toute nécessité, d'une part que l'un et l'autre aient la vertu en partage, mais que, d'autre part, leur vertu présente des différences, de même qu'il existe également des différences entre les êtres faits naturellement pour obéir. Sur ce point, la nature de l'âme nous a incontinent mis sur la voie : en l'âme, en effet, la nature a distingué la partie qui commande et la partie qui est commandée, parties auxquelles nous assignons des vertus différentes, l'une étant la vertu de la partie rationnelle, et l'autre, celle de la partie irrationnelle. Il est donc clair qu'il en est de même aussi pour toutes les autres choses. Par conséquent, c'est par nature que la plupart des êtres commandent ou obéissent. Car c'est d'une façon différente que l'homme libre commande à l'esclave, le mâle à la femelle, et le père à l'enfant. Et bien que les parties de l'âme soient présentes en tous ces êtres, elles y sont cependant présentes d'une manière différente : l'esclave est totalement privé de la partie délibérative ; la femelle la possède, mais démunie d'autorité ; quant à l'enfant, il la possède bien, mais elle n'est pas développée. Nous devons donc nécessairement supposer qu'il en est de même en ce qui concerne les vertus morales : tous doivent y avoir part, mais non de la même manière, chacun les possède seulement dans la mesure exigée pour remplir la tâche qui lui est personnellement assignée. C'est pourquoi, tandis que celui qui commande doit posséder la vertu éthique dans sa plénitude (car sa tâche, prise au sens absolu, est celle du maître qui dirige souverainement, et la raison est une telle directrice), il suffit que les autres aient seulement la somme de vertu appropriée au rôle de chacun d'eux. Il est donc manifeste qu'une vertu morale appartient à tous les êtres dont nous avons parlé, mais aussi que la modération n'est pas la même vertu chez l'homme et chez la femme, ni non plus le courage et la justice, comme le croyait Socrate : en réalité, chez l'homme le courage est une vertu de commandement et chez la femme, une vertu de subordination, et on peut en dire autant des autres vertus. Cette diversité apparaît aussi dans toute sa clarté quand on examine les choses plus en détail, car ceux-là se trompent du tout au tout qui soutiennent d'une façon générale que la vertu consiste dans le bon état de l'âme, ou dans l'action droite, ou quelque chose d'analogue : il est bien préférable d'énumérer, à l'exemple de Gorgias, les différentes vertus particulières, que de définir la vertu de cette façon-là. Aussi devons-nous penser que toutes les classes ont leur vertu propre, comme le poète l'a dit des femmes : *À une femme le silence est un facteur de beauté*, affirmation qui n'est plus du tout vraie d'un homme.

Et puisque l'enfant est insuffisamment développé, il est évident que sa vertu, elle aussi, ne se rapporte pas à lui-même, mais qu'elle est ordonnée à la fin-même de l'enfant, autrement dit à celui qui dirige sa conduite. Et pareillement la vertu d'un esclave est relative à son maître.

Nous avons posé en fait que l'esclave n'est utile que pour les nécessités de la vie ; il en résulte évidemment qu'il a seulement besoin d'une faible dose de vertu, juste assez pour ne pas se montrer inférieur, par son inconduite ou sa couardise, aux tâches qui lui sont confiées. – On pourrait à ce propos, étant admis la vérité de ce que nous venons de dire, se poser la question de savoir si, en fin de compte, les artisans devront aussi posséder de la vertu, car souvent par leur inconduite, ils sont au-dessous de leur besogne. Ou bien, au contraire, leur cas n'est-il pas tout à fait différent ? L'esclave est, en effet, associé à la vie de son maître, tandis que l'artisan y est moins étroitement attaché, et il n'accède à la vertu que dans la mesure de sa dépendance à l'égard d'autrui. En effet, l'ouvrier qui exerce un métier mécanique subit une sorte d'esclavage limité, et tandis que l'esclave appartient à la classe naturelle des esclaves, aucun cordonnier ni aucun autre artisan n'appartient par nature à son métier. – On aperçoit ainsi clairement que c'est le maître qui doit être pour l'esclave la cause de la vertu propre à ce dernier, mais non pas comme possédant la science du maître qui enseigne à l'esclave ce qu'il doit faire. C'est pourquoi commettent une erreur ceux qui refusent aux esclaves tout raisonnement, et prétendent qu'on doit se borner à leur donner des ordres : les réprimandes doivent même plutôt s'adresser aux esclaves qu'aux enfants.

Mais sur ces différents points concluons de la façon que nous venons d'indiquer. Au contraire, en ce qui concerne l'homme et la femme, le père et les enfants, la question de la vertu propre à chacun d'eux et celle de leurs relations mutuelles, ce qu'il est bon pour eux de faire dans ce domaine et ce qui ne l'est pas, par quels moyens ils doivent rechercher le bien et éviter le mal, tout cela doit nécessairement venir en discussion dans la partie du traité consacrée aux différentes formes de gouvernement. En effet, puisque chaque famille est une partie de la cité, et que les diverses relations dont nous parlons sont des éléments de l'existence familiale, que, d'autre part, la vertu de la partie doit être considérée par rapport à celle du tout, il est nécessaire de pourvoir à l'éducation des enfants et des femmes en tenant le regard fixé sur la constitution de la cité, s'il importe en quelque manière pour le bien de l'État que les enfants et les femmes soient les uns et les autres pleins d'ardeur pour le bien. Or cette importance est indéniable : car les femmes forment une moitié de la population libre, et les enfants seront plus tard des citoyens participant au gouvernement de la cité.

Hegel

PRINCIPES DE LA PHILOSOPHIE DU DROIT

LA FAMILLE : MARIAGE, PATRIMOINE ET ÉDUCATION*

§ 156 – La substance éthique[1], en tant qu'elle contient la conscience de soi existant pour soi et unie à son concept, est l'Esprit réel[2] d'une famille et d'un peuple.

§ 157 – Le concept de cette Idée n'est l'Esprit, c'est-à-dire quelque chose de réel et qui se connaît soi-même, que dans

---

* Hegel, *Principes de la philosophie du droit ou Droit naturel et science de l'État en abrégé*, trad. R. Derathé, Paris, Vrin, 2ᵉ Édition, 1993, p. 197-214.

1. Cette troisième partie du livre s'intéresse à la « réalité morale » ou *Sittlichkeit*, c'est-à-dire à la moralité portée de façon immanente par les us, les coutumes, la sociabilité. La « substance éthique » ou « morale » dépasse par son caractère concret la forme abstraite et légale du bien qui apparaissait dans la morale ou dans le droit. Il s'agira désormais pour Hegel de traiter de la famille, puis dans une seconde section de « La société civile bourgeoise » et dans une troisième de « L'État » (N.d.É.).

2. L'Esprit est essentiellement liberté chez Hegel, il ne se laisse pas « ramener dans les limites d'une conscience » et il est amené à se développer en s'incarnant dans des formes différentes, processus par lequel il devient alors « réel » ou « effectif ». *Cf.* J.-P. Lefebvre et P. Macherey, *Hegel et la société*, Paris, P.U.F., 1987, p. 124 (N.d.É.).

la mesure où il est l'objectivation de soi-même, le mouvement qui parcourt la forme de ses différents moments. Il est donc :

A. L'Esprit éthique immédiat ou naturel – la famille.

Cette substantialité cesse d'être en perdant son unité, en se divisant, en passant au point de vue du relatif ; elle est alors :

B. Société civile, une union dont les membres sont constitués par des individus indépendants, rassemblés dans une universalité formelle par leurs besoins, et par la constitution juridique comme moyen de garantir la sécurité des personnes et la propriété des biens, et enfin par un ordre purement extérieur destiné à préserver les intérêts particuliers et communs. Cet État extérieur

C. trouve de nouveau son unité et sa cohésion dans le but et dans la réalité de l'universalité substantielle et de la vie publique consacrée à cet universel, c'est-à-dire dans la constitution de l'État.

Première section. La famille.

§ 158 – Ce qui détermine la famille, en tant que substantialité immédiate de l'Esprit, c'est son unité sous la forme du sentiment, l'amour, de telle sorte que la disposition d'esprit correspondante est d'avoir la conscience de son individualité au sein de cette unité, en tant qu'essence en soi et pour soi, et cela, afin d'exister en elle comme membre et non comme personne pour soi.

§ 159 – Le droit qui revient à l'individu du fait de sa participation à l'unité familiale et qui constitue sa vie dans le cadre de cette unité, ne prend la forme juridique d'un droit, comme moment abstrait de l'individualité déterminée, que lorsque la famille se disperse et que ceux, qui doivent en être les membres, deviennent des personnes indépendantes, dans leur état d'esprit comme dans leur réalité. Ce qu'ils considéraient dans la famille comme un moment constitutif du tout, ils le reçoivent maintenant dans la séparation et selon des aspects extérieurs (patrimoine, alimentation, frais d'éducation, etc.).

§ 160 – La famille se développe et s'achève dans les trois moments suivants :

a) Dans la forme de son concept immédiat, c'est-à-dire comme *mariage ;*

b) Dans l'existence empirique extérieure, c'est-à-dire dans la *propriété* et dans le *bien* de la famille, et le soin de sa gestion ;

c) Dans l'*éducation* des enfants et dans la dissolution de la famille.

A. Le mariage

§ 161 – En tant que relation éthique immédiate, le mariage contient, en premier lieu, l'élément de la vie naturelle, et même, en tant que lien substantiel, il contient la vie dans sa totalité, c'est-à-dire comme réalité effective de l'espèce et de sa propagation (Cf. *Encyclopédie des sciences philoso-phiques*, § 167 et suiv., et § 288 et suiv.). Mais, en second lieu, dans la conscience de soi, l'unité naturelle des sexes, qui est simplement interne ou en soi et ne manifeste donc son existence que dans une unité extérieure, se transforme en une unité spirituelle, en un amour conscient.

§ 162 – Le mariage peut avoir pour point de départ subjectif l'inclination particulière des deux personnes qui entrent dans cette union ou la prévoyance et l'arrangement des parents, etc. Mais le point de départ objectif consiste dans le libre accord des personnes, qui consentent à ne constituer qu'une seule personne en renonçant, au sein de cette unité, à leur personnalité naturelle et individuelle. D'un point de vue naturel, cette unité semble être une auto-limitation, mais comme les deux personnes acquièrent en elle leur conscience de soi substantielle, elle est aussi leur libération.

Rem. – C'est la destination objective de l'homme et, par conséquent, un devoir éthique pour lui, d'entrer dans l'état de mariage. En ce qui concerne le point de départ extérieur, il est, de par sa nature, contingent et dépend essentiellement de la culture de la réflexion. En voici les formes extrêmes : ou bien, c'est l'arrangement de parents bien intentionnés qui est à l'origine du mariage et l'inclination naîtra chez les personnes destinées l'une à l'autre, quand elles auront pris conscience de l'union à laquelle elles sont destinées ; ou bien, c'est l'incli-nation qui naît la première entre des personnes infiniment particularisées. Le premier de ces extrêmes, c'est-à-dire, en général, quand la décision de se marier constitue le point de départ de l'union et a pour conséquence l'inclination, de telle sorte que le mariage réunisse effectivement ces deux aspects, peut être considéré comme la voie la plus conforme à la vie éthique. Dans le cas de l'autre extrême, c'est la singu-larité infiniment particulière qui fait valoir ses prétentions et qui est liée avec le principe subjectif du monde moderne (*Cf.* § 124, Rem.). Les drames modernes, ainsi que d'autres œuvres littéraires, dont l'intérêt essentiel est constitué par l'amour des sexes, sont gâtés par un élément persistant de froideur qui subsiste malgré l'ardeur de la passion repré-sentée avec toute la contingence qui s'y attache. C'est comme si tout l'intérêt reposait sur ces passions, ce qui, pour elles, peut être d'une importance infinie, mais n'a pas d'importance en soi.

§ 163 – L'élément éthique du mariage consiste dans la conscience de cette unité comme d'un but substantiel, par conséquent dans l'amour, la confiance, et la communauté de toute l'existence individuelle. Dans cette disposition d'esprit et dans cette réalité, le penchant naturel se trouve rabaissé au rang d'élément naturel destiné à s'éteindre au moment de sa satisfaction, tandis que le lien spirituel se trouve, à bon droit, élevé au rang d'union substantielle, indissoluble en soi, au rang de ce qui est élevé au-dessus de la contingence des passions et des préférences passagères particulières.

Rem. – Comme nous l'avons déjà indiqué plus haut (§ 75), le mariage n'est pas une union ayant pour base essentielle un contrat, car le mariage ne procède du point de vue du contrat, qui est l'accord de personnes indépendantes dans leur singularité, que pour le dépasser. L'identification des personnalités qui fait de la famille une seule personne et de ses membres ses accidents (on sait que la substance est essentiellement la relation de ses accidents à elle-même – cf. *Encyclopédie des sciences philosophiques*, § 98) est l'esprit éthique. Envisagé pour soi, donc abstraction faite de la diversité extérieure qu'il a dans son existence empirique, c'est-à-dire dans ces individus et dans les intérêts qui se manifestent de différentes manières dans le temps, cet esprit est honoré sous une forme appropriée à la représentation, par exemple dans les Pénates, etc., et il constitue en général ce qui fait le caractère religieux du mariage et de la famille, c'est-à-dire la piété. C'est de nouveau une abstraction que de séparer de son existence concrète le divin ou la substance, de séparer également le sentiment et la conscience de l'unité spirituelle, et de les désigner par l'appellation fausse d'amour platonique. Cette séparation est liée à la conception monastique, par laquelle l'élément de la vie naturelle est déterminé comme le négatif absolu, négatif qui, en raison même de cette séparation, revêt une importance infinie.

§ 164 – De même que la stipulation du contrat contient déjà un transfert effectif de propriété (§ 79), de même la déclaration solennelle du consentement au lien moral du mariage, ainsi que la reconnaissance et confirmation de ce lien par la famille et la communauté – l'intervention de l'Église est une détermination ultérieure, qui n'a pas à être développée ici – constituent la conclusion formelle et la réalité effective du mariage. C'est ainsi que cette union n'est constituée moralement qu'après cette cérémonie, qui est l'accomplissement de la réalité substantielle par le moyen du signe, du langage, qui sont la réalité empirique la plus spirituelle de l'Esprit (§ 78). L'élément sensible ou l'élément qui appartient à la vie naturelle est posé à la place qui lui revient dans la vie éthique comme une conséquence ou comme un accident. Comme tel, il appartient à l'existence empirique extérieure de l'union éthique, mais celle-ci ne peut être complètement réalisée que dans l'amour et l'assistance réciproque.

Rem. – Si l'on s'interroge sur ce que doit être le but principal du mariage, afin de pouvoir en tirer des dispositions légales ou de porter un jugement sur elles, on entendra par but principal celui de ses aspects particuliers qui doit être considéré comme essentiel par rapport aux autres. Cependant aucun de ces aspects ne constitue pour soi l'ensemble du contenu en soi et pour soi du mariage, c'est-à-dire de son caractère éthique, et l'essence même du mariage n'est pas atteinte s'il manque un côté ou un autre de son existence. Si le fait de s'unir par les liens du mariage, si la solennité qui a pour but d'exprimer et de constater l'essence de cette union comme quelque chose d'éminemment moral, élevé bien au-dessus de la contingence du sentiment et de l'inclination particulière, ne sont tenus que pour une formalité extérieure ou une simple obligation civile, on ne peut plus guère laisser pour signification à cet acte que de contribuer à édifier et à garantir les conditions d'existence de la société civile. Il ne serait plus alors que la manifestation de l'arbitraire positif d'une loi civile ou d'un commandement religieux, lesquels ne seraient pas seulement indifférents à l'essence du mariage, mais auraient en outre pour effet d'altérer le sentiment de l'amour et de s'opposer comme quelque chose d'extérieur à l'intimité de cette union, dans la mesure où chacun, au fond de lui-même, n'accorderait de valeur à cet acte formel d'union qu'à cause du commandement qui le prescrit et le considérerait comme la condition préalable à la confiance mutuelle totale. Une telle opinion, si elle a la prétention de donner le concept suprême de la liberté, de l'intimité et de la perfection de l'amour, nie plutôt l'élément éthique de l'amour, l'inhibition supérieure et la subordination du penchant naturel, toutes choses qui se manifestent déjà sous une forme naturelle dans la pudeur, et qui, grâce à la conscience proprement spirituelle, deviennent chasteté et pureté des mœurs. De plus, cette conception élimine la détermination éthique qui consiste en ceci que la conscience, renonçant à son élément naturel et à la subjectivité, s'élève à la pensée de ce qui est substantiel et, au lieu de persévérer dans la contingence et l'arbitraire de l'inclination sensible, se borne à tirer parti de cette liaison avec l'arbitraire et l'abandonne pour s'engager vis-à-vis de ce qui est substantiel, c'est-à-dire des Pénates. De ce fait, elle réduit l'élément sensible à n'être plus qu'un moment subordonné à l'aspect éthique et vrai du mariage et à la reconnaissance du caractère éthique de l'union. L'entendement, qui vient au secours de l'impudence, se montre incapable de comprendre la nature spéculative du lien substantiel. Mais le sentiment moral non corrompu et les législations des peuples chrétiens sont, par contre, conformes à cette nature spéculative.

§ 165 – En raison même de sa rationalité, la détermination naturelle des deux sexes acquiert une signification intellectuelle et morale. Cette signification est déterminée par la différence que produit en elle-même la substantialité éthique en tant que concept, pour tirer de cette différence sa vie même comme unité concrète.

§ 166 – Des deux sexes, l'un est l'élément spirituel en tant qu'il se divise en indépendance personnelle pour soi et en savoir et vouloir de l'universalité libre, c'est-à-dire la conscience de soi de la pensée qui conçoit et le vouloir du but objectif final ; l'autre est l'élément spirituel qui se maintient dans l'unité en tant que savoir et vouloir de ce qui est substantiel, mais sous la forme de l'individualité concrète et du sentiment. En relation avec l'extériorité, le premier est puissance et activité, le second passivité et subjectivité. C'est pourquoi l'homme a sa vie substantielle effective dans l'État, dans la science et choses semblables, par suite dans la lutte et dans le travail qui le mettent aux prises avec le monde extérieur et avec lui-même. Ce n'est qu'au prix d'une telle séparation et par son combat qu'il peut acquérir l'unité véritable avec lui-même. Dans la famille, par contre, il a le sentiment paisible de cette unité avec la vie éthique subjective sous la forme du sentiment. C'est aussi dans la famille que la femme trouve sa destination substantielle et c'est la piété qui constitue pour elle le sentiment de la vie éthique.

Rem. – C'est pourquoi, dans l'une des figures les plus sublimes qui l'incarnent, dans l'*Antigone* de Sophocle, la piété est représentée avant tout comme étant la loi de la femme, la loi de la substantialité subjective sensible, de l'intériorité qui n'est pas encore parvenue à sa complète réalisation, la loi des anciens dieux, des êtres souterrains, la loi éternelle dont personne ne sait quand elle est apparue et qui est représentée en opposition avec la loi révélée à tous, la loi de l'État. Cette opposition constitue l'opposition éthique suprême et, par conséquent, l'opposition au plus haut degré tragique, celle qui s'individualise dans l'opposition entre la virilité et la féminité[1].

§ 167 – Le mariage est essentiellement monogamie, parce que c'est la personnalité, la singularité immédiate exclusive qui conclut cette union et s'y consacre. La vérité et l'intimité (c'est-à-dire la forme subjective de la substantialité) de cette union ne peut venir que du don réciproque et total de cette personnalité. Celle-ci ne peut accéder à son droit d'être consciente d'elle-même dans l'autre, que si l'autre est considéré comme une personne, c'est-à-dire comme singularité indivisible dans cette identité.

Rem. – Le mariage – et essentiellement la monogamie – est l'un des principes absolus sur lesquels repose le caractère éthique d'une communauté. C'est pourquoi l'institution du mariage est représentée comme un des moments de la fondation des États par les dieux ou les héros.

§ 168 – En raison même de son origine, puisqu'il provient de l'abandon par chacune des personnes des deux sexes de sa personnalité propre et infinie, le mariage ne doit pas se conclure à l'intérieur d'un cercle où les individus sont déjà familiers les uns aux autres dans leurs particularités et identiques naturellement, dans un cercle où ils n'ont pas de personnalité spécifique les uns par rapport aux autres. Ceux qui s'unissent par le mariage doivent être issus de familles séparées, être originairement différents. C'est pourquoi le mariage

1. Cf. *Phénoménologie de l'Esprit*, trad. B. Bpurgeois, Paris, Vrin, 2006, p. 389 *sq.*, p. 411 *sq.*

entre parents de même sang est en contradiction avec le concept selon lequel le mariage est une action éthique libre et non pas une union de la naturalité immédiate et des penchants, comme il est également opposé à une sensibilité véritablement naturelle.

Rem. – Si l'on considère que le mariage lui-même n'a pas son fondement dans le droit naturel, mais simplement dans le commerce naturel des sexes et qu'il constitue un contrat arbitraire, si, d'autre part, l'on invoque à l'appui de la monogamie des raisons extérieures, même fondées sur une réalité physique, comme, par exemple, le nombre respectif des hommes et des femmes, si, de même, l'on n'allègue que des sentiments obscurs pour expliquer l'interdiction du mariage entre parents de même sang, tout cela est dû, d'une part, à l'influence de la représentation courante d'un état de nature et d'une conception naturaliste du droit, d'autre part à l'absence du concept de la rationalité et de la liberté.

§ 169 – En tant que personne, la famille trouve sa réalité extérieure dans la propriété. Mais, c'est seulement lorsque cette propriété prend la forme d'un patrimoine, qu'elle peut représenter la personnalité substantielle de la famille dans son existence empirique.

B. Le patrimoine familial

§ 170 – La famille n'a pas seulement une propriété, mais, en tant que personne universelle et durable, elle éprouve le besoin et sent la nécessité d'une possession durable et sûre, c'est-à-dire d'un patrimoine. Ce qui, dans la propriété abstraite, était le moment arbitraire du besoin particulier de l'individu et de la convoitise du désir se transforme ici en quelque chose d'éthique et devient le soin d'acquérir une possession qui ne soit plus individuelle, mais commune à toute la famille.

Rem. – Dans les légendes qui décrivent la fondation des États ou, du moins, d'une vie commune policée, l'introduction de la propriété durable est en liaison avec l'introduction du mariage. C'est dans la sphère de la société civile qu'il faudra déterminer en quoi consiste le patrimoine familial et quelle est la meilleure manière de le conserver.

§ 171 – C'est à l'homme qu'il revient, comme à son chef, de représenter la famille, lorsqu'elle s'oppose, en tant que personne juridique, aux autres familles. Il a, en outre, comme tâches principales, les acquisitions extérieures, la prévision des besoins, la disposition et la gestion du patrimoine familial. Celui-ci constitue une propriété commune, de telle sorte qu'aucun membre de la famille ne dispose d'une propriété particulière, mais que chacun ait un droit sur la propriété commune. Ce droit peut entrer en conflit avec les prérogatives du chef de la famille, du fait que ce qu'il y a encore d'immédiat dans la disposition d'esprit éthique de la famille (§ 158) offre prise à la particularité et à la contingence.

§ 172 – Par le mariage se constitue une nouvelle famille qui, en tant qu'indépendante, s'oppose aux lignées et aux maisons dont ses membres sont issus. L'union avec ces dernières repose sur la consanguinité, mais c'est l'amour qui unit la nouvelle famille. La propriété d'un individu est donc en relation essentielle avec sa situation conjugale et elle n'a qu'un rapport plus lointain avec la lignée ou la maison dont il est issu.

Rem. - Les contrats de mariage, lorsqu'ils contiennent une limitation de la communauté des biens entre époux, stipulent le maintien d'un certain droit pour la femme, etc. Ils ont pour but de constituer des mesures de prévoyance et d'assurance au cas où le mariage sera rompu à la suite d'une mort naturelle ou d'un divorce, etc. Dans ces cas, ils cherchent à garantir leur part des biens communs aux différents membres de la famille.

C. L'éducation des enfants et la dissolution de la famille

§ 173 – Dans les enfants l'unité du mariage, qui substantiellement n'est qu'intimité et disposition d'esprit, mais se trouve séparée en deux sujets dans son existence empirique, devient, en tant qu'unité même, une existence qui est pour soi et un objet qu'ils aiment comme leur amour, comme leur réalité empirique substantielle. Du point de vue naturel, la condition préalable représentée par les personnes immédiatement présentes en tant que parents devient un résultat, un enchaînement qui se poursuit dans la succession infinie des générations qui se reproduisent et se présupposent. C'est la façon dont l'esprit simple des Pénates manifeste son existence comme espèce dans la nature finie.

§ 174 – Les enfants ont le droit d'être nourris et élevés avec les ressources du patrimoine familial. Si, de leur côté, les parents ont le droit d'exiger des services de la part de leurs enfants, ce droit se justifie par les soins que demande l'entretien de la famille et se limite à cela. De même, le droit que les parents ont sur le libre-arbitre de leurs enfants a pour destination et pour but de les maintenir dans la discipline et de les éduquer. Le but des punitions n'est pas la justice comme telle, mais il est de nature subjective ou morale : il consiste à intimider une liberté qui reste encore prisonnière de la nature et à éveiller chez les enfants l'universalité qui sommeille dans leur conscience et dans leur volonté.

§ 175 – L'enfant est, en soi, un être libre et la vie n'est que l'existence empirique immédiate de cette liberté. Aussi, les enfants n'appartiennent-ils pas, comme des choses, aux parents ni à qui que ce soit d'autre. Du point de vue du lien familial, leur éducation a une destination positive, c'est d'introduire en eux la vie éthique sous la forme d'un sentiment immédiat qui ne connaît pas encore d'opposition. Ainsi,

PRINCIPES DE LA PHILOSOPHIE DU DROIT

trouvant dans cette situation de famille le principe de la vie éthique, l'esprit des enfants passe la première partie de sa vie dans l'amour, la confiance et l'obéissance. Mais, par la suite, cette éducation reçoit, du même point de vue, une destination négative, c'est de faire sortir les enfants de l'immédiateté naturelle dans laquelle ils se trouvent originairement pour les faire accéder à l'indépendance et à la personnalité libre, et de leur donner ainsi la capacité de sortir de l'unité naturelle de la famille.

Rem. – La condition des enfants romains, assimilés à des esclaves, est l'une des institutions qui jette le plus de discrédit sur la législation romaine. Cette offense à l'ordre éthique, dans la partie la plus tendre et la plus intime de sa vie, constitue l'un des éléments fondamentaux qui permettent de comprendre la caractéristique des Romains dans l'histoire universelle, c'est-à-dire leur tendance au formalisme juridique. La nécessité ou le besoin d'être éduqués existe chez les enfants sous la forme d'un sentiment qui leur est propre, celui de l'insatisfaction d'être tels qu'ils sont : c'est le penchant qui les incite à appartenir au monde des adultes qu'ils pressentent comme quelque chose de supérieur au leur, ou encore le désir de devenir grands. La pédagogie fondée sur le jeu estime que l'enfance vaut pour elle-même et la présente comme telle aux enfants : elle rabaisse ainsi l'élément sérieux et se rabaisse elle-même à une forme puérile peu appréciée des enfants eux-mêmes. En s'appliquant à représenter les enfants comme parvenus à maturité et satisfaits de l'état où ils se trouvent, alors qu'en réalité cet état, ils le sentent eux-mêmes comme un état de non-maturité, cette pédagogie trouble et pervertit le besoin qu'ils ont de quelque chose de meilleur. Elle produit un manque d'intérêt et une cécité à l'égard des réalités substantielles du monde spirituel. D'autre part, elle suscite chez les hommes un sentiment de mépris, puisque ces pédagogues se sont présentés à eux, lorsqu'ils étaient encore enfants, comme étant eux-mêmes puérils et méprisables, et, chez les enfants, un sentiment qui se nourrit de la vanité et de la suffisance de leur propre satisfaction.

§ 176 – Le mariage n'est l'Idée éthique que sous sa forme immédiate ; il n'a sa réalité objective que dans l'intériorité de la disposition d'esprit et de la sensibilité subjective. C'est en cela que consiste avant tout le caractère contingent de son exis-tence. Si l'on ne peut contraindre quelqu'un à se marier, il n'existe pas davantage de lien positif juridique qui puisse maintenir unis dans le mariage des sujets, lorsqu'ils mani-festent l'un à l'égard de l'autre des dispositions ou des compor-tements antagonistes ou hostiles. Mais il faut faire appel à une troisième autorité éthique, qui maintienne le droit de la subs-tantialité éthique contre la simple vraisemblance d'une telle disposition ou la contingence d'une ambiance temporaire, une autorité qui fasse bien la différence entre ces impressions passagères et le fait de devenir totalement étrangers l'un à l'autre. C'est seulement dans le cas où ce fait est constaté, que cette autorité peut prononcer le divorce.

§ 177 – La dissolution éthique de la famille consiste en ceci que les enfants, élevés à la personnalité libre et ayant atteint leur majorité, sont reconnus comme personnes juridiques et donc capables d'avoir une propriété personnelle et de fonder une famille, les fils comme chefs de famille, les filles comme épouses. Cette famille, dans laquelle ils trouveront désormais leur réalité substantielle, s'oppose à celle dont ils sont issus, en ce sens que celle-ci n'est plus que leur racine et leur point de départ et qu'*a fortiori* l'abstraction de la lignée n'a plus aucun droit.

§ 178 – La dissolution naturelle de la famille, du fait de la mort des parents, particulièrement du père, a pour conséquence, du point de vue du patrimoine, l'héritage. Celui-ci est, selon son essence, une prise de possession individuelle d'un patrimoine qui, en soi, est commun, – une prise de possession qui, avec l'éloignement du degré de parenté et avec l'état de dispersion des personnes et des familles dans la société civile, devient de plus en plus indéterminée et cela, d'autant plus que le sentiment de l'unité se perd et que chaque mariage signifie un abandon de la condition familiale précédente et la fondation d'une nouvelle famille indépendante.

Rem. – Donner comme raison de l'héritage le fait que, par la mort des parents, le patrimoine, étant devenu sans possesseur, revient, en tant que tel, à celui qui s'en empare le premier ; admettre ensuite que ce sont les parents qui, la plupart du temps, étant l'entourage immédiat, s'en emparent, et que, finalement, ce cas habituel a été exigé en règle par les lois positives et cela par souci de l'ordre – c'est ne tenir aucun compte de la nature des relations familiales.

§ 179 – La dispersion dont nous venons de parler laisse la voie ouverte à l'arbitraire des individus qui penseront tantôt disposer de leur patrimoine selon leurs préférences, leurs opinions, leurs fins particulières, tantôt considérer un cercle d'amis ou de connaissances comme leur tenant lieu de famille, pour faire finalement dans un testament une déclaration qui aura pour conséquence juridique l'héritage.

Rem. – La constitution d'un tel cercle, entraînant une justification éthique de la volonté de disposer ainsi du patrimoine familial, fait entrer en jeu, surtout si elle implique la considération d'un legs testamentaire, tant de contingence, d'arbitraire, de calculs en vue de fins égoïstes, etc., que l'élément éthique demeure quelque chose de très vague. Le fait d'avoir reconnu au libre-arbitre la capacité de tester a permis la violation des relations éthiques et a donné lieu à des tentatives et à des dépendances méprisables. Par le biais des soi-disant bienfaits ou donations en cas de mort – auquel cas ma propriété cesse de toute façon d'être la mienne – on a ainsi fourni à l'arbitraire le plus insensé et à la perfidie l'occasion et le prétexte de dicter des conditions inspirées par la vanité et le souci de la domination.

§ 180 – Le principe qui stipule que les membres de la famille deviennent des personnes juridiques indépendantes (§ 177) introduit à l'intérieur du cercle de famille une partie de cet arbitraire et de cette différenciation entre les héritiers naturels. Mais ces facteurs ne peuvent être que très limités pour ne pas porter atteinte à la nature de la relation familiale.

Rem. – La volonté simplement directe du défunt ne peut pas être érigée en principe du droit de tester, surtout si elle s'oppose au droit substantiel de la famille, quoique l'amour, la vénération pour son ancien membre puissent être cependant des motifs de respecter ses dernières volontés. Un tel arbitraire ne contient rien pour soi qui soit plus digne d'être respecté que le droit familial ; bien au contraire. La validité des dernières dispositions du défunt ne dépend que de la reconnaissance arbitraire d'autrui. Une telle validité ne peut être admise que si les circonstances familiales dans lesquelles ces conditions sont abordées sont lointaines et sans importance. Cependant, si ces circonstances familiales sont négligées, alors qu'elles existent effectivement, on entre dans l'immoralité : la prépondérance accordée à ce libre-arbitre sur les prérogatives familiales entraîne un affaiblissement du caractère éthique des relations familiales. Faire de cet arbitraire, au sein de la famille, le principe essentiel de la validité de l'héritage, cela fait partie de l'aspect de dureté et d'immoralité que nous avons déjà souligné dans les lois romaines. Selon ces lois, le fils pouvait être vendu par son père ; s'il était affranchi par autrui, il tombait de nouveau sous l'autorité de son père et ne pouvait devenir effectivement libre qu'après avoir été affranchi trois fois. Selon ces lois, le fils ne devenait pas majeur *de jure*, ni une personne juridique et ne pouvait avoir comme propriété que le butin de guerre, le *peculium castrense*. Lorsqu'après cette triple vente et ce triple affranchissement, le fils n'était plus sous la puissance paternelle, il ne pouvait pas hériter comme ses frères qui étaient dans la servitude domestique, sauf si une disposition testamentaire le stipulait. De même, la femme, quand elle n'entrait pas dans la famille comme esclave – *in manum conveniret, in mancipio esset* –, mais comme matrone, n'appartenait pas tant à la famille qu'elle contribuait ainsi à fonder par son mariage et qui était effectivement la sienne, qu'à celle dont elle était issue. Elle ne pouvait pas plus hériter du patrimoine de ceux qui étaient effectivement les siens que ceux-ci ne pouvaient recevoir en héritage les biens de leur femme ou de leur mère. Avec l'éveil du sentiment de la rationalité dans le domaine de la jurisprudence, les suites immorales des droits de cette espèce ou d'autres droits furent éludées, par exemple, par l'emploi de l'expression *bonorum possessio* au lieu d'*hereditas* (il fallait les connaissances qui font le juriste savant pour avoir fait intervenir à ce sujet la notion de *bonorum possessio* et avoir ainsi établi une distinction), ou encore par le recours à la fiction qui consistait à faire passer une *filia* pour un *filius*. Nous avons déjà cité ces cas (*Cf.* § 3, Remarque) comme exemples de la triste nécessité où se trouvait placé le juge de recourir à la ruse et d'introduire, pour ainsi dire en contrebande, la rationalité pour pallier aux défauts de lois mauvaises en elles-mêmes ou tout au moins dans certaines de leurs conséquences. L'effroyable instabilité des institutions les plus importantes, ainsi qu'une législation désordonnée destinée à lutter contre les maux issus de cette immoralité, sont liées à cette situation. L'histoire, les textes de Lucien et d'autres écrivains nous ont fait connaître à satiété les suites immorales de ce droit à l'arbitraire dans les testaments, en vigueur chez les Romains. Le mélange de réalité substantielle, de contingence naturelle et d'arbitraire intérieur fait partie de la nature même du mariage, en tant que vie éthique immédiate. Si l'on accorde une préférence à l'arbitraire – par le maintien des enfants dans la servitude et par d'autres dispositions déjà indiquées, ainsi que par toutes les déterminations qui en découlent, notamment la facilité avec laquelle on prononce le divorce chez les Romains – sur le droit de la réalité substantielle, de telle sorte que Cicéron – et pourtant que de belles choses n'a-t-il pas écrites sur l'*honestum* et le *decorum* dans ses *Offices* et dans bien d'autres passages de ses œuvres ! – s'est laissé aller lui-même au calcul consistant à se séparer de sa femme pour pouvoir payer ses dettes grâce à la dot de sa nouvelle épouse, on ouvre la voie légale à la corruption des mœurs ou, plus exactement, les lois ne sont que la nécessité de cette corruption.

Les institutions du droit successoral qui excluent de la succession, au moyen de substitutions ou de *fidéicommis* familiaux, soit les filles en faveur des fils, soit les cadets en faveur du fils aîné, en vue de maintenir le rang ou l'éclat de la famille, et introduisent des inégalités en ce domaine, violent d'une part le principe de la liberté et de la propriété (§ 62) et reposent d'autre part sur un arbitraire qui n'a en soi et pour soi aucun droit à être reconnu. Plus précisément, ces institutions reposent sur la pensée de maintenir non pas tant cette famille que cette lignée ou cette maison. Or, ce n'est pas cette maison ou cette lignée, mais la famille en tant que telle qui est l'Idée qui a un tel droit. Par la liberté du patrimoine et l'égalité du droit d'héritage, l'organisation éthique est mieux maintenue que ne le seraient les familles par les dispositions contraires. Dans des institutions telles que les institutions romaines, le droit du mariage est méconnu, puisque le mariage est la création complète d'une nouvelle famille (§ 172) et que, par rapport à cette famille-là, tout ce qu'on appelle famille en général, qu'il s'agisse de la *stirps* ou de la *gens*, n'est qu'une abstraction de plus en plus lointaine et de plus en plus irréelle au fur et à mesure que s'avancent les générations (*Cf.* § 177). L'amour – l'élément éthique du mariage – est, en tant que tel, un sentiment qui a pour objet des individus réels et actuels, et non pas une abstraction. On verra plus loin (§ 357) que l'abstraction de l'entendement est le principe historique de l'Empire romain. Mais on verra aussi (*Cf.* plus bas, § 306) que, dans la sphère politique supérieure, peut être institué un droit d'aînesse et un capital inaliénable, qui ne proviennent pas de l'arbitraire, mais sont issus nécessairement de l'Idée de l'État.

D. Passage de la famille à la société civile

§ 181 – D'après le principe de la personnalité, la famille se scinde naturellement et essentiellement en plusieurs familles, lesquelles se comportent comme des personnes concrètes, indépendantes et n'entretiennent les unes avec les autres que des relations extérieures. En d'autres termes, il faut que les moments liés dans l'unité de la famille, qui est l'Idée éthique demeurée encore au stade du concept, puissent être libérés par ce concept pour acquérir une réalité indépendante – c'est le niveau de la différence. En s'exprimant abstraitement, cela donne la détermination de la particularité, qui conserve cependant avec l'universalité un rapport tel que celle-ci n'existe plus que comme fondement intérieur, c'est-à-dire de manière formelle et sous l'apparence du particulier. Cette relation produite par la réflexion manifeste tout d'abord la perte de la vie éthique, ou bien encore, puisque celle-ci, en tant qu'essence, est nécessairement apparence (*Encyclopédie des sciences philosophiques*, § 64 *sq*., § 81 *sq*.), elle constitue le monde phénoménal de l'élément éthique, la société civile.

Rem. – L'extension de la famille, comme passage de celle-ci dans un autre principe, est, dans l'existence, tantôt l'extension paisible de la famille en vue de former un peuple – ou une nation – qui a, par suite, une origine naturelle commune, tantôt la réunion de collectivités familiales dispersées, réunion qui peut être soit l'effet de la domination d'un maître, soit une union volontaire provoquée par le lien des besoins et l'aide mutuelle pour les satisfaire.

ÉMILE DURKHEIM

VERS LA FAMILLE CONJUGALE

LA FAMILLE CONJUGALE *

J'appelle de ce nom la famille telle qu'elle s'est constituée chez les sociétés issues des sociétés germaniques, c'est-à-dire chez les peuples les plus civilisés de l'Europe moderne. Je vais en décrire les caractères les plus essentiels, tels qu'ils se sont dégagés d'une longue évolution pour se fixer dans notre Code civil.

La famille conjugale résulte d'une contraction de la famille paternelle. Celle-ci comprenait le père, la mère, et toutes les générations issues d'eux, sauf les filles et leurs descendants. La famille conjugale ne comprend plus que le mari, la femme, les enfants mineurs et célibataires. Il y a en effet entre les membres du groupe ainsi constitué des rapports de parenté tout à fait caractéristiques, et qui n'existent qu'entre eux, et dans les limites où s'étend [?] la puissance paternelle. Le père est tenu de nourrir l'enfant et de pourvoir à son éducation jusqu'à

---

* É. Durkheim, Cours transcrit par M. Mauss (ce qui explique les quelques lacunes et passages ajoutés), 1892, *Revue Philosophique* 90, 1921, p. 2-14.

sa majorité. Mais en revanche l'enfant est placé sous la dépendance du père ; il ne dispose ni de sa personne, ni de sa fortune dont le père a la jouissance. Il n'a pas de responsabilité civile. Celle-ci revient au père. Mais quand l'enfant est majeur quant au mariage – car la majorité civile de vingt et un ans le laisse sous la tutelle du père en ce qui regarde le mariage – ou bien dès que, à un moment quelconque, l'enfant est légitimement marié, tous les rapports cessent. L'enfant a désormais sa personnalité propre, ses intérêts distincts, sa responsabilité personnelle. Il peut sans doute continuer à habiter sous le toit du père, mais sa présence n'est plus qu'un fait matériel ou purement moral ; elle n'a plus aucune des conséquences juridiques qu'elle avait dans la famille paternelle. D'ailleurs, le plus souvent, la cohabitation cesse même avant la majorité. En tout cas, une fois l'enfant marié, la règle est qu'il se fait un foyer indépendant. Sans doute il continue à être lié à ses parents ; il leur doit des aliments en cas de maladie, et, inversement, il a droit à une portion déterminée de la fortune familiale, puisqu'il ne peut pas [en droit français], être déshérité totalement. Ce sont les seules obligations juridiques qui survivent [des formes de famille antérieures], et encore la seconde paraît destinée à disparaître. Il n'y a là rien qui rappelle cet état de dépendance perpétuelle qui était la base de la famille paternelle et de la famille patriarcale. Nous sommes donc en présence d'un type familial nouveau. Puisque les seuls éléments permanents en sont le mari et la femme, puisque tous les enfants quittent tôt ou tard la maison [paternelle] je propose de l'appeler la *famille conjugale*.

Pour ce qui est de l'organisation intérieure de cette famille, ce qu'elle présente de nouveau, c'est un ébranlement du vieux communisme familial comme nous n'en avons pas encore rencontré un seul exemple. Jusqu'à présent, en effet, le communisme est resté la base de toutes les sociétés domestiques, sauf peut-être de la famille patriarcale. Dans cette dernière, en effet, la situation prépondérante acquise par le père, avait entamé le caractère communautaire de l'association familiale. Mais il s'en faut que ce caractère y ait complètement disparu. En définitive, la puissance paternelle y résulte d'une transformation de l'ancien communisme ; c'est le communisme ayant pour substrat non plus la famille elle-même [vivant] d'une manière indivise, mais la personne du père. Aussi la société domestique y forme-t-elle un tout où les parties n'ont plus d'individualité distincte. Il n'en est plus de même de la société conjugale. Chacun des membres qui la composent a son individualité, sa sphère d'action propre. Même l'enfant mineur a la sienne, quoiqu'elle soit subordonnée à celle du père, par suite de son moindre développement. L'enfant peut avoir sa fortune propre ; jusqu'à dix-huit ans, il est vrai, le père en a la jouissance ; encore cet usufruit ne va-t-il pas sans certaines obligations envers l'enfant (voir art. 385, *C.c.*). Le mineur peut même posséder des biens qui sont soustraits à cette charge ; ce sont ceux qu'il a acquis par un travail personnel et ceux qu'il a reçus à condition que ses parents n'en jouiraient pas (art. 387, *C.c.*). Enfin, pour ce qui est des relations personnelles, les droits disciplinaires du père sur la personne du mineur sont étroitement limités. Tout ce qui reste de l'ancien communisme est, avec le droit d'usufruit des parents sur les biens de l'enfant au-dessous de seize ans, le droit d'ailleurs limité qu'a le descendant sur les biens de l'ascendant par suite des restrictions apportées au droit de tester.

Mais ce qui est plus nouveau encore et plus distinctif de ce type familial, c'est l'intervention toujours croissante de l'État dans la vie intérieure de la famille. On peut dire que l'État est devenu un facteur de la vie domestique. C'est par son intermédiaire que s'exerce le droit de correction du père quand il dépasse certaines limites. C'est l'État qui, dans la personne du magistrat, préside aux conseils de famille ; qui prend sous sa protection le mineur orphelin tant que le tuteur n'est pas nommé ; qui prononce et parfois requiert l'interdiction de l'adulte. Une loi récente autorise même, dans certains cas, le tribunal à prononcer la déchéance de la puissance paternelle. Mais il y a un fait qui, mieux que tout autre, démontre combien est grande la transformation qu'a subie la famille dans ces conditions. La famille conjugale n'aurait pu naître ni de la famille patriarcale, [ni même de la famille paternelle ou du mélange des deux types de famille, sans l'intervention de ce nouveau facteur, l'État]. Jusqu'à présent les liens de parenté pouvaient toujours être rompus, soit par le parent qui voulait sortir de sa famille, soit par le père dont il dépendait. Le premier cas est celui de la famille agnatique, [et aussi] celui de la famille paternelle ; le second [cas] ne se présente que dans la famille patriarcale. Avec la famille conjugale les liens de parenté sont devenus tout à fait indissolubles. L'État en les prenant sous sa garantie a retiré aux particuliers le droit de les briser.

Telle est la zone centrale de la famille moderne. Mais cette zone centrale est entourée d'autres zones secondaires qui la complètent. Celles-ci ne sont autre chose – ici comme ailleurs – que les types familiaux antérieurs qui sont pour ainsi dire descendus d'un degré. Il y a d'abord le groupe formé par les ascendants et les descendants : grand-père, grand-mère, père, mère, frères et sœurs, et les ascendants, c'est-à-dire l'ancienne famille paternelle, déchue du premier rang et passée au second. Le groupe ainsi constitué a conservé dans notre droit une physionomie assez distincte. Dans le cas où un homme meurt sans laisser de descendant, sa fortune est partagée entre ses parents et ses frères et sœurs ou leurs descendants. Enfin, au-delà de la famille paternelle, on retrouve la famille cognatique, c'est-à-dire l'ensemble de tous les collatéraux autres que ceux dont il vient d'être question, mais plus amoindri et plus affaibli encore qu'elle (sic) n'était dans la famille paternelle. Dans celle-ci les collatéraux, encore jusqu'aux 6e et 7e degrés et, parfois davantage, avaient encore des devoirs et des droits domestiques très importants. Nous en avons vu des exemples la dernière fois. Désormais leur rôle dans la famille est à peu près nul ; il n'en subsiste guère qu'un droit éventuel à l'héré-dité, droit qui peut être réduit à rien par suite de la liberté de tester dans le cas où il n'y a ni descendants, ni ascendants. Du clan, pour la première fois, il ne reste plus de traces (l'indi-vidualité des deux zones secondaires semble n'être plus aussi distincte que dans les types antérieurs).

Maintenant que nous connaissons le dernier type familial qui se soit constitué, nous pouvons jeter un coup d'œil sur le chemin parcouru et prendre conscience des résultats qui se dégagent de cette longue évolution.

La loi de contraction ou d'émergence progressive a pu être vérifiée jusqu'au bout. De la manière la plus régulière, nous avons vu des groupes primitifs émerger des groupes de plus en plus restreints qui tendent à absorber la vie familiale toute entière. Non seulement la régularité de ce mouvement résulte de ce qui précède, mais il est facile de voir qu'il est lié aux conditions les plus fondamentales du développement histo-rique. En effet l'étude de la famille patriarcale nous a montré que la famille doit nécessairement se contracter à mesure que le milieu social avec lequel chaque individu est en rela-tions immédiates, s'étend davantage. Car plus il est restreint, mieux il est en état de s'opposer à ce que des divergences particulières se fassent jour ; par suite, celles-là seules peuvent se manifester qui sont communes à un assez grand nombre d'individus pour faire effet de masse et triompher de la résistance collective. Dans ces conditions il n'y a que de grandes sociétés domestiques qui puissent se dégager de la société politique. Au contraire, à mesure que le milieu devient plus vaste, il laisse un plus libre jeu aux divergences privées, et, par conséquent, celles qui sont communes à un plus petit nombre d'individus cessent d'être contenues, peuvent se produire et s'affirmer. En même temps d'ailleurs, en vertu d'une loi générale déjà observée en biologie, les différences d'individus à individus se multiplient par cela seul que le milieu est plus étendu. Or, s'il est un fait qui domine l'histoire, c'est l'extension progressive du milieu social dont chacun de nous est solidaire. Au régime du village succède celui de la cité ; au milieu formé par la cité avec les villages placés sous sa dépendance, succèdent les nations qui comprennent des cités différentes ; aux nations peu volumineuses encore comme étaient les peuples germaniques, succèdent les vastes sociétés actuelles. En même temps, les différentes parties de ces sociétés se sont mises de plus en plus étroitement en contact par suite de la multiplication et de la rapidité croissante des communications, etc.

En même temps que le volume se contracte, la constitution de la famille se modifie.

Le grand changement qui s'est produit à ce point de vue, c'est l'ébranlement progressif du communisme familial. À l'origine, il s'étend à tous les rapports de parenté ; tous les parents vivent en commun, possèdent en commun. Mais dès qu'une première dissociation se produit au sein des masses amorphes de l'origine, dès que les zones secondaires apparaissent, le communisme s'en retire pour se concentrer exclusivement dans la zone primaire ou centrale. Quand du clan émerge la famille agnatique, le communisme cesse d'être la base du clan ; quand, de la famille agnatique, se dégage la famille patriarcale, le communisme cesse d'être la base de la famille agnatique. Enfin, peu à peu, il est entamé jusqu'à l'intérieur du cercle primaire de la parenté. Dans la famille patriarcale, le père de famille en est affranchi, puisqu'il dispose librement, personnellement de l'avoir domestique. Dans la famille paternelle, il est plus marqué, parce que le type familial est d'une espèce inférieure ; cependant les membres de la famille peuvent posséder une fortune personnelle, s'ils ne peuvent pas en jouir ou l'administrer personnellement. Enfin, dans la famille conjugale, il n'en reste plus que des vestiges, le mouvement est donc lié aux mêmes causes que le précédent. Les mêmes raisons qui ont pour effet de restreindre progressivement le cercle familial, font aussi que la personnalité des membres de la famille s'en dégage de plus en plus. Plus le milieu social s'étend, moins – disions-nous – le développement des divergences privées est contenu. Mais, parmi ces divergences, il en est qui sont spéciales à chaque individu, à chaque membre de la famille ; et même elles deviennent toujours plus nombreuses et plus importantes à mesure que le champ des relations sociales devient plus vaste. Là donc où elles rencontrent une faible résistance, il est inévitable qu'elles se produisent au dehors, s'accentuent, se consolident, et comme elles sont le bien de la personnalité individuelle, celle-ci va nécessairement en se développant. Chacun prend davantage sa physionomie propre, sa manière personnelle de sentir et de penser ; or, dans ces conditions, le communisme devient de plus en plus impossible, car il suppose au contraire, l'identité, la fusion de toutes les consciences au sein d'une même conscience commune qui les embrasse. On peut donc être certain que cet effacement du communisme qui caractérise notre droit domestique non seulement n'est pas accident passager, mais au contraire s'accentuera toujours davantage, à moins que, par une sorte de miracle imprévisible et presque inintelligible, les conditions fondamentales qui dominent l'évolution sociale depuis l'origine ne restent pas les mêmes.

De ces changements la solidarité domestique sort-elle affaiblie ou renforcée ? Il est bien difficile de répondre à cette question. Par un endroit, elle est plus forte puisque les liens de parenté sont aujourd'hui indissolubles ; mais d'un autre côté les obligations auxquelles elle donne naissance sont moins nombreuses et moins importantes. Ce qui est certain, c'est qu'elle s'est transformée ; elle dépend de deux facteurs : les personnes et les choses. Nous tenons à notre famille parce que nous tenons aux personnes qui la composent ; mais nous y tenons aussi parce que nous ne pouvons pas nous passer des choses, et que, sous le régime du communisme familial, c'est elle qui les possède. De l'ébranlement du communisme, il résulte que les choses cessent de plus en plus d'être un ciment de la société domestique. La solidarité domestique devient toute personnelle. Nous ne sommes attachés à notre famille que parce que nous sommes attachés à la personne de notre père, de notre mère, de notre femme, de nos enfants. Il en était tout autrement autrefois où les liens qui dérivaient des choses primaient au contraire ceux qui venaient des personnes, où toute l'organisation familiale avait avant tout pour objet de maintenir dans la famille les biens domestiques, et où toutes les considérations personnelles paraissaient secondaires à côté de celles-là.

Voilà ce que tend à devenir la famille. Mais s'il en est ainsi, si les choses possédées en commun cessent d'être un facteur de la vie domestique, le droit successoral n'a plus de base. Il n'est autre chose, en effet, que le communisme familial se prolongeant sous le régime de la propriété personnelle. Si donc le communisme s'en va, disparaît de toutes les zones de la famille, comment pourrait-il se maintenir ? En fait, il régresse de la manière la plus régulière. Tout d'abord il appartient d'une manière imprescriptible à tous les parents, même aux collatéraux les plus éloignés ; mais bientôt le droit de tester apparaît, qui le paralyse pour tout ce qui concerne les zones secondaires. Le droit des collatéraux à la succession du défunt n'entre en exercice que si le défunt n'y a pas fait obstacle, et le pouvoir dont l'individu dispose à ce point de vue devient chaque jour plus étendu. Enfin le droit de tester pénètre même la zone centrale, dans le groupe formé par les parents et les enfants ; le père peut ou totalement ou partiellement déshériter ses enfants. Il n'est pas douteux que cette régression est destinée à se continuer. J'entends par là que non seulement le droit de tester sera absolu, mais qu'un jour viendra où il ne sera pas plus permis à un homme de laisser, même par voie de testament, sa fortune à ses descendants, qu'il ne lui est permis [depuis la Révolution française] de leur laisser ses fonctions et ses dignités. Car les transmissions testamentaires ne sont que la dernière forme et la plus réduite de la transmission héréditaire. Dès aujourd'hui il y a des valeurs de la plus haute importance qui ne peuvent plus être transmises d'aucune manière héréditaire [ce sont précisément] les fonctions et dignités. Dès à présent il y a toute une catégorie de travailleurs qui ne peut plus transmettre à ses enfants le résultat de son travail, ce sont ceux à qui le travail ne rapporte qu'honneur et considération, sans fortune. Il est certain que cette règle ira de plus en plus en se généralisant, et que la transmission héréditaire ira de plus en plus en se distinguant.

À un autre point de vue encore, le changement devient de plus en plus nécessaire. Tant que la richesse se transmet héréditairement, il y a des riches et des pauvres de naissance. Les conditions morales de notre vie sociale sont telles que les sociétés ne pourront se maintenir que si les inégalités *extérieures* dans lesquelles sont placés les individus vont de plus en plus en se nivelant. Il faut entendre par là, non que les hommes doivent devenir plus égaux entre eux, au contraire l'inégalité intérieure va toujours s'accroissant, mais qu'il ne doit y avoir d'autres inégalités sociales que celles qui dérivent de la valeur personnelle de chacun, sans que celle-ci soit exagérée ou rabaissée par quelque cause extérieure. Or, la richesse héréditaire est une de ces causes. Elle donne à quelques-uns des avantages qui ne dérivent pas de leur mérite propre et qui pourtant leur confèrent cette supériorité sur les autres. Cette injustice qui nous paraît de plus en plus intolérable devient de plus en plus inconciliable avec les conditions d'existence de nos sociétés. Tout concourt donc à prouver que le droit successoral, même sous la forme testamentaire, est destiné à disparaître progressivement.

Mais, si nécessaire que soit cette transformation, il s'en faut qu'elle soit facile. Sans doute la règle de la transmission héréditaire des biens a sa cause dans le vieux communisme familial et celui-ci est en train de disparaître. Mais, chemin faisant, nous avons tellement pris l'habitude de cette règle, elle est si étroitement liée à toute notre organisation que, si elle était abolie sans être remplacée, la vie sociale elle-même serait tarie dans sa source vive. En effet, nous y sommes si bien faits, si bien accoutumés, que la perspective de transmettre héréditairement les produits de notre travail est devenue le ressort par excellence de notre activité. Si nous ne poursuivions que des fins personnelles, nous serions bien moins fortement incités au travail, car notre travail ne prend de sens que parce qu'il sert à autre chose qu'à nous-mêmes. L'individu n'est pas pour lui-même une fin suffisante. Quand il se prend pour fin, il tombe dans un état de misère morale qui le mène au suicide. Ce qui nous attache au travail, c'est qu'il est pour nous le moyen d'enrichir le patrimoine domestique, d'accroître le bien-être de nos enfants. Que cette perspective nous soit retirée et ce stimulant si puissant et si moral nous serait enlevé du même coup. Le problème n'est donc pas aussi simple qu'il pourrait sembler au premier abord. Pour que l'idéal que nous venons de tracer puisse se réaliser, il faut qu'à ce ressort qui risque de nous manquer, s'en substitue peu à peu un autre. Il faut que nous soyons stimulés au travail par autre chose que l'intérêt personnel et que l'intérêt domestique. D'autre part l'intérêt social est trop loin de nous, trop vaguement entrevu, trop impersonnel pour qu'il puisse être ce mobile efficace. Il faut donc qu'en dehors de la famille, on soit solidaire de quelque autre groupe, plus restreint que la société politique, plus voisin de nous, qui nous touche de plus près, et qu'à ce groupe se transfèrent les droits mêmes que la famille n'est plus en état d'exercer.

Quel peut être ce groupe ? Serait-ce la société matrimoniale ? Nous l'avons vue en effet grandir de la manière la plus régulière, se consolider, devenir de plus en plus cohérente. L'importance qu'elle prend dans la famille conjugale marque l'apogée de ce développement. Non seulement en effet, dans ce type familial, le mariage devient presque complètement indissoluble, non seulement la monogamie y devient à peu près parfaite, mais il présente deux caractères nouveaux qui démontrent la force qu'il a prise avec le temps.

En premier lieu, il cesse complètement d'être un contrat personnel pour devenir un acte public. C'est sous la présidence d'un [magistrat] de l'État que le mariage se contracte ; non seulement la cérémonie a ce caractère public, mais encore si les formalités qui le constituent n'ont pas été exactement remplies, le mariage n'est pas valable. Or un acte juridique quelconque, nous le savons, ne prend de formes solennelles que s'il prend une grande importance.

D'un autre côté si, des conditions externes du mariage, nous passons à l'organisation des rapports matrimoniaux, ils nous présentent une particularité sans analogue jusqu'à présent dans l'histoire de la famille ; c'est l'apparition du régime de la communauté de biens entre époux, que cette communauté soit universelle ou qu'elle se réduise aux acquêts. La communauté en effet est la règle de la société matrimoniale ; il peut y être dérogé, mais elle existe de plein droit, s'il n'y a pas de conventions contraires. Ainsi tandis que le communisme se retirait de la société domestique, il apparaissait dans la société matrimoniale. La seconde ne serait-elle pas destinée à remplacer la première dans la fonction dont nous venons de parler, et l'amour conjugal ne serait-il pas le ressort capable de produire les mêmes effets que l'amour de la famille ?

Nullement. Car la société conjugale, prise en elle-même, est trop éphémère pour cela ; elle ne nous ménage pas d'assez vastes perspectives. Pour que nous soyons attachés à notre travail, il faut que nous ayons conscience qu'il nous survivra, qu'il en restera quelque chose après nous, qu'il servira, alors même que nous ne serons plus là, à des êtres que nous aimons. Ce sentiment nous l'avons tout naturellement quand nous travaillons pour notre famille, puisqu'elle continue à exister après nous ; tout au contraire, la société conjugale se dissout par la mort à chaque génération. Les époux ne se survivent pas bien longtemps l'un à l'autre. Par conséquent ils ne peuvent pas être l'un pour l'autre un objectif suffisant pour qu'ils s'arrachent aux recherches des sensations du moment. Voilà pourquoi le mariage n'a pas sur le suicide une influence comparable à celle de la famille.

On ne voit donc qu'un groupe qui soit assez rapproché de l'individu pour que celui-ci puisse y tenir étroitement, assez durable pour que celui-ci puisse espérer la perspective. C'est le groupe professionnel. Je ne vois que lui qui puisse succéder à la famille dans les fonctions économiques et morales que celle-ci devient de plus en plus incapable de remplir. Pour sortir de l'état de crise que nous traversons, il ne suffit pas de supprimer la règle de la transmission héréditaire ; il faudra peu à peu attacher les hommes à leur vie professionnelle, constituer fortement les groupes de ce genre. Il faudra que le devoir professionnel prenne dans les cœurs le même rôle qu'a joué jusqu'ici le devoir domestique. C'est déjà le niveau moral atteint par toute cette élite dont nous avons parlé ; ce qui prouve que cette transformation n'est pas impraticable. (D'ailleurs ce changement ne se fera pas d'une manière absolue, il restera [longtemps] trop de traces des états de droit ancien ; les parents seront toujours incités au travail par le désir de nourrir, d'élever leur famille. Mais ce mobile à lui seul ne serait pas suffisant pour que) [cette famille se disperse et disparaisse. Au contraire, le groupe professionnel est, par essence, chose perpétuelle].

Quelques mots sur la réaction secondaire du mariage. Dans la famille paternelle l'union libre se maintient en partie à côté du mariage, mais dans la famille conjugale la première est presque totalement refoulée. [Elle ne donne plus naissance à aucune règle de droit.] Plus la famille est organisée, plus le mariage a tendu à être la condition unique de la parenté.

[Les] causes [de ce fait sont les suivantes]. Le mariage fonde la famille [et en même temps] en dérive. Donc toute union sexuelle qui ne se contracte pas dans la forme matrimoniale est perturbatrice du devoir, du lien domestique et, du jour où l'État lui-même est intervenu dans la vie de la famille, elle trouble l'ordre public. À un autre point de vue, cette réaction est nécessaire. Il n'y a pas de société morale dont les membres n'aient les uns envers les autres des obligations, et quand ces obligations ont une certaine importance, elles prennent un caractère juridique. L'union libre est une société conjugale où ces obligations n'existent pas. C'est donc une société immorale. Et voilà pourquoi les enfants élevés dans de tels milieux présentent de si grandes quantités de tares morales. C'est qu'ils n'ont pas été élevés dans un milieu moral. L'enfant ne peut avoir une éducation morale que s'il vit dans une société dont tous les membres sentent leurs obligations les uns envers les autres. Car en dehors de ceci il n'y a pas de moralité. Aussi, [dans la mesure où le législateur et la morale s'occupent de ce problème] la tendance est-elle non de faire de tout mariage une union libre, mais de faire de toute union, même libre, un mariage, au moins inférieur.

Telles sont les conclusions générales qui se dégagent de ce cours. Le progrès de la famille a été de se concentrer et de se personnaliser. La famille va de plus en plus en se contractant ; en même temps les relations y prennent de plus en plus un caractère exclusivement personnel, par suite de l'effacement progressif du communisme domestique. Tandis que la famille perd du terrain, le mariage au contraire se fortifie.

LA LIBERTÉ DANS LA FAMILLE
ET LE CONTRACTUALISME

PRÉSENTATION

LIMITER LE POUVOIR DANS LA FAMILLE

La conception communautaire de la famille, fondée sur la complémentarité et la différence de ses membres, présente le risque d'entretenir et de favoriser certaines formes de domination. La chose est évidente chez Aristote : le chef de l'*oikos* est le seul qui dispose d'un statut autonome, d'un pouvoir de décision, alors que sa femme, ses enfants et ses esclaves sont soumis à lui, et ce, même si les modalités de cette soumission diffèrent. Le confinement de ces membres à des tâches et à des rôles subalternes est entretenu par l'invocation de leur « nature » différente, inférieure (les esclaves sont des barbares étrangers à la liberté, les femmes sont libres en droit, mais moins fortes que les hommes et les enfants sont seulement des citoyens en puissance) ainsi que par le holisme de la communauté familiale qui justifie le sacrifice de certains membres plutôt que d'autres [1].

---

1. Sur ce point, voir A. Sen, « La distinction entre les sexes et les conflits de coopération », dans *Éthique et Économie*, trad. S. Marnat, Paris, P.U.F., 1993, p. 229-270.

Locke cherche de ce fait dans le modèle contractualiste un rempart contre tout pouvoir abusif au sein de la famille et il favorise une conception égalitaire des relations familiales. De même que l'invocation du pacte social se substitue aux théories fondant l'État sur le droit divin, l'absolutisme ou le paternalisme, et permet de fonder le pouvoir politique tout en le limitant, en promouvant l'égalité des individus et leur liberté ; de même, l'idée de contrat de mariage sert chez Locke à dénoncer l'idée d'un pouvoir illimité du conjoint sur sa femme[1]. C'est en tant qu'ils sont également porteurs d'une volonté libre que les époux se marient. S'engageant librement dans le mariage, ils devraient pouvoir en sortir librement et Locke légitime en toute cohérence le divorce.

La réflexion sur les limites du pouvoir familial concerne également les relations des parents aux enfants et pas seulement celles des conjoints. Là encore, de même que l'analyse des fins du pouvoir politique (la conservation commune) servait à le limiter, voire à justifier que le peuple n'obéisse plus au gouvernant qui s'est démis lui-même de ses fonctions en commettant des abus, de même très exactement, le rappel des fins de la société familiale sert à limiter le pouvoir du père et de la mère sur les enfants et à délester ces derniers du devoir de gratitude envers des parents abusifs ou négligents. La conception de la famille de Hobbes est visée autant que sa

---

1. Locke retrouve ainsi la position protestante sur le mariage, qui est contractualiste, alors que la position catholique définit le mariage plutôt comme un sacrement. Cette opposition du contrat et du sacrement ne donne pourtant pas mécaniquement le monopole de la liberté au contractualisme des protestants, puisque l'Eglise catholique a beaucoup défendu le consentement individuel contre tout arrangement des parents, des prêtres ou du seigneur, par exemple.

conception politique : il est hors de question de défendre comme Hobbes le fait le pouvoir d'un *paterfamilias* sur ses enfants. Les rapports des parents aux enfants sont encadrés par la finalité du pouvoir parental selon Locke : c'est uniquement pour en faire des personnes morales que les parents exercent un pouvoir sur leurs enfants. Ce pouvoir les seconde pour faire ce qu'ils doivent : conserver et éduquer, et non pas commander à leur guise ou asservir à leurs fins propres leurs enfants[1]. Le soin de leur éducation et de leur conservation est confié aux parents par le Créateur divin et ces relations sont limitées par la morale et pas seulement par les égoïsmes de chacun. Elles sont néanmoins régulées par une certaine exigence de réciprocité. Même s'ils ne doivent pas un respect et une assistance inconditionnels à leurs parents, les enfants leur doivent de la gratitude une fois majeurs, si les parents ont accompli leurs devoirs d'éducateurs et de protecteurs. De ce fait, ce pouvoir parental est limité dans le temps et en intensité. Les enfants ne sont pas des objets aux mains de leurs parents, mais des personnes à moraliser et qu'il faut aider à devenir des adultes libres à leur tour.

LÉGIFÉRER SUR LE COMMERCE SEXUEL

Locke propose une conception contractualiste du mariage et de la famille qui fait aller de soi le lien entre contrat et liberté. Il entend que si on contracte librement, on reste libre dans les liens ainsi contractés. Mais en rappelant l'objet du mariage : « l'usage réciproque qu'un homme peut faire des organes et

1. Voir J. Locke, *Quelques pensées sur l'éducation*, introd. M. Malherbe, trad. G. Compayré, annexes J.-M. Vienne, Paris, Vrin, 2007.

des facultés sexuels d'une autre personne », le texte de Kant semble devoir modérer l'enthousiasme libéral qui peut se déployer à l'égard du modèle du contrat. Même si l'époux use de sa femme, de son domestique *comme de personnes*, il les possède *comme des choses* selon Kant, qui invente pour cela une nouvelle catégorie juridique, le droit personnel selon une modalité réelle. Je possède les membres de ma famille comme on possède des choses (c'est pourquoi ce droit est selon une modalité « réelle », du latin *res*, la chose), de façon exclusive et définitive, et non comme on accède aux prestations d'une personne qui loue ses services puis est libre de partir. Mais je les respecte et en use, comme on respecte des personnes, en respectant le droit de l'humanité en elles, c'est pourquoi ce droit est « personnel ». Cette description du lien entre les époux semble bien sèche, voire cynique, dans la mesure où elle réduit à néant les dimensions affectives inhérentes à la vie conjugale et Hegel prend pour cible cette conception « horrible » dans les *Principes de la philosophie du droit*[1], conception qui ignore la spécificité de la personne libre s'affirmant dans la forme juridique.

1. Sur ce débat de Hegel avec Kant, voir C. Guibet-Lafaye, « Le mariage : du contrat juridique à l'obligation éthique », *Hegel penseur du droit*, art. cit., notamment p. 149-150. Hegel reproche à la notion kantienne des droits « réels-personnels » de se situer dans l'horizon de la division du droit romain entre droits personnels et droits réels qu'elle ne fait que compléter (alors que Kant affirme qu'il la dépasse). Cette conception confond d'après Hegel tout ce qui peut être approprié, et dont peuvent faire partie aussi bien les choses, les objets que nous échangeons, que notre corps et notre vie, d'une part, avec la personnalité libre, surplombant et précédant nécessairement tout droit abstrait, d'autre part. Un contrat procède de deux libres-arbitres indépendants, tandis que la famille résulte de la volonté libre, elle a une nécessité et une rationalité, une spiritualité que la présentation de Kant estompe d'après Hegel.

Il faut toutefois écarter une série de remarques qui seraient faites dans l'ignorance de la démarche de Kant. Premièrement, l'auteur s'occupe du *droit* domestique. Or le droit ne considère pas les affects, les souhaits, les fins, les pensées des agents, mais seulement leurs actions extérieures et la compatibilité des différentes libertés des arbitres que ces actions ménagent ou empêchent (*Introduction à la doctrine du droit* § A et B). Kant applique son transcendantalisme à l'objet juridique, et cherche l'ensemble des lois qui *peuvent* devenir l'objet d'une législation positive. En cela, il s'inscrit aussi dans la tradition du droit naturel, puisqu'il s'agit de produire une norme transcendante du droit positif.

Or, qu'est-ce qui rend possible quelque chose d'aussi étonnant que le droit des époux l'un sur l'autre, et comment un tel droit matrimonial est-il compatible avec la liberté des deux conjoints ? Pourquoi, par quelle loi se considère-t-on en droit d'exiger une exclusivité sexuelle et domestique sur son conjoint, et d'opposer cette exclusivité, ce monopole à la prétention de quiconque prétendrait avoir des relations avec le conjoint, tandis qu'il est hors de propos d'affirmer un tel droit sur n'importe quelle autre personne que son époux ou son épouse ? Il ne s'agit pas pour Kant de s'intéresser au fait, aux modalités de la possession effective, empirique d'une personne, mais à la signification de ce que c'est pour le droit que d'« avoir une femme », d'« avoir un mari », au lien intelligible et virtuel[1] que cela crée entre deux personnes, c'est-à-dire à l'exigence légitime envers le conjoint que représente l'état de mariage. Or, pour comprendre pourquoi Kant a malgré tout défini le mariage comme un droit d'espèce réelle sur autrui,

_____

1. Virtuel, au sens où l'on n'a pas toujours à exiger qu'il soit respecté.

l'usage en fût-il limité par le fait qu'il s'agit d'une personne et que nous devons la traiter comme telle, il faut se demander de quel état pire et immoral le mariage est la correction. C'est dans l'*Appendice* ajouté à la *Doctrine du droit* que l'on en trouve l'explication (Voir § 2 *Justification d'un droit person- nel d'espèce réelle* et § 3 *Exemples*) : si l'acte sexuel entre deux individus fait nécessairement de l'un la chose de l'autre, seule la condition du mariage, par sa réciprocité, empêche la déshu- manisation propre à la sexualité naturelle. Hors du mariage, la jouissance de la chair est comparée par Kant à du canni- balisme : c'est bien consommer le corps de la femme que de la rendre enceinte et l'épuiser dans l'accouchement ; c'est consommer le corps de l'homme que de l'épuiser par un désir sexuel insatiable. La considération réciproque des époux en tant que personnes est le remède que le droit apporte à l'immoralité inhérente aux relations sexuelles naturelles, et les lois du mariage rendent possible une liberté égale des conjoints dans des rapports sexuels qui naturellement l'excluent.

C'est par rapport à une telle conception de la sexualité que la conception kantienne du mariage peut être effectivement légitimée. L'enjeu est si important pour Kant qu'il précise que le mariage n'est pas simplement le fait d'un contrat issu de volontés particulières, et que ce contrat n'est pas laissé à leur arbitraire, mais est appelé nécessairement et systématique- ment pour régler les rapports sexuels par une loi universelle nous engageant à considérer l'humanité en nous et en tout autre personne.

Cette apologie du respect de l'autre dans le lien conjugal juridique n'empêche pas Kant de décréter dans l'*Anthropo- logie* que l'union de deux personnes ne serait pas durable s'il n'y en avait une qui n'était soumise à l'autre, à savoir l'épouse à l'époux [1].

On le voit, la famille n'est pas seulement le résultat d'un *contrat* qui engage des arbitres individuels et façonne les conditions d'existence qu'ils vont se donner, c'est aussi une institution qui donne un *statut* aux individus dès lors qu'ils y rentrent ou y naissent, sans qu'ils puissent décider de tous les contours de ces droits et devoirs qui les lient à leur famille. Ce dont je décide variera en fonction de la société à laquelle j'appartiens : choix du conjoint, du moment, de la répartition des apports patrimoniaux qui peuvent m'être réservés. Mais il y a une série de choses sur lesquelles je n'ai aucune prise en ce qui concerne le mariage et plus généralement la famille. Je ne puis transformer à mon gré la relation du mariage et garde toujours des droits et des devoirs envers une constellation de personnes avec lesquelles je suis lié (les parents, les enfants, etc.) : je ne peux modifier les rapports de filiation à mon gré, je ne peux me dégager des devoirs d'assistance envers les enfants ni envers les parents, je ne peux transformer le mariage en esclavage, etc. Ne voir dans le mariage qu'un contrat est donc une reconstruction simplificatrice, car il est généralement un mixte de relation contractuelle et de statut donné notamment par la loi. Néanmoins, et même si l'affirmation est sujette à examen du point de vue de l'historien [2], certains auteurs ont affirmé que le contractualisme gagnait du terrain, ce que Sir Henri Maine a résumé comme le « mouvement du statut vers le contrat » [3]. Et ce mouvement présumé vers le

1. Kant, *Anthropologie*, trad. M. Foucault, Paris, Vrin, 2008, p. 238.
2. Voir R. Fossier, « L'ère féodale », dans *Histoire de la famille*, *op. cit.*, t. II, p. 151.
3. Voir C. Pateman, *Le contrat sexuel*, *op. cit.*, p. 9

contrat a pu être perçu comme un progrès de l'individualisme et de la liberté. La question mérite d'être examinée avec plus de nuances toutefois : la chose est claire chez Locke, elle est plus complexe chez Kant, tandis que Carole Pateman et Arlie Hochschild critiquent frontalement cette association du mariage contractuel et de la liberté.

LES ILLUSIONS DU CONTRACTUALISME

Arlie Hochschild montre en conclusion de ses enquêtes sociologiques que la liberté de divorcer qui devrait libérer les individus, et notamment les femmes, des mariages injustes et aliénants se retourne en une oppression au sein du mariage, car les femmes qui ont un travail, mais qui craignent le divorce, partent avec un handicap dans les négociations sur la répartition du travail domestique.

Dans le *Contrat sexuel* paru en 1982, la féministe Carole Pateman conduit une analyse conceptuelle beaucoup plus systématique dans laquelle elle identifie toute relation contractuelle à un esclavage. L'auteure prend pour cible l'idéologie actuelle du contrat : présenté comme une libération par tous, y compris désormais par les marxistes et par certain[e]s féministes, dans la mesure où il nous libérerait de l'oppression et de l'arbitraire, le recours au contrat est loin d'être inoffensif aux yeux de Carole Pateman, que ce soit pour décrire et organiser les relations politiques, professionnelles ou familiales. Un contrat d'embauche par exemple n'est-il pas la mise à la disposition auprès de l'employeur de l'employé lui-même, de son temps, de sa liberté ? Si la signature du contrat est libre, tout ce qui le suit ne l'est plus, contrairement à la description de Locke citée plus haut. Ceci est vrai *a fortiori* du contrat de mariage, qui est librement initié, mais engage la femme dans un statut qui lui est toujours désavantageux. De la même façon, les contrats de maternité de substitution, la prostitution, ne peuvent être considérés avec le détachement d'un libertarien qui, comme Nozick, se contente du consentement initial requis au moment de passer le contrat, pour considérer que de tels contrats sont libres et conformes à la justice.

Carole Pateman remonte donc aux théories classiques contractualistes pour comprendre la logique des contrats qui organisent les relations sociales dans les sociétés occidentales contemporaines. Son raisonnement contient deux étapes décisives. Premièrement, le contrat social de Hobbes, Locke, Rousseau qui donne naissance au lien politique n'est qu'une partie d'un contrat plus originaire, qui comprend également un « contrat sexuel » que les auteurs passent généralement sous silence. Tout se passe comme si seulement « la moitié de l'histoire était racontée » dans les genèses classiques du corps politique. Pourtant, sans ce contrat sexuel[1] qui soumet préalablement les femmes aux hommes dans la sphère privée, et met leur corps et leur force de travail à la disposition des hommes, aucun ordre politique égalitaire et fraternel ne pourrait avoir lieu. L'égalité promue par le contrat social ne concerne donc que les hommes, et elle se fait au prix de l'asservissement domestique des femmes.

Carole Pateman modère donc l'enthousiasme que certains lecteurs libéraux féministes ont pu développer à l'endroit des

---

1. Exactement comme le contrat social, ce contrat sexuel est une hypothèse explicative et il n'a pas besoin d'être réellement passé entre hommes et femmes pour éclairer la réalité actuelle des rapports sexuels et sociaux.

écrits de Locke[1] et rappelle que ce dernier, dans le même *Second Traité*, affirmant qu'il faut bien un chef dans une famille, désigne l'homme sans hésiter, revenant ainsi sur l'égalité des deux parents d'abord affirmée. Loin que les théoriciens du contrat aient détruit le patriarcalisme, ils ont inventé une forme moderne et contractuelle de patriarcalisme, où la prégnance masculine ne joue certes pas dans la sphère politique, mais organise toute la sphère privée, conclut Pateman.

On pourrait objecter que ces pensées classiques du contrat ont été développées dans un contexte inégalitaire dépassé, et que l'égalité juridique accordée depuis aux femmes en fait maintenant des membres égaux du contrat social. Mais ce serait ne pas voir que le mal est profond, et que le contrat sexuel, c'est-à-dire la consécration sociale de la domination masculine qui est reconduite dans chaque mariage particulier, précède tout contrat et organise toujours la société. Ce serait ignorer que le problème vient non pas de la misogynie supposée et contingente de quelques individus isolés, mais de la nature de tout lien contractuel. La dénonciation du mariage comme esclavage féminin, comme exploitation par l'homme du corps de la femme et de sa force de travail gratuitement mise à disposition (voir les travaux de Christine Delphy) n'est pas nouvelle. Mais Carole Pateman regrette que ces critiques ne voient pas à quel point l'institution domestique inégalitaire est solidaire de l'institution politique d'une société d'égaux fondée sur des liens contractuels. L'idée de liberté contractuelle dans son ensemble et dans ses racines est

1. Par exemple, M. Butler, « Early liberal Roots of Feminism : John Locke and the Attack on Patriarchy », *American Political Science Review* 72, 1 (1978), p. 149.

défavorable aux femmes et aucun aménagement ultérieur ne pourra corriger cela en leur faveur. La raison en est que tout contrat repose sur une prémisse de type lockien, selon laquelle un individu serait par excellence un propriétaire, propriétaire de ses objets, terres, richesses, mais aussi et surtout de sa liberté, de son corps et de sa personne. De ce fait, toutes ces propriétés peuvent entrer dans la sphère des échanges. Or si l'on définit l'individu ainsi, c'est que le contrat sexuel a déjà été effectué, d'après Carole Pateman. C'est lui qui met les femmes en position de devenir des propriétés potentielles des hommes et de ne pouvoir se passer de se marier ; c'est lui qui libère les seuls hommes pour se consacrer à l'activité citoyenne, et non les femmes. C'est sur cette définition de la personne propriétaire, notamment propriétaire d'elle-même, et donc de la personne échangeable, dont est porteuse l'idée de contrat, qu'il faudrait revenir pour que les termes du mariage ne soient plus défavorables aux femmes. Le texte choisi ici dialogue avec les deux genèses de la société civile données dans la première partie, celle de Rousseau et celle de Freud, et c'est pourquoi je l'ai privilégié.

Références bibliographiques

DIDEROT D., *Madame de la Carlière*, *Œuvres*, *Contes*, Paris, Robert Laffont, 1994, p. 527-539.

DUFOUR A., *Le mariage dans l'école romande du droit naturel au XVIIIe siècle*, Genève, Georg, 1976.

–*Le mariage dans l'école allemande du droit naturel au XVIIIe siècle*, Paris, LGDJ, 1972.

–*Mariage et société moderne. Les idéologies du droit matrimonial moderne*, Fribourg, P.U. de Fribourg, 1997.

–« Autorité maritale et autorité paternelle dans l'école du droit naturel moderne », *Archives de philosophie du droit* 20, « Réformes du droit de la famille », p. 89-125.

HOBBES T., *Le citoyen*, trad. S. Sorbière, Paris, GF-Flammarion, 1982, « L'empire », chap. 6 à 9.

MILL J. S., *The Subjection of Women*, Mineola, New York, Dover ed., 1997.

MONTESQUIEU, *De l'esprit des lois*, 2 vol., t. I, Paris, GF-Flammarion, 1979, l. XVI.

RUDE-ANTOINE E., *Mariage libre, mariage forcé ?*, Paris, P.U.F., 2011.

WOOLF V., *Une chambre à soi*, trad. C. Malraux, Paris, Denoël, 1992.

JOHN LOCKE

DEUXIÈME TRAITÉ DU GOUVERNEMENT

TOUT POUVOIR DANS LA FAMILLE EST LIMITÉ *

§ 63. Ainsi la *liberté* de l'homme et sa faculté d'agir selon sa volonté propre *se fondent-elles* sur le fait qu'il a une *raison*, capable de lui enseigner la loi sur laquelle il doit se régler et de lui faire connaître dans quelle mesure il reste libre de suivre sa propre discrétion. Le lâcher dans une liberté sans frein avant que la raison ne le guide, ce n'est pas reconnaître à sa nature le privilège d'être libre, mais le jeter dehors au milieu des brutes et l'abandonner à un état misérable, aussi inférieur que le leur à celui d'un homme. Voilà ce qui place entre les mains des *parents l'autorité* de gouverner la *minorité* de leurs enfants. Dieu leur a confié la tâche de prendre soin de leur descendance de cette manière et a placé en eux des inclinations de tendresse et de sollicitude propres à modérer cette

* J. Locke, *Deuxième traité du gouvernement. Essai sur l'origine, les limites et les fins véritables du gouvernement civil*, dans *Deux traités du gouvernement*, trad. B. Gilson, Paris, Vrin, 1997, p. 171-184.

puissance, afin qu'ils s'en servent selon le plan de Sa sagesse, pour le bien des enfants, tant que ceux-ci en ont besoin.

§ 64. On se demande quelle raison permet d'élever cette sollicitude, que les *parents* doivent à leur descendance, au rang d'une *domination absolue et arbitraire* du père, quand celui-ci n'exerce sur ses enfants que le pouvoir d'user de la discipline qui lui paraît la plus efficace, pour leur donner la force et la santé corporelles, la vigueur et la droiture intellectuelles, qui leur permettront de se rendre utiles à eux-mêmes dans toute la mesure du possible et, si sa condition l'exige, pour qu'ils travaillent et gagnent leur vie dès qu'ils en seront capables ; et ce pouvoir, comme le *père*, la *mère* en a sa part elle aussi.

§ 65. Le *père* ne détient pas cette *puissance* en vertu d'un titre naturel particulier, mais seulement comme gardien de ses enfants, tant et si bien que, le jour où il ne les a plus sous sa garde, il perd tout pouvoir sur eux ; ce n'est qu'un accessoire inséparable de leur entretien et de leur éducation, qui appartiennent pas moins au *père nourricier* d'un enfant abandonné qu'au père naturel d'un autre. À cela se réduit le pouvoir que le seul *fait de la procréation* donne à l'homme sur sa descendance, quand sa sollicitude s'arrête là, s'il n'a pas d'autre titre au nom et à l'autorité d'un père. Qu'adviendra-t-il de la *puissance paternelle* ainsi conçue, dans cette partie du monde où la même femme a plusieurs maris à la fois ? Et dans les régions de *l'Amérique*, où, quand mari et femme se séparent, ce qui arrive souvent, tous les enfants sont confiés à la mère, la suivent et restent entièrement à sa charge et à ses soins ? Si le père meurt quand les enfants sont jeunes, ne leur incombe-t-il pas, dans tous les pays, une obligation naturelle d'obéir à la mère, pendant leur minorité, comme ils obéiraient au père s'il vivait encore ? Pourtant, qui prétendra que la *mère* exerce un pouvoir législatif sur ses enfants, qu'elle puisse édicter une réglementation qui les oblige à perpétuité, qui s'impose à eux dans la gestion de leurs intérêts patrimoniaux et limite leur liberté tout au long de leur vie, ou qu'elle ait le droit d'en assurer l'application par la peine capitale ? Voilà le *pouvoir* propre du *magistrat*, dont le père n'a même pas l'ombre. Il n'exerce sur ses enfants qu'une autorité temporaire, qui n'atteint ni leur vie, ni leurs biens. Il s'agit au plus d'une aide à la faiblesse et à l'imperfection de leur minorité, d'une discipline nécessaire à leur éducation. Dès que les enfants ne risquent plus de périr dans le besoin, le *père* peut disposer de ses propres possessions comme il l'entend, mais *son pouvoir* ne s'étend pas à la vie de ceux qu'il a engendrés, ni aux biens que leur industrie personnelle ou la générosité d'autrui leur ont fait acquérir, ni même, quand l'âge de raison les a affranchis, à leur liberté. L'*empire* du père cesse alors ; désormais il ne peut pas plus disposer de la liberté de son fils que de celle de n'importe qui d'autre. Nous sommes bien loin d'une juridiction absolue ou perpétuelle, car l'homme peut s'y soustraire et l'autorité divine l'autorise à *quitter son père et sa mère pour s'attacher à sa femme.*

§ 66. L'enfant devient donc un jour *libre* de toute sujétion vis-à-vis des ordres et de la volonté de son père, tout comme celui-ci ne dépend ni des ordres, ni de la volonté d'aucun autre : alors tous deux ne connaissent d'autre contrainte que celle qui leur est commune, c'est-à-dire le droit naturel ou le droit civil de leur pays ; néanmoins, cette liberté ne dispense pas le fils *d'honorer ses parents*, ainsi que l'y oblige la loi divine et naturelle ; car Dieu a choisi ses parents comme instruments de Son grand dessein de perpétuer la race humaine et il a fait d'eux l'occasion qui a permis à leurs enfants d'accéder à la vie ; il leur a imposé le devoir de nourrir leur descendance, de la sauvegarder et de l'élever, mais il a imposé aux enfants

l'obligation perpétuelle d'*honorer leurs parents*; celle-ci
consiste à leur vouer intérieurement une estime et un respect
qui s'extériorisent de toutes les manières; elle interdit à
l'enfant tout ce qui pourrait léser, outrager, troubler ou
compromettre la vie des êtres qui lui ont donné la sienne, ou
leur bonheur; elle l'oblige à tout faire afin de protéger,
soulager, assister et consoler ceux qui ont servi d'intermédiaire
pour lui donner l'existence et l'aptitude à jouir de la vie.
De cette obligation, aucun état, aucune liberté, ne peuvent
affranchir les enfants. Pourtant il s'en faut de loin que cela ne
donne aux parents le pouvoir de commander aux enfants, ou
ne les habilite à édicter des lois ou à disposer de leur vie ou de
leur liberté à discrétion et comme ils l'entendent. C'est une
chose de devoir l'honneur, le respect, la gratitude et l'assistance; c'en est une autre d'exiger l'obéissance et la soumission
absolues. L'*honneur dû aux parents*, tout monarque, sur son
trône, le doit à sa mère et, pourtant, cela n'a pas pour effet de
diminuer son autorité, ni de l'assujettir au gouvernement
naturel.

§ 67. La sujétion d'un mineur investit le père d'une autorité
temporaire, qui prend fin avec la minorité de l'enfant; parce
que *l'enfant doit les honorer*, les parents ont un titre perpétuel
à ce qu'il les respecte, les vénère, les entretienne et leur soit
soumis, plus ou moins, selon que le père a mis en œuvre plus ou
moins de sollicitude, de frais et de bonté d'âme, comme édu-
cateur; et cela ne prend pas fin avec la minorité, mais reste
valable dans tous les emplois, dans tous les états de la vie
humaine. C'est peut-être faute de distinguer les deux pouvoirs
du père, c'est-à-dire son droit d'*enseigner* pendant la minorité et son droit d'être *respecté* pendant toute sa vie, qu'on a
commis le plus d'erreurs dans ce domaine. Strictement parlant,
le premier constitue un privilège pour les enfants et un devoir

pour les parents, plutôt qu'une prérogative de la puissance paternelle. La charge de l'entretien et de l'éducation des enfants incombe aux parents avec tant de force, pour le bien de leurs enfants, que rien ne saurait les dispenser d'y pourvoir. Bien que le *droit de commander et de punir* en soit l'accessoire, Dieu a tissé la trame de la nature de l'homme en y entrelaçant une si grande tendresse envers sa progéniture qu'on n'a guère lieu de craindre que les parents n'exercent leur puissance avec trop de rigueur; ils pèchent rarement par sévérité, car la partialité de la nature les entraîne avec force en sens contraire. C'est pourquoi, voulant témoigner de quelle mansuétude il avait fait preuve à l'égard des *Israélites*, le Dieu tout-puissant leur dit que, s'Il les a châtiés, *Il les a châtiés comme un homme châtie son fils* (Deut. viii. 5), c'est-à-dire avec tendresse et affection, sans les assujettir à une discipline plus sévère que cela n'était absolument nécessaire, si bien que plus de douceur aurait manifesté moins de bonté. Voilà le pouvoir auquel on enjoint aux enfants d'*obéir*, afin de ne pas accroître ou mal récompenser les peines et soins de leurs parents.

§ 68. D'autre part, l'*honneur* et l'aide matérielle, tout ce que la gratitude oblige à rendre en contrepartie des bienfaits reçus, les enfants les doivent sans dispense possible et les parents en ont le privilège propre. Il s'agit ici de l'avantage des parents, comme il s'agissait, avant, de celui de l'enfant; mais l'éducation, dont la charge incombe aux parents, s'accompagne d'un pouvoir presque universel, en raison de l'ignorance et des faiblesses de l'enfance, qui appellent la contrainte et la correction, c'est-à-dire, l'exercice d'une puissance et une sorte de domination. Le devoir que désigne le mot *honneur* requiert moins d'obéissance, même s'il oblige plus les grands enfants que les jeunes. Qui peut croire que le commandement, *enfants, obéissez à vos parents,* exige d'un homme, qui a des enfants à lui, qu'il se soumette à son père avec la docilité que lui doivent à lui-même ses enfants encore jeunes, ou qu'en vertu de ce précepte il devrait obéir à tous les ordres de son père si celui-ci, se targuant d'autorité, commettait l'indélicatesse de le traiter toujours comme un gamin ?

§ 69. Ainsi, la première partie du pouvoir, ou, plutôt, du devoir du *père*, c'est-à-dire, l'*éducation*, lui appartient-elle pour prendre fin à la venue d'une époque déterminée. Quand la tâche de l'éducation est achevée, elle prend fin d'elle-même et elle est aussi aliénable avant. Tout homme peut confier à un autre l'instruction de son fils ; et quiconque place son fils en *apprentissage* chez autrui le dispense, dans une large mesure, de se plier à ses ordres et à ceux de sa mère, pendant toute cette période. Cependant, la deuxième partie, c'est-à-dire, l'obligation d'*honorer*, n'en reste pas moins intacte envers les deux ; rien ne peut l'abolir. Elle est à ce point inséparable des deux parents que l'autorité du père ne saurait déposséder la mère de ce droit, ni aucun homme dispenser son fils d'honorer la femme qui l'a mis au monde. Il est vrai que nous sommes ici bien loin du pouvoir de faire des lois et d'en imposer l'exécution grâce à des sanctions qui atteignent les biens, la liberté, l'intégrité physique et la vie. Le pouvoir de commander prend fin avec la minorité ; même si, par la suite, le fils reste redevable, envers ses parents, de l'*honneur* et du respect, de l'aide matérielle et de la protection et de tout ce à quoi la gratitude peut obliger un homme, en retour des plus grands bienfaits qu'il soit naturellement susceptible de recevoir, cela ne place aucun sceptre entre les mains paternelles, aucun pouvoir souverain de commander. Le père n'a de domination ni sur les biens de son fils, ni sur ses actes ; il n'a aucun titre à lui imposer en tout sa volonté ; néanmoins, sur bien des points, où ceci ne lui cause pas grand tort, pas plus qu'à sa famille, le fils peut être bien inspiré d'en tenir compte avec déférence.

§ 70. Quelqu'un peut devoir tant d'*honneur* et de respect à un homme ancien ou sage, tant de protection à son enfant ou à son ami, tant de soulagement ou d'aide aux malheureux et de gratitude à un bienfaiteur, que tout ce qu'il a et tout ce qu'il est capable de faire ne puissent y suffire. Aucune de ces obligations n'investit qui que ce soit de la moindre autorité, ni du moindre droit de légiférer vis-à-vis des personnes qui en sont redevables. Si elles le sont, ce n'est évidemment pas en raison du seul titre du père, non seulement parce que la même dette existe aussi envers la mère, comme on l'a dit, mais parce que ces droits des parents et la gradation de ce qu'on impose aux enfants peuvent varier, selon que les soins et la bonté, les peines et les frais ont été dispensés plus ou moins largement au profit de tel ou tel d'entre eux.

§ 71. On comprend de la sorte de quelle manière les *parents* peuvent conserver un *pouvoir sur leurs enfants* et exiger leur soumission, *dans des sociétés* où ils ont eux-mêmes la qualité de sujets, à l'égal de ceux qui n'ont pas quitté l'état de nature, ce qui serait impossible, si tout pouvoir politique se réduisait à la puissance paternelle et s'il s'agissait d'une seule et même chose ; car en ce cas toute la puissance paternelle appartiendrait au prince et aucun sujet ne pourrait en détenir naturellement. Ces deux *pouvoirs, le politique et le paternel*, sont si parfaitement distincts et séparés, reposent sur des fondations si différentes et tendent à des fins si peu semblables, que tout sujet qui est un père exerce autant de *puissance paternelle* sur ses enfants que le prince sur les siens ; tout prince qui a des parents leur doit autant d'obéissance et de piété filiales que le plus humble de ses sujets en doit aux siens ; il n'entre donc là rien qui se rattache, ni en partie, ni à aucun degré à une domination de même nature que celle qu'un prince, ou un magistrat, exerce sur ses sujets.

§ 72. Bien que l'obligation des parents d'élever leurs enfants et l'obligation des enfants d'honorer leurs parents s'assortissent, d'un côté, de tout le pouvoir, de l'autre de toute la soumission, qui caractérisent cette relation, *le père détient* d'habitude *un autre pouvoir*, qui lui donne une prise sur l'obéissance de ses enfants ; il le partage avec le reste des hommes, mais ce pouvoir passe, dans le monde, pour un aspect de la *juridiction paternelle*, car les pères ont presque constamment l'occasion de l'exercer dans l'intimité de la famille, alors qu'en dehors d'elle, les exemples en sont rares et attirent moins l'attention. Je parle du pouvoir qu'ont généra-lement les hommes de *transmettre leur fortune* à qui bon leur semble. D'ordinaire, dans une proportion que déterminent la loi et la coutume de chaque pays, les biens du père repré-sentent, pour les enfants, des espérances et un héritage, mais il est usuel que le père ait la faculté de les donner d'une main plus parcimonieuse ou plus étendue, selon que le comportement de tel ou tel enfant s'est accommodé avec sa volonté ou avec son humeur.

§ 73. Ce n'est pas une prise négligeable sur l'obéissance des enfants ; et comme la jouissance de la terre s'accompagne toujours de la dépendance vis-à-vis du gouvernement du pays dont celle-ci fait partie, on admet communément que le *père* peut *obliger ses descendants envers le gouvernement* dont il est lui-même sujet et que son contrat les oblige ; alors qu'il s'agit seulement d'une condition nécessaire, attachée à la terre et à l'héritage d'un patrimoine soumis à ce gouvernement ; elle intéresse seulement les personnes qui acceptent de prendre la terre à cette condition ; elle ne constitue donc pas un lien, ni un engagement naturel, mais un acte de soumission volontaire. La nature donne aux *enfants de tout homme* la même *liberté* qu'à lui-même, ou à l'un quelconque de ses ancêtres et, tant qu'ils restent dans cet état, ils peuvent choisir la société à laquelle ils se joindront, la république à laquelle ils se soumettront. Cependant, s'ils veulent jouir de l'*héritage* de leurs ancêtres, ils doivent le prendre aux mêmes clauses et termes qu'eux et satisfaire à toutes les conditions annexées à une telle possession. Voilà le pouvoir dont les pères se servent pour contraindre les enfants à leur obéir, même une fois devenus majeurs et, comme ceci se fait couramment, pour faire d'eux les sujets de tel ou tel pouvoir politique. Or ils n'invoquent là aucun droit particulier de *paternité* : ils arrivent à leurs fins en jouant de la récompense qu'ils tiennent en mains, de manière à imposer cette soumission et à la primer ; et ce pouvoir ne dépasse pas celui qu'un *Français* exerce sur un *Anglais*, quand les espérances d'une fortune qu'il s'apprête à laisser à celui-ci lui donnent de fortes assurances qu'il sera obéi ; il est certain, que, si celui-ci veut jouir de l'héritage quand il le reçoit, il faut l'accepter aux conditions qui régissent la *possession de la terre* dont il s'agit dans le pays où elle est sise, que ce soit la *France* ou *l'Angleterre*.

§ 74. En conclusion, donc, même si le *pouvoir* de commandement du *père* ne se prolonge pas au delà de la minorité de ses enfants et se limite à ce que nécessitent la discipline et le gouvernement de cet âge, même si l'*honneur*, le respect et tout ce que les *latins* appelaient *piété* sont dus de façon indispensable aux parents toute la vie, dans tous les états, avec toute l'aide et la protection requises, le père n'en tire aucun pouvoir de gouverner, c'est-à-dire d'imposer à ses enfants des lois et des sanctions ; pourtant, bien qu'il n'acquière ainsi l'exercice d'aucune maîtrise sur les biens, ni sur l'activité de son fils, il suffit de se reporter, en esprit, aux

premiers âges du monde, ou même, de notre temps, aux
contrées où la population est clairsemée, ce qui permet
aux familles de s'installer séparément sur des fonds sans
maître, d'en déménager et d'aller habiter d'autres empla-
cements encore inoccupés, pour concevoir à quel point il est
facile de passer du rôle de *père* à celui de prince *de la maison*[1] ;
le père y détient l'autorité depuis le début de la minorité de ses
enfants ; quand ceux-ci sont grands, comme ils peuvent
difficilement vivre ensemble sans quelque gouvernement, il
n'est pas surprenant, qu'en vertu d'un consentement exprès ou
tacite, ils en chargent le père, qui ne semble alors que rester en
fonctions, sans aucun changement. Il suffit de laisser le *père*
exercer seul, dans le cadre familial, le pouvoir exécutif du droit
naturel, que tout homme libre possède naturellement et, ce
faisant, de lui abandonner un pouvoir monarchique sur sa
famille, pour tout le temps que les enfants y restent. Néanmoins, le père ne doit ce pouvoir qu'au consentement de ses
enfants et non pas à un quelconque droit paternel, comme le

---

1. « Le grand Philosophe n'exprimait nullement une opinion improbable
en affirmant que, dans chaque famille, le personnage principal a toujours été
une sorte de roi ; ainsi, quand un certain nombre de familles se sont jointes
ensemble dans des sociétés civiles, les rois y ont été les premiers magistrats ;
cela semble expliquer également pourquoi le nom du père a subsisté chez ceux
qui, de pères, se trouvaient promus gouvernants ; et même l'ancienne coutume
des chefs de faire comme Melchisédec, s'est peut-être développée au début par
la même occasion : c'est-à-dire, une fois rois, d'exercer des fonctions
sacerdotales comme auparavant les pères. Pourtant, ce n'est pas là le seul
régime qui ait eu cours dans le monde. Ses inconvénients ont incité à en imaginer divers autres, si bien qu'en un mot, il semble évident que tout régime
public, à quelque catégorie qu'il appartienne, s'est constitué à partir d'avis,
d'accords délibérés entre des hommes qui y trouvaient leur convenance et leur
commodité, car rien dans la nature prise en elle-même n'interdit à l'homme de
vivre sans aucun régime public », Hooker (*Eccl. Pol.*, lib. i, s. 10).

montre à l'évidence un fait indubitable : si le hasard ou les affaires amenaient un étranger dans la famille et s'il y tuait un des enfants ou y commettait quelque autre méfait, le père pouvait le condamner et le mettre à mort, ou lui infliger un autre châtiment, comme à n'importe lequel de ses enfants ; or, il ne pouvait pas traiter de la sorte quelqu'un qui n'était pas son enfant en vertu d'une quelconque autorité paternelle, mais seulement en vertu du pouvoir exécutif de la loi de la nature, auquel il avait droit en tant qu'homme ; et lui seul pouvait punir l'étranger, dans cette famille, où les enfants s'étaient démis de l'exercice du même pouvoir, par respect et pour s'effacer derrière leur père, en la personne duquel ils acceptaient de laisser se perpétuer une dignité et une autorité éminentes vis-à-vis du reste de la famille.

§ 75. Il était donc facile et presque naturel pour les enfants, par un consentement tacite et presque inévitable, de frayer la voie à *l'autorité du père et à son gouvernement*. Pendant leur enfance, ils s'étaient accoutumés à suivre sa direction et à lui soumettre leurs petits différends ; une fois devenus des hommes, où pouvaient-ils trouver un meilleur chef ? Leurs propriétés exiguës et leur cupidité encore plus limitée susci-taient rarement des querelles sur une plus grande échelle ; s'il s'en élevait, pouvaient-ils choisir un arbitre plus qualifié que l'homme dont la sollicitude avait assuré, dans le passé, leur entretien et leur éducation et qui ressentait de la tendresse pour eux tous ? On ne s'étonne nullement qu'ils n'aient pas dis-tingué la majorité de la minorité, ni guetté leurs vingt et un ans, ou aucun autre âge, qui les eût rendus libres de disposer d'eux-mêmes et de leurs fortunes, car ils ne pouvaient pas souhaiter sortir de tutelle. Le gouvernement auquel ils restaient soumis, tant qu'elle durait, continuait à les protéger plus qu'à les contraindre ; la paix, les libertés et les biens dont ils jouissaient, ils ne pouvaient nulle part les mettre plus en sûreté qu'à l'abri de l'*autorité paternelle*.

§ 76. Ainsi, par une transformation insensible, les *pères naturels* des *familles* en sont devenus aussi les *monarques politiques* ; et, s'ils ont eu la chance de vivre âgés et de laisser des héritiers capables et dignes pendant plusieurs générations, ils ont pu établir les fondations de royaumes héréditaires ou électifs, régis par diverses constitutions ou de diverses manières et façonnés au gré du hasard, de l'artifice, ou de l'occasion. Pourtant, si les princes tiennent leurs titres du droit de la paternité, si le fait que les *pères* avaient généralement en mains le gouvernement suffit à prouver qu'ils sont *investis* naturellement de l'autorité politique, si cet argument est valable, il prouve, avec non moins de force que tous les princes et même, que les princes seuls doivent être prêtres, car à l'origine, *Le père de famille était prêtre autant que magistrat dans sa maison.*

CHAPITRE VII. DE LA SOCIÉTÉ POLITIQUE OU CIVILE

§ 77. Dieu, ayant fait de l'homme une créature insusceptible, selon son jugement, de rester seule sans dommage, l'a soumis à de fortes obligations de nécessité, de commodité et d'inclination, pour le pousser à entrer en *société*, tout comme il l'a pourvu de l'entendement et du langage pour s'y maintenir et en jouir. La *première société* a existé entre mari et femme et elle a servi de point de départ à celle des parents et des enfants, à laquelle, avec le temps, celle du maître et du serviteur est venue s'ajouter. Même si toutes ces sociétés peuvent se réunir, ce qu'elles font d'ordinaire, pour constituer une seule maisonnée, dont le maître ou la maîtresse détient quelque autorité qui convient à une famille, ni prises individuellement, ni toutes ensemble, elles n'équivalent à une *société politique*, comme nous le verrons en examinant les diverses fins, attaches et limites de chacune.

§ 78. La *société conjugale* résulte d'un pacte volontaire entre l'homme et la femme ; bien qu'elle consiste essentiellement en une communion des corps, fondée sur un droit réciproque, comme l'exige sa fin principale, la procréation, cette société s'accompagne d'une aide et d'une assistance mutuelles et, de plus, d'une communion d'intérêts, car il le faut, non seulement pour unir les sollicitudes et les affections, mais pour la descendance commune, qui a le droit d'être nourrie et entretenue de cette manière jusqu'à ce qu'elle soit capable de subvenir à ses besoins.

§ 79. Comme *l'union de l'homme et de la femme* a pour fin, non seulement la procréation, mais la perpétuation de l'espèce, elle doit continuer, même après la procréation, aussi longtemps qu'il faut pour nourrir et entretenir les jeunes, dont la charge incombe à qui les a engendrés, jusqu'à ce qu'ils soient capables de se tirer d'affaire et de pourvoir à leurs besoins. Cette règle, que le Créateur infiniment sage a imposée à l'œuvre de ses mains, nous voyons les créatures inférieures lui obéir sans défaillance. Chez ceux des animaux vivipares, qui se nourrissent d'herbe, l'*union du mâle et de la femelle* ne dure pas plus longtemps que l'acte même de la copulation, car la mamelle de la mère suffit à nourrir les petits jusqu'à ce qu'ils soient capables de paître ; le mâle ne fait qu'engendrer, mais ne s'occupe ni de la femelle, ni des petits, à l'entretien desquels il n'a rien à apporter. Chez les bêtes de proie, l'*union* dure plus longtemps, car la mère ne saurait assurer sa propre subsistance et nourrir sa nombreuse progéniture de manière satisfaisante grâce au seul produit de sa chasse, mode de vie plus laborieux et aussi plus dangereux que de se nourrir d'herbe ; l'aide du mâle est nécessaire à leur famille à tous deux ; elle ne pourrait pas survivre sans les soins conjugués du mâle et de la femelle, jusqu'à ce qu'elle soit capable de chasser pour son compte. On observe la même chose chez tous les oiseaux (sauf quelques espèces domestiques, pour qui l'abondance de vivres dispense le mâle de nourrir la jeune couvée et de la prendre en charge) ; chez eux, les petits ont besoin de nourriture dans le nid et, jusqu'à ce qu'ils soient capables de se servir de leurs ailes pour assurer eux-mêmes leur subsistance, le mâle et la femelle continuent à vivre ensemble.

§ 80. Ici réside la raison principale, sinon unique, *pour laquelle une union plus durable attache l'un à l'autre le mâle et la femelle parmi les hommes* que dans le reste de la création : la femelle est capable de concevoir et, en fait, elle attend en général encore un enfant et accouche une nouvelle fois bien avant que l'enfant précédent n'ait cessé de dépendre de l'aide de ses parents pour survivre et ne puisse se tirer d'affaire tout seul ; de la sorte, le père, qui est tenu de prendre soin de ceux qu'il a engendrés, se trouve soumis à l'obligation de rester associé conjugalement à la même femme plus longtemps que les autres créatures ; car celles-ci ont des petits, qui sont capables de subsister par eux-mêmes avant le retour du temps de la procréation et elles retrouvent donc leur entière liberté lors de la dissolution spontanée du lien conjugal, jusqu'à ce que l'*Hymen*, à sa saison anniversaire habituelle, les convoque une fois encore pour choisir de nouveaux partenaires. En cela on ne peut qu'admirer la sagesse du grand Créateur : ayant doté l'homme de la prévoyance et de l'aptitude à thésauriser pour l'avenir tout en faisant face aux nécessités du présent, il a imposé à *la société du mari et de la femme un caractère plus durable* qu'à celle du mâle et de la femelle chez les autres créatures ; ainsi encourage-t-il les premiers à faire preuve d'industrie et à mieux unir leurs intérêts, de manière à amasser des provisions et des marchandises pour leur descendance commune, tâche que troublent fortement des associations incertaines, ou la facilité et la fréquence de la dissolution de la société conjugale.

§ 81. Bien que ce soient là, pour l'*humanité*, des entraves, qui rendent le *lien conjugal* plus solide et plus durable chez l'homme que chez les autres espèces animales, on pourrait se demander ce qui empêche de rendre ce *contrat*, qui garantit la procréation et l'éducation et règle la question de l'héritage, susceptible de résolution par consentement mutuel, ou à une échéance déterminée, ou sous certaines conditions, comme n'importe quelle autre convention volontaire, car ni la nature de la chose, ni sa finalité n'exigent qu'elle dure toujours toute la vie ; je parle ici de ceux que ne vient contraindre aucune loi positive, qui leur commande de conclure à perpétuité tous les contrats de ce genre.

§ 82. Mari et femme, dotés d'entendements différents malgré leur communauté d'intérêts, ne peuvent éviter, parfois, d'avoir aussi des volontés différentes ; on doit donc placer quelque part le pouvoir de décision finale, c'est-à-dire le commandement, et il échoit naturellement à l'homme, qui est le plus capable et le plus fort. Pourtant, cela ne joue que pour les questions relatives aux intérêts et aux biens communs ; la femme garde la possession libre et entière de tout ce qui lui revient spécialement par contrat et le mari n'acquiert pas plus de pouvoir sur sa vie à elle, qu'elle n'en possède sur la sienne à lui. Tant s'en faut, que le *pouvoir du mari* égale celui d'un monarque absolu, que la *femme* est libre de *se séparer de lui* dans bien des cas, si le droit naturel ou le contrat des époux l'autorise, qu'ils aient conclu ce contrat eux-mêmes dans l'état de nature, ou selon les coutumes et les lois du pays où ils vivent; quand se produit une telle séparation, les enfants échoient au lot du père ou de la mère, comme il est prévu au contrat.

§ 83. Toutes les fins du *mariage* doivent rester réalisables sous un gouvernement politique aussi bien que dans l'état de nature ; le magistrat civil ne porte atteinte à aucun droit, ni à aucun pouvoir des époux, qui soient naturellement nécessaires à de telles fins : c'est-à-dire la procréation, ainsi que l'aide et l'assistance mutuelles pendant la vie commune ; le magistrat se contente de statuer sur tout différend susceptible de s'élever à leur sujet entre mari et femme. Sinon, si cette puissance de vie et de mort et cette *souveraineté* absolues appartenaient au mari naturellement, si elles étaient *nécessaires dans la société de l'homme et de sa femme*, il ne pourrait jamais exister de mariage dans aucun des pays où le mari n'est pas investi d'une autorité absolue de ce genre. Pourtant, les fins du mariage n'exigent nullement l'attribution d'un tel pouvoir au mari et l'état caractéristique de la *société conjugale* ne le lui confère pas car cet état n'en a pas du tout besoin. La société conjugale pourrait, sans lui, subsister et atteindre ses fins ; même la communauté des biens, le pouvoir exercé sur ceux-ci, l'assistance réciproque, l'obligation d'entretien mutuel et les autres aspects de la *société conjugale* peuvent faire l'objet, dans le contrat qui unit et associe l'homme et la femme, de modifications et de réglementations, pour le cas où l'exigeraient la procréation des enfants et le soin de les éduquer jusqu'à ce qu'ils puissent se tirer d'affaire ; car, dans toute société, ceci seul est nécessaire qu'exigent les fins en vues desquelles elle est constituée.

§ 84. La *société des parents et des enfants*, ainsi que les droits et les pouvoirs distincts qui appartiennent aux uns et aux autres, j'en ai traité si longuement au chapitre précédent, que je n'aurai pas besoin d'en parler ici. Il me semble évident que la différence avec la société politique est fort grande.

§ 85. Les noms de *maître* et de *serviteur* sont aussi anciens que l'histoire, mais on les a donnés à des individus de conditions très dissemblables ; car un homme libre se fait le serviteur d'un autre en lui vendant, pour un temps déterminé, les services qu'il s'engage à fournir à celui-ci en échange d'un salaire qu'il doit recevoir ; en général, il entre ainsi dans la famille de son maître et tombe sous le joug de la discipline ordinaire qui y règne, mais le maître n'acquiert sur sa personne qu'un pouvoir temporaire et qui se limite à ce que prévoit le *contrat* passé par les intéressés. Cependant il existe une autre catégorie de serviteurs, auxquels nous donnons le nom particulier d'*esclaves* ; comme ce sont des captifs, pris dans une juste guerre, le droit de la nature les soumet à la domination absolue de leurs maîtres et à leur pouvoir arbitraire. Comme je l'ai dit, ces hommes sont déchus du droit de vivre, donc d'être libres et ils ont perdu leurs biens ; ils sont réduits à la *condition de l'esclavage* et incapables de toute propriété ; dans cet état, on ne peut les considérer comme participant d'une manière quelconque à la *société civile*, qui a pour fin principale la préservation de la propriété.

§ 86. Considérons donc un *maître de famille*, avec toutes ces relations subordonnées, celles de la *femme*, des *enfants*, des *serviteurs* et des *esclaves*, unis sous le pouvoir domestique d'une famille : malgré toute la ressemblance que celle-ci peut présenter avec une petite république, par l'ordre qui y règne, les emplois et, même, le nombre des intéressés, elle en reste très différente par sa constitution, ainsi que par son pouvoir et sa fin ; ou, s'il faut y voir un royaume, dont le *paterfamilias* serait le roi tout-puissant, cette monarchie absolue n'exercera qu'un pouvoir branlant et éphémère, car, comme on l'a vu plus haut, le *maître de famille* exerce sur les divers membres de celle-ci un pouvoir parfaitement distinct et que son ampleur ou sa durée circonscrivent très différemment ; si l'on excepte l'esclave et, d'ailleurs, qu'il y ait ou non des esclaves, cela ne change rien à la nature de la famille et à l'étendue de l'autorité *paternelle*, il n'exerce sur aucun d'eux le pouvoir législatif de vie et de mort, ni aucun pouvoir qui ne convienne aussi bien à la *maîtresse de famille*. Assurément, nul ne saurait être le maître absolu de la *famille entière*, s'il n'exerce qu'un pouvoir très limité sur chacun de ses membres. Pour voir où réside la différence entre la *famille*, ou tout autre groupe humain, et ce qui constitue proprement la *société politique*, il faut examiner surtout en quoi consiste la *société politique* elle-même.

§ 87. L'homme est né, comme on l'a prouvé, muni d'un titre à la liberté parfaite et en pleine jouissance de tous les droits et privilèges de la loi de la nature, à l'égal de n'importe qui d'autre sur terre, individu ou groupe ; il tient donc de la nature non seulement le pouvoir de préserver ce qui lui appartient, c'est-à-dire, sa vie, sa liberté, ses biens, des déprédations et des entreprises des autres hommes, mais aussi celui de juger les autres et de les punir quand ils enfreignent la même loi, comme il estime que l'infraction le mérite et même en infligeant la peine de mort si l'acte constitutif du crime lui paraît assez odieux pour l'exiger. D'autre part, aucune *société politique* ne peut exister, ni subsister, sans détenir le pouvoir d'assurer la conservation de la propriété, donc celui de punir, à cet effet, les infractions commises par quiconque est l'un de ses membres ; il n'y a donc de *société politique* que là, et là seulement où chacun des individus qui en font partie s'est défait de ce pouvoir naturel et l'a remis à la communauté, pour que celle-ci l'exerce chaque fois qu'aucune circonstance particulière n'exclut le recours à la protection de la loi qu'elle a établie. Aucun membre, pris individuellement, ne peut plus prononcer de jugement pour son propre compte et la communauté accède au rôle d'arbitre ; elle se soumet à des règles permanentes, impartiales et les mêmes pour toutes les parties et à des hommes qu'elle habilite à les faire respecter ; ainsi tranche-t-elle tous les différends qui peuvent s'élever entre ses membres sur tout point de droit et elle punit des peines prévues par les lois qu'elle a établies les infractions commises par les membres contre le corps social ; on distingue donc facilement ceux qui vivent en *société politique* d'avec les autres. Ceux qui sont réunis de manière à former un seul corps, avec un système juridique et judiciaire commun, auquel ils peuvent recourir et qui a compétence pour trancher les différends qui s'élèvent entre eux et punir les délinquants, ceux-là *vivent* ensemble dans une *société civile* ; ceux qui n'ont en commun aucun droit de recours, du moins sur terre, restent dans *l'état de nature*, où chacun se sert à lui-même de juge et de bourreau, car il n'y en a pas d'autre ; c'est là, comme je l'ai déjà montré, l'état de nature sous sa forme parfaite.

EMMANUEL KANT

MÉTAPHYSIQUE DES MŒURS, DOCTRINE DU DROIT

POSSÉDER LE CONJOINT, LES ENFANTS, LES DOMESTIQUES
COMME ON POSSÈDE DES CHOSES, ET EN USER
COMME DE PERSONNES ? *

CHAPITRE TROISIÈME. Du droit personnel selon une modalité réelle

§ 22- Ce droit est celui de la possession d'un objet extérieur *comme étant une chose* et d'en faire usage *comme d'une personne*. Selon ce droit le mien et le tien sont ce qui est *domestique* et en cet état le rapport est un rapport de communauté entre des êtres libres, qui par l'influence réciproque (d'une personne sur une autre) d'après le principe de la liberté externe (*causalité*) forment une société des membres d'un tout (des personnes vivant en *communauté*) qu'on nomme *famille*. – Le mode d'acquisition de cet état et en cet état n'a lieu ni par un fait arbitraire (*facto*), ni par un simple contrat (*pacto*), mais

* E. Kant, *Métaphysique des mœurs, Doctrine du droit*, trad. A. Philonenko, Paris, Vrin, 1979, p. 155-163.

grâce à une loi (*lege*), qui n'étant point un simple droit envers une personne, mais aussi en même temps une possession de celle-ci, doit être un droit dépassant tout droit réel et personnel, je veux dire le droit de l'humanité en notre propre personne, lequel a comme conséquence une loi permissive à la faveur de laquelle une telle acquisition nous est possible.

§ 23- Suivant l'objet l'acquisition d'après cette loi est de trois sortes : *l'homme* acquiert une *femme*, le *couple* acquiert des *enfants*, et la *famille* des *domestiques*. – Tout ce qui est acquis ici est en même temps inaliénable et le droit du possesseur de l'objet est le *plus personnel des droits*.

Du droit domestique : 1) Le droit conjugal

§ 24- La *communauté sexuelle* (*commercium sexuale*) est l'usage réciproque qu'un homme peut faire des organes et des facultés sexuels d'une autre personne (*usus membrorum et facultatum sexualium alterius*) et cet usage ou bien est *naturel* (c'est celui par lequel on peut procréer son semblable) ou bien est *contraire à la nature*, et ce dernier peut avoir lieu, soit avec une personne du même sexe soit avec un animal d'une autre espèce ; ces transgressions des lois, ces vices contraires à la nature (*crimina carnis contra naturam*), que l'on dit aussi innommables, sont des injures envers l'humanité en notre personne qu'aucune restriction ou exception ne saurait sauver d'une réprobation totale.

Quant au commerce naturel des sexes il a lieu ou bien suivant la simple *nature* animale (*vaga libido, venus vulgivaga, fornicatio*), ou bien suivant la *loi*. – Dans le dernier cas il s'agit du mariage (*matrimonium*), c'est-à-dire de la liaison de deux personnes de sexe différent, qui veulent, pour toute leur vie, la possession réciproque de leurs facultés sexuelles. – Que la fin, mettre au monde des enfants et les élever, soit une fin de la nature, en vue de laquelle elle a implanté en chaque sexe un penchant pour l'autre, cela se peut ; mais l'homme qui se marie n'est pas obligé pour que son union soit légitime de se proposer cette fin ; sinon, dès lors que cesserait la procréation, le mariage se dissoudrait en même temps lui-même.

Dans la supposition même où le plaisir par l'usage réciproque des facultés sexuelles en serait l'unique fin, le contrat de mariage ne serait pas chose arbitraire, mais tout au contraire un contrat nécessaire selon la loi de l'humanité ; c'est-à-dire que si l'homme et la femme veulent jouir l'un de l'autre réciproquement en fonction de leurs facultés sexu-elles, ils *doivent* nécessairement se marier et ceci est nécessaire d'après les lois juridiques de la raison pure.

§ 25- En effet l'usage naturel qu'un sexe fait des organes sexuels de l'autre est une *jouissance*, pour laquelle chaque partie se livre à l'autre. En cet acte l'homme fait de lui-même une chose, ce qui contredit au droit de l'humanité en sa propre personne. Cela n'est donc possible qu'à *une* condition : à savoir que tandis qu'une personne est acquise par l'autre *comme une chose*, la première acquière aussi l'autre à son tour récipro-quement ; en effet elle se reconquiert ainsi elle-même et rétablit sa personnalité. Mais l'acquisition d'un membre en l'homme est en même temps acquisition de la personne tout entière, car celle-ci est une unité absolue ; il s'ensuit que l'offre et l'acceptation d'un sexe pour la jouissance d'un autre ne sont pas seulement admissibles sous la condition du mariage, mais qu'elles ne sont possibles que sous cette *unique* condition. Que ce droit personnel se présente cependant en même temps *selon un mode réel*, c'est là ce qui se fonde sur ce que, si l'un des époux s'est échappé ou s'est mis en la possession d'une autre personne, l'autre époux a toujours et incontestablement la faculté de le ramener en sa puissance comme si c'était une chose.

§ 26- Pour les mêmes raisons le rapport des époux est un rapport *d'égalité* de possession, tant des personnes qui se possèdent réciproquement (ce qui ne peut avoir de sens qu'en la *monogamie*, car dans la polygamie la personne qui se donne ne conquiert qu'une partie de celle à laquelle elle se livre tout entière, faisant ainsi d'elle-même une simple chose) que des biens, quoiqu'ils aient le droit de renoncer à l'usage d'une partie de ces biens, encore que cela ne se puisse faire que par un contrat particulier.

Remarque : Il suit du principe précédent que le concubinage n'est susceptible d'aucun contrat valable en droit, pas plus que l'engagement d'une personne pour une jouissance passagère (*pactum fornicationis*). Car en ce qui touche ce dernier contrat, on conviendra que la personne qui l'a conclu, ne peut juridiquement être tenue de remplir sa promesse si elle s'en repent, et ainsi disparaît aussi le premier cas, je veux dire celui du concubinage (en tant que *pactum turpe*), car il s'agirait d'un contrat d'engagement (*locatio-conductio*) et même d'un contrat par lequel une personne userait d'une partie d'une autre et qui par suite de l'unité absolue des membres en une personne, serait tel que cette dernière se livrerait tout entière comme une chose à l'arbitre d'autrui ; c'est pourquoi chaque partie peut rompre le contrat passé avec l'autre, dès qu'il lui plaît, sans que cette dernière personne soit fondée à se plaindre d'être lésée en son droit. – Il en va de même des mariages de la main gauche dont le but est d'user de l'inégalité de condition des deux parties au profit d'une plus grande domination de l'une sur l'autre ; car dans le fait ceci n'est point, selon le droit naturel, distinct du concubinage et il ne s'agit pas d'un vrai mariage. – On posera sans doute la question de savoir si contradiction il y a en ce qui concerne l'égalité des époux, lorsque la loi dit à propos du rapport de l'homme et de la femme : il sera ton maître (il commandera, tandis que tu seras la partie obéissante) ? Cette loi ne saurait être considérée comme contredisant l'égalité du couple, dès lors que cette domination a pour unique but de faire valoir dans la réalisation de l'intérêt commun de la famille la naturelle supériorité de l'homme sur la femme, et le droit à commander qui y trouve son fondement, droit qui d'ailleurs peut être dérivé du devoir de l'unité et de l'égalité au point de vue de la *fin*.

§ 27- Le contrat de mariage n'est *accompli* que par la *cohabitation conjugale* (*copula carnalis*). Un contrat entre deux personnes de sexe différent, convenant secrètement de s'abstenir de toute communauté corporelle, ou avec la conscience que l'une d'elles ou les deux parties sont en ceci impuissantes, est un *contrat simulé* et ne crée aucun mariage ; il peut donc aussi être dissous au gré de l'une des deux personnes. Mais si l'impuissance ne se révèle qu'après le contrat, le droit du mariage ne peut souffrir de cet accident dû à un hasard innocent.

L'acquisition d'une épouse ou d'un époux n'a donc pas lieu *facto* (par la cohabitation) sans contrat préalable, ni *pacto* (par un simple contrat de mariage sans la cohabitation qui doit suivre), mais seulement *lege*, c'est-à-dire comme conséquence juridique de l'obligation où nous sommes de ne point nous engager dans une liaison sexuelle autrement que par la *possession* réciproque des personnes, laquelle ne peut devenir effective que par l'usage également réciproque de leurs facultés sexuelles déterminées.

Du droit domestique : 2) Le droit des parents

§ 28- Tout de même que du devoir de l'homme envers lui-même, c'est-à-dire envers l'humanité en sa propre personne naissait un droit (*ius personale*) des deux sexes de s'acquérir réciproquement en tant que personnes de par le mariage *d'une manière réelle*, de même naît de la procréation en cette communauté un devoir et de conserver et de prendre soin de ses *fruits* ; c'est-à-dire que les enfants comme personnes ont un droit ici en même temps originaire et inné (non hérité) à leur protection par les parents, jusqu'à ce qu'ils soient en mesure de se conserver eux-mêmes ; et ce droit leur revient immédiatement par la loi (*lege*), c'est-à-dire sans qu'un acte juridique particulier soit nécessaire.

En effet comme le produit est une *personne* et qu'il est impossible de comprendre la production d'un être doué de liberté par une opération physique[1] : c'est au *point de vue*

---

1. On ne peut pas même comprendre comment il est possible que *Dieu crée* des êtres libres ; en effet, il semble que toutes leurs actions futures devraient être prédéterminées par ce premier acte et comprises en la chaîne de la nécessité naturelle, et par conséquent elles ne seraient pas libres. Mais que ces créatures (les hommes) soient cependant libres, c'est ce que prouve d'un point de vue moralement pratique l'impératif catégorique, comme par une décision sans appel de la raison, bien qu'elle ne puisse nous faire cependant comprendre théoriquement la possibilité de ce rapport de la cause à l'effet puisque tous deux sont supra-sensibles. – Tout ce que l'on peut en ceci exiger de la raison, ce serait simplement qu'elle prouve que dans le concept d'une *création d'êtres libres* il n'y a point de contradiction ; et c'est ce qui peut très bien se faire en montrant que la contradiction ne surgit que si on introduit avec la catégorie de causalité en même temps la *condition de temps*, qui dans le rapport aux objets des sens est inévitable (je veux dire que la raison d'un effet le précède), *aussi* dans le rapport des êtres supra-sensibles les uns aux autres (ce qui se devrait faire effective-ment si le concept de causalité devait d'un point de vue théorique acquérir une réalité objective) ; mais qu'en revanche la contradiction s'évanouit, si dans une

pratique une Idée tout à fait juste et même nécessaire que de regarder l'acte de la procréation comme un acte par lequel nous avons mis au monde une personne sans son consentement, l'y poussant d'une manière tout arbitraire ; en conséquence de ce fait une obligation s'attache aux parents, celle, dans la mesure de leurs forces, de rendre <les enfants> satisfaits de l'état qui est le leur. – Ils ne peuvent point détruire leur enfant comme s'il était pour ainsi dire l'*ouvrage de leurs mains* (car un tel ouvrage ne peut point être un être libre) ou comme leur propriété, ni même l'abandonner au hasard, car ils n'ont pas seulement produit une chose en cet état, mais aussi un citoyen du monde, et d'après des concepts de droit cet état qui est le sien ne saurait leur être indifférent.

§ 29- De ce devoir résulte aussi nécessairement le droit des parents de *prendre en main* et de former l'enfant, aussi longtemps qu'il n'est pas lui-même capable d'un usage personnel de son corps, ainsi que de son entendement, outre celui de l'éduquer à se nourrir et à prendre soin de lui-même et de le former, aussi bien d'un *point de vue pragmatique*, afin qu'il puisse à l'avenir se conserver lui-même et gagner sa vie, que d'un *point de vue moral*, car autrement la faute de l'avoir négligé retomberait sur les parents – donc tout le droit de le former jusqu'au temps de l'émancipation (*emancipatio*), en

perspective moralement pratique, qui n'est donc pas sensible, la catégorie pure est mise à l'usage (sans un schème qui lui soit soumis) dans le concept de création.

Le jurisconsulte philosophe ne verra pas dans cette recherche qui remonte jusqu'aux premiers éléments de la philosophie transcendantale, dans une métaphysique des mœurs, une inutile subtilité, qui se perd dans une obscurité sans but, s'il réfléchit à la difficulté du problème qui doit être résolu comme à la nécessité de donner satisfaction en ceci aux principes du droit.

lequel ils doivent renoncer au droit paternel de commander comme à toute prétention à être dédommagés pour les soins et les peines qu'ils ont eus jusque-là, et ils ne doivent considérer à cet égard et après l'éducation achevée l'obligation que leur doit l'enfant (l'obligation envers les parents) que comme un simple devoir de vertu, c'est-à-dire un devoir de reconnaissance.

Il suit encore de la personnalité des enfants qu'ils ne peuvent jamais être considérés comme la propriété des parents, bien qu'ils appartiennent au mien et au tien de ceux-ci (puisqu'ils sont comme des choses en la *possession* des parents et peuvent, contre leur volonté, être ramenés de la possession de tout autre en celle de leurs parents) et que le droit des parents n'est pas un droit simplement réel, qu'il n'est point aliénable (*ius personalissimum*), mais qu'il n'est pas non plus un droit simplement personnel; c'est un droit personnel d'*espèce réelle*.

Il est donc évident qu'en la doctrine du droit le titre d'*un droit personnel d'espèce réelle* doit nécessairement s'ajouter aux titres de droit réel et de droit personnel, et que la division jusqu'ici admise n'est pas complète, puisque lorsqu'il s'agit du droit des parents sur les enfants comme partie de leur maison, les premiers ne se bornent pas à faire appel au devoir des enfants, quand ils se sont évadés, de revenir, mais qu'ils sont autorisés à mettre la main sur eux en tant que choses (comme s'il s'agissait d'animaux domestiques échappés) et à les tenir enfermés.

Du droit domestique : 3) Le droit du maître de maison

§ 30- Les enfants de la maison, qui avec les parents constituaient une *famille*, deviennent majeurs (*maiorennes*), c'est-à-dire leurs propres maîtres (*sui iuris*), sans qu'il soit besoin d'un contrat qui les libère de leur dépendance passée, par le seul fait qu'ils parviennent à la faculté de se conserver eux-mêmes (ce qui résulte en partie du cours universel de la nature qui leur donne une majorité naturelle, et en partie de leurs dispositions particulières) ; ils acquièrent ce droit sans aucun acte juridique particulier, par conséquent simplement grâce à la loi (*lege*). Ils ne doivent rien aux parents en ce qui touche leur éducation, de même que ceux-ci sont libérés inversement en même façon de leur obligation envers les enfants, si bien que les uns et les autres trouvent ou retrouvent leur naturelle liberté. Quant à la société domestique qui était nécessaire d'après la loi, elle est dès lors dissoute.

Les deux parties peuvent encore effectivement constituer une seule et même entité domestique, mais suivant une autre forme de l'obligation, je veux dire comme la liaison du maître de maison avec la domesticité (les serviteurs et les servantes de la maison). C'est-à-dire qu'ils constituent précisément la même société, mais à présent comme société *domestique* (*societas herilis*) en conséquence, que c'est par un contrat entre le maître de maison et ses enfants devenus adultes ou, si la famille n'a point d'enfants, avec d'autres personnes libres (dans l'association domestique) qu'une société domestique peut être établie, laquelle ne saurait être une société fondée sur l'égalité (de celui qui *commande*, ou d'un maître, et de ceux qui *obéissent*, c'est-à-dire de la domesticité, *imperantis et subjecti domestici*).

Les domestiques dès lors appartiennent au sien du maître de maison, et cela certes, en ce qui concerne la forme (*l'état de possession*), comme de par un droit réel ; c'est que le maître de maison peut, lorsque le domestique s'évade, le remettre en sa puissance par son seul arbitre ; mais en ce qui touche à la matière, c'est-à-dire *l'usage* qu'il peut faire de ses domestiques, il n'a pas le droit de se conduire comme s'il en était le propriétaire (*dominus servi*), car ils ne sont sous sa puissance que par un contrat. Or un contrat par lequel une partie renonçant au profit d'une autre à toute sa liberté, cessant donc d'être une personne, n'aurait plus par conséquent le devoir d'observer un contrat, mais de reconnaître seulement la force, serait un contrat en lui-même contradictoire, c'est-à-dire nul et sans effet. (Il n'est pas question ici du droit de propriété envers un homme, qui par son crime a perdu sa personnalité.)

Le contrat entre le maître de maison donc et le serviteur ne peut pas être d'une telle nature que l'*usage* de celui-ci dégénère *en abus ;* et à ce propos ce n'est pas seulement le maître de maison, mais encore la domesticité qui est juge (cette dernière ne pouvant donc être réduite en servitude) ; il ne peut donc être conclu pour toute la vie, mais seulement pour un temps déterminé, pendant lequel chaque partie peut donner congé à l'autre. Les enfants cependant (même ceux d'une personne devenue esclave par son crime) sont toujours libres. C'est que tout homme est né libre, car il n'a point encore commis de crime et les frais de son éducation jusqu'à sa majorité ne peuvent lui être imputés comme une dette dont il devrait s'acquitter. En effet l'esclave devrait aussi élever ses enfants, s'il le pouvait, sans exiger d'eux pour cela de dédommagement. Le propriétaire de l'esclave hérite donc, étant donné l'impuissance de celui-ci, à sa place de son obligation.

*

Par où l'on voit comme dans les deux titres précédents, qu'il y a un droit personnel d'espèce réelle (celui du maître de maison sur la domesticité) car on peut reprendre les domestiques et les revendiquer comme siens auprès de tout possesseur, avant même que l'on ait examiné les raisons qui les ont conduits à s'évader et leur droit.

ARLIE HOCHSCHILD

THE SECOND SHIFT

LA LIBERTÉ DE DIVORCER OPPRIME LES FEMMES MARIÉES *

Si l'entrée des femmes dans l'économie a accru leur pouvoir, l'instabilité conjugale croissante crée une forme « moderne » d'oppression, anonyme et individualiste. Au XIXe siècle, au temps où elle n'avait pas le droit d'être propriétaire en son nom, de faire des études supérieures, de prétendre à une profession, ni de voter, la femme pouvait se retrouver prisonnière d'un mariage avec un homme autoritaire, et n'avoir plus nulle part où aller. Aujourd'hui, on dirait de cette femme qu'elle est « opprimée ». Mais actuellement, alors qu'une femme peut légalement devenir propriétaire, voter, faire des études, travailler et mettre fin à un mariage oppressif, elle n'en sort en fait que pour rejoindre une forme d'inégalité soi-disant « autonome » et « libre ».

Le divorce défait un arrangement économique qui existait entre les hommes et les femmes. Réduit à sa pure forme écono-

* A. Hochschild, *The Second Shift,* New York, Avon Books, 1990, p. 250-255, trad. inédite de N. Vinsonneau.

mique, le mariage traditionnel est ce que l'économiste Heidi Hartmann appelle un mécanisme de redistribution : d'une certaine façon, les hommes paient les femmes pour élever leurs enfants, et tenir leur maison. À la fin du XIXe siècle, et au début du XXe, les syndicats se battirent pour un meilleur « salaire familial » des travailleurs masculins, et ils l'obtinrent, au motif que les hommes avaient plus besoin d'argent que les femmes pour entretenir leurs épouses et leurs enfants. À l'époque il semblait raisonnable que les hommes aient la priorité en ce qui concerne les métiers les mieux payés, et même qu'ils gagnent plus que les femmes pour le même travail parce que « les femmes n'avaient pas de famille à nourrir ». Dès lors que cet arrangement mettait hommes et femmes dans des positions financières fort inégales, pour la plupart des femmes, le moyen d'obtenir un salaire pour vivre était de se marier. Sur le marché du travail, la relation des hommes aux femmes était comparable à celle des classes aisées vis-à-vis des classes inférieures de la société. Le mariage était le grand compensateur économique.

Mais maintenant que le mariage – ce « mécanisme de redistribution » – est devenu plus fragile, la plupart des hommes divorcés continuent de gagner un « salaire familial », sans plus opérer néanmoins de « redistribution » à l'égard de leurs enfants ou des femmes qui s'en occupent. Les médias soulignent que les femmes, autant que les hommes, ont la liberté de choisir le divorce, et sans aucun doute, ce choix représente une importante avancée. Mais en même temps, plus les hommes et les femmes vivent hors de liens maritaux, plus ils se séparent en classes distinctes. Trois facteurs – la conviction selon laquelle s'occuper des enfants serait une affaire féminine, les manquements des ex-maris à l'entretien de leurs enfants, et la supériorité des salaires masculins – ont arraché à cette moitié des femmes mariées qui divorcent leur assise économique.

Autrefois, nombreux étaient les hommes qui dominaient les femmes au sein du mariage. Désormais, malgré une plus grande acceptation du travail féminin, les hommes dominent les femmes anonymement hors des liens du mariage. Le patriarcalisme n'a pas disparu, il a changé de forme. Dans son ancienne forme, les femmes étaient contraintes d'obéir à un mari autoritaire dans la sphère privée d'un mariage injuste. Dans sa nouvelle forme, la mère célibataire qui travaille est abandonnée économiquement par son ancien mari et ignorée par une société qui reste patriarcale dans son ensemble. Dans l'ancienne forme, les femmes étaient cantonnées à leur maison, mais elles y étaient économiquement soutenues. Dans la nouvelle forme, la femme divorcée accomplit le travail domestique, mais n'est pas payée pour celui-ci.

L'oppression « moderne » des femmes hors mariage a aussi réduit le pouvoir des femmes *au sein* du mariage. Les femmes mariées deviennent plus prudentes, et rejoignent Nina Tanagawa ou Nancy Holt qui se disent lorsqu'elles considèrent leurs amies divorcées : « Travailler un mois de plus par an, ou divorcer ? Va pour le mois de travail en plus ! »

L'afflux des femmes dans le monde du travail salarié et leur pouvoir accru leur font désirer et espérer un traitement égal à la maison. Leur salaire et leur statut professionnel inférieurs, ainsi que la menace du divorce réduisent leurs demandes et leurs attentes effectives.

La « nouvelle » oppression hors du mariage crée donc une menace tacite sur les femmes au sein du mariage. Les femmes mariées se disent : « Je ne veux pas qu'il m'arrive la même chose qu'à elle ». Parmi les parents salariés avec qui je me suis entretenue dans cette étude, les hommes aussi bien que les

femmes manifestaient de la compassion pour la douleur émotionnelle de leurs amis qui divorçaient. Mais les femmes racontaient ces histoires avec un intérêt plus angoissé et avec
plus d'empathie pour le sort de la femme divorcée. Par
exemple, un soir à table, une mère de deux enfants, qui travaillait dans l'informatique eut cet échange avec son mari,
gérant d'un magasin et par ailleurs son ancien patron, tandis
qu'ils me racontaient le divorce d'une amie : « Une de mes
bonnes amies a travaillé comme secrétaire pendant six ans en
attendant que son mari finisse ses études dentaires. Elle
travaillait comme un chien, faisait tout le ménage et ils avaient
également un enfant. Elle ne se souciait pas vraiment de
progresser dans son travail parce qu'elle prévoyait qu'ils
profiteraient ensuite de son travail à lui et qu'elle arrêterait de
travailler dès qu'il s'établirait. Eh bien, il est parti,
il est tombé amoureux d'une autre femme et ils ont divorcé.
Et maintenant elle travaille toujours comme secrétaire et élève
leur petit garçon. Et lui, il a eu deux autres enfants de la
nouvelle femme. »

Commentaire du mari : « C'est vrai, mais elle était difficile
à vivre, et elle buvait. Elle se plaignait beaucoup. Je ne dis
pas que ça n'a pas été dur pour elle mais ce n'est pas toute
l'histoire ». La femme répondit, surprise : « Ouais, mais elle
s'est fait avoir, quand même, tu ne trouves pas ? » Son mari
répondit : « Oh, je ne sais pas. Ils ont chacun leurs raisons. »

Auparavant, au début du siècle, les histoires qui faisaient
frémir étaient celles de femmes « fautant » avant le mariage
et finissant mal car aucun homme ne voulait ensuite d'elles.
Parmi les femmes qui travaillent, et sont mères de jeunes
enfants, notamment parmi les plus traditionnalistes d'entre
elles, la version moderne de la « femme perdue », c'est la divorcée. Bien sûr, toutes les femmes ne craignent pas la pers-

pective du divorce – comme par exemple Anita Judson. Mais les situations de Nancy Holt et de Nina Tanagawa sont également instructives parce que leur peur du divorce les a conduites à cesser de demander plus d'aide dans la « seconde journée de travail »[1]. Quand on donne à la vie l'air d'être si froide à l'extérieur, la femme est tentée de chercher de la chaleur au sein d'un mariage inégal.

Tout compte fait, donc, deux forces agissent : de nouvelles possibilités et de nouveaux besoins économiques, qui attirent les femmes vers le travail rémunéré, et font pression sur les hommes pour partager le poids de la « seconde journée de travail ». Ces forces rendent attractive une idéologie de genre égalitaire et des stratégies de renégociation de la division du travail domestique. Mais d'autres forces – l'écart salarial entre hommes et femmes, et l'effet sur les femmes du taux croissant de divorces – travaillent dans la direction opposée. Ces forces rendent attractive une idéologie de genre traditionnelle, ainsi qu'une stratégie qui conduit les femmes à

---

1. Je choisis cette périphrase française pour l'intraduisible « second shift » qui constitue le titre de l'ouvrage d'Arlie Hochschild : « l'équipe du soir » – dans une référence aux trois huit en usine –, « la relève », dans une métaphore plus militaire ou policière, auraient pu traduire également « second shift », qui désigne en anglais à la fois l'équipe qui vient remplacer la précédente (comme dans un système de roulement des équipes en usine), mais aussi la tâche que cette seconde équipe a à accomplir. Chaque fois qu'Arlie Hochschild utilise l'expression à propos du travail domestique, elle sous-entend une double question : *Quelles sont les tâches domestiques* dans ces ménages dont les deux membres travaillent ? *Qui* les accomplit ? Nous sommes obligés en français de ne garder que l'un des deux sens et si l'expression de « seconde journée de travail » perd la métaphore, elle présente l'avantage dans le cadre d'un simple extrait de se rapprocher du sens visé par l'auteur, ainsi que de rejoindre un certain usage français popularisé ces dernières années. (N.d.É.)

jouer les supermamans et les hommes à résister au partage des tâches ménagères. [...]

Les tendances que j'ai décrites viennent interrompre cette révolution, et encouragent les époux à ne pas partager la « seconde journée de travail » avec leurs femmes actives. Une fois toutes ces forces mises en mouvement, un ultime facteur encourage les hommes à en faire moins : le manque de « soutien logistique » pour les femmes qui ont un travail rémunéré.

Cela installe un cycle qui fonctionne de la façon suivante : comme les hommes mettent plus de leur identité « masculine » dans le travail, leur temps de travail a plus de valeur que celui des femmes – pour l'homme comme pour la famille. La valeur supérieure du temps de travail de l'homme rend son temps de loisir plus précieux également, car c'est ce loisir qui lui permet de recharger ses batteries, de développer ses ambitions, et de progresser dans son travail. En en faisant moins à la maison, il peut travailler plus longtemps, montrer sa loyauté envers son entreprise, et obtenir plus vite une promotion. Ses aspirations s'accroissent. Son salaire également. Et son retrait de la « seconde journée de travail » également.

Du côté des femmes, ce cycle fonctionne en parallèle. L'identité de la femme réside moins dans son travail. Dès lors que son travail devient secondaire, elle assume une plus grande partie de la « deuxième journée de travail », fournissant ainsi un soutien logistique à son mari dans son travail. Comme elle soutient les efforts professionnels de son mari plus qu'il ne soutient les siens, ses ambitions personnelles se réduisent et ses revenus, déjà inférieurs au départ, croissent moins vite. Le mois de travail supplémentaire qu'elle fournit contribue non seulement au succès de son mari, mais aussi à l'écart croissant entre leurs salaires, et permet au cycle de se maintenir.

Plus que les salaires, ce qui décide de la contribution du mari à la maison est la valeur que le couple accorde au travail de l'homme ou à celui de la femme. Ce jugement dépend de l'investissement dans les études, du statut professionnel et des attentes de chaque partenaire quant à l'avenir de l'autre. En général, plus le travail de l'homme est important, plus ce dernier reçoit de soutien logistique dans son travail, moins la femme reçoit de ce même soutien logistique, et moins son travail est considéré comme important.

L'inégalité à l'égard du soutien logistique a reçu peu d'attention parce qu'elle est en grande partie cachée. Personne ne peut dire à partir des seules apparences qui sont données sur le lieu de travail qui rentre chez soi pour se faire servir à dîner et qui rentre chez soi pour cuisiner, de la même façon que nous ne pouvons distinguer aujourd'hui les riches des pauvres à la seule façon dont ils s'habillent. Les hommes et les femmes vont au travail avec la même apparence. Mais l'un est moins « riche » de ce soutien en coulisses que l'autre. L'un des deux repasse l'uniforme de son conjoint, prépare le déjeuner, lave le linge, tape le *C.V.*, rédige les notes de service, prend les appels téléphoniques et reçoit les clients à la maison. L'autre a son uniforme repassé, son déjeuner préparé, son linge lavé, son *C.V.* tapé, sa note de service rédigée, ses appels pris, et ses clients accueillis à la maison.

Traduit par N. VINSONNEAU

CAROLE PATEMAN

LE CONTRAT SEXUEL

LE CONTRAT SEXUEL À L'ORIGINE DE TOUT CONTRAT[*]

Les femmes doivent être soumises aux hommes parce qu'elles troublent naturellement l'ordre politique des hommes. On trouve une analyse relativement développée de la raison pour laquelle il en va ainsi dans le récit du contrat et l'histoire hypothétique de l'état de nature proposés par Rousseau, ainsi que dans la contribution de Freud au genre. Comme celle de Locke, l'argumentation de Rousseau repose sur le postulat que la vie sociale est naturelle aux hommes ; « la plus ancienne de toutes les sociétés et la seule naturelle est celle de la famille »[1]. Un véritable état de nature serait un état asocial habité par des animaux de diverses sortes, tous dépourvus de langage, et dont une espèce pourrait potentiellement devenir humaine. Les mâles et les femelles de l'espèce humaine se rencontreraient

[*] C. Pateman, *Le contrat sexuel*, (1982), trad. C. Nordmann, Paris, La Découverte, 2010, p. 142-151.

[1] J.-J. Rousseau, *Du Contrat social*, I, 2, *Œuvres complètes*, éd. Raymond-Gagnebin, 5 vol., « Bibliothèque de la Pléiade », Paris, Gallimard, 1959-1995, t. III, p. 352.

de façon hasardeuse et auraient des relations sexuelles selon ce que leur dicteraient leurs désirs ; aucune union durable ne se formerait. Une fois l'enfant capable de subvenir lui-même à ses besoins, il quitterait sa mère et, s'il devait la croiser par la suite, il serait tout à fait improbable qu'ils se reconnaissent. Dans le véritable état de nature, les différences dans les attributs naturels ne conduiraient pas à la domination des uns sur les autres, ni à la soumission des femmes. Des êtres naturels isolés ne parviendraient pour ainsi dire pas à « entendre ce que c'est que servitude et domination ». Si l'un d'entre eux prenait à l'autre ce qu'il avait ramassé, « comment viendra[it]-il jamais à bout de s'en faire obéir, et quelles pourr[aient] être les chaînes de la dépendance parmi des hommes qui ne possèdent rien ? ». Les mâles humains ne sauraient pas plus dominer les femelles : l'un et l'autre sexe seraient dépourvus des conceptions et des désirs sociaux et moraux qui rendent possible la domination sexuelle. La satisfaction du désir physique suffirait (et Rousseau soutient que le désir serait moins fréquent et moins pressant que dans l'état social) ; les êtres mâles et femelles iraient chacun leur chemin en paix, jusqu'à ce qu'ils éprouvent de nouveau le désir sexuel [1].

Rousseau remarque qu'il est très difficile de rendre compte de façon convaincante de la façon dont a pu se produire la transformation de la vie animale naturelle en vie sociale humaine. Mais il soutient que la vie sociale commence avec la famille patriarcale. Le développement corrélé de la raison, du langage et des relations sociales est en même temps celui de la différence sexuelle, une différence qui implique nécessaire-

---

1. J.-J. Rousseau, *Discours sur l'origine et les fondements de l'inégalité parmi les hommes*, *op. cit.*, t. III, p. 146-147 et p. 157-160.

ment que les femmes doivent dépendre des hommes et leur être subordonnées. Au cours d'une «première révolution», des familles ou petites sociétés se constituèrent, et «ce fut alors que s'établit la première différence dans la manière de vivre des deux sexes, qui jusqu'ici n'en avaient eu qu'une. Les femmes devinrent plus sédentaires et s'accoutumèrent à garder la cabane et les enfants, tandis que l'homme allait chercher la subsistance commune »[1]. Le restant du récit que fait Rousseau de la transformation de la nature humaine et de la création d'un ordre civil participatif dans le *Discours sur l'inégalité* concerne la conscience et les activités des hommes. Dans d'autres écrits, il dit très clairement que les femmes doivent «garder la cabane et les enfants», et se soumettre aux jugements des hommes, sans quoi l'ordre politique est en danger.

«Le physique, écrit Rousseau dans l'*Émile*, nous amène insensiblement au moral »[2]. Partis de l'examen de la diffé-rence physique entre les sexes, nous apprenons que leur mora-lité est également différente. À la différence des hommes, les femmes ne peuvent contrôler par elles-mêmes leurs «désirs illimités», de sorte qu'elles ne peuvent développer la mora-lité requise dans la société civile. Les hommes aussi ont des passions, mais ils peuvent user de leur raison pour maîtriser leur sexualité, et œuvrer ainsi à la création et au maintien de la société politique. Les femmes n'ont que leur modestie, et sans cette retenue, «il en résulterait bientôt la ruine [des deux sexes] et [...] le genre humain périrait par les moyens établis pour le conserver [...]. [Les hommes], tyrannisés par elles, seraient

1. *Ibid.*, p. 168.
2. J.-J. Rousseau, *Émile ou De l'éducation*, l. V, *Œuvres complètes*, *op. cit.*, t. IV, p. 697.

enfin leurs victimes, et se verraient tous traîner à la mort sans qu'ils pussent jamais s'en défendre »[1]. Mais la modestie n'assure qu'un contrôle précaire du désir sexuel. L'histoire de Julie dans la *Nouvelle Héloïse* illustre à quel point elle est fragile lorsque, en dépit de tous les efforts de Julie pour être une épouse et une mère exemplaire, elle ne parvient pas à vaincre sa passion illicite et choisit la seule voie qui lui soit offerte pour préserver le havre de la vie familiale, à Clarens, à savoir une mort « accidentelle ».

Les femmes sont dépourvues de la capacité de sublimer leurs passions et sont, par conséquent, une source perpétuelle de désordre, de sorte qu'elles doivent « être assujetties ou à un homme ou aux jugements des hommes, et qu'il ne leur est jamais permis de se mettre au-dessus de ces jugements »[2]. Le tuteur d'Émile l'éduque à devenir maître de lui-même, afin qu'il soit capable de prendre part au contrat social de Rousseau. Il pourra ainsi contribuer à créer un ordre civil participatif dans lequel les citoyens mâles ne seront contraints que par des lois qu'ils édictent eux-mêmes. Mais l'éducation d'Émile n'est achevée et il ne devient véritablement son propre maître que lorsque, selon le seul commandement explicite que lui ait jamais donné son tuteur, on lui ordonne de mettre le devoir avant le désir et de quitter Sophie, sa fiancée, pour voyager à l'étranger. L'homme doit se préparer au mariage comme un soldat se prépare pour la bataille. Le tuteur (Rousseau) dit à Émile, qui voudrait se marier sans attendre, qu'« on ne s'exerce point au combat devant l'ennemi, on s'y prépare avant la guerre ; on s'y présente déjà tout préparé »[3].

1. J.-J. Rousseau, *Émile ou De l'éducation, op. cit.,* p. 694.
2. *Ibid.*, p. 710, et également p. 702 et p. 721.
3. *Ibid.*, p. 819.

Émile obtempère et passe près de deux ans à voyager et à s'instruire de politique, apprenant notamment la doctrine du *Contrat social*, avant son mariage. Le corps des femmes est si contraire à la vie politique et si dangereux pour elle que Rousseau s'assure qu'Émile apprenne la citoyenneté avant qu'il ne lui soit permis de connaître les délices de l'état de mari. Émile est alors apte à se marier, il est un soldat capable de gagner la bataille des sexes et de devenir « le maître » de Sophie « pour toute la vie » [1]. Sophie doit, quant à elle, céder à « la primauté que la nature a donnée au mari » ; « il est dans l'ordre de la nature que la femme obéisse à l'homme » [2]. L'éducation de Sophie, qui est très rigoureuse bien qu'extrêmement différente de celle d'Émile, est destinée à favoriser chez elle la modestie et la propreté, et à la rendre agréable aux hommes, mais elle ne saurait suffire à vaincre en elle sa tendance féminine au désordre. En tant que mari et chef de famille, Émile peut assumer son rôle de citoyen, mais Sophie doit, comme toutes les autres femmes, être rigoureusement exclue de la vie politique afin que l'ordre soit préservé.

Rousseau affirme qu'il doit y avoir une « prise naturelle pour former des liens de convention » – c'est-à-dire un fondement naturel du mariage et de la famille. Selon Rousseau, c'est « par la petite patrie qui est la famille que le cœur s'attache à la grande ; comme si ce n'étaient pas le bon fils, le bon mari, le bon père qui font le bon citoyen » [3] ! Pour être un bon mari et un bon citoyen, l'homme doit avoir une bonne femme, c'est-à-dire une femme obéissante, qui garantit l'ordre dans la sphère

1. J.-J. Rousseau, *Émile ou De l'éducation, op. cit.*, p. 761.
2. *Ibid.*, p. 766, et J-J. Rousseau, *Discours sur l'économie politique, op. cit.*, t. III, p. 241.
3. J.-J. Rousseau, *Émile ou De l'éducation, op. cit.*, p. 766-767.

qui est la fondation naturelle de la vie civile. La famille est l'«empire» de la femme, et elle «règne» en «se faisant commander ce qu'elle veut faire». Cependant, si elle ne veut pas faire ce qui est nécessaire pour maintenir l'autorité conjugale de son mari, alors elle met en danger la société civile. Son «règne» consiste en sa capacité à reconnaître «la voix du chef» de la maison: si elle y manque, le désordre qui s'ensuit apporte «misère, scandale et déshonneur»[1]. Toutes sortes de gens, s'écrie Rousseau, «périssent par les désordres des femmes»[2]. Dans une lettre où il commente les réactions à son *Discours sur les sciences et les arts*, il précise: «Je ne suis pas non plus de votre avis quand vous dites que, si nous sommes corrompus, ce n'est point la faute des femmes, c'est la nôtre. Mais tout mon livre est employé à montrer comment c'est leur faute»[3]. Pour prévenir le désordre, les sexes doivent être séparés dans tous les aspects de la vie, et même, comme à Clarens dans la *Nouvelle Héloïse*, dans le champ de la vie domestique. Les hommes doivent avoir leurs propres cercles politiques et sociaux, de façon qu'ils puissent s'éduquer politiquement et renforcer leur citoyenneté, hors de portée des femmes et de leur influence débilitante et subversive.

Bien plus près de nous, le récit hypothétique que fait Freud des origines de la vie sociale offre une analyse étonnamment proche de la différence entre les morales politiques des deux sexes. Il définit le passage de la nature animale à la

1. J.-J. Rousseau, *Émile ou De l'éducation, op. cit.*, p. 591.

2. J.-J. Rousseau, *Lettre à d'Alembert sur les spectacles, 1758-175*, dans *Correspondance générale*, vol. IV, Armand Colin, Paris, 1925.

3. Lettre à Lenieps du 8 novembre 1758, dans *Correspondance complète*, Genève, Institut Voltaire, 1967, t. V, p. 212-213.

société humaine comme le point où « le besoin de satisfaction génitale [...] ne se manifest[e] plus à la manière d'un hôte apparaissant soudain ». En l'absence de période de reproduction, « il fut donné au mâle un motif de garder chez lui la femelle [...] ; les femelles, de leur côté, ne tenant pas à se séparer de leurs petits durent, dans l'intérêt de ces jeunes êtres dénués de secours, rester auprès du mâle plus fort »[1]. Ainsi furent fondées des familles, et ainsi commença la « civilisation ». Les attachements des femmes restèrent particuliers ; selon Freud, les femmes « soutiendront les intérêts de la famille et de la vie sexuelle ». Les hommes sont en revanche capables de développer un sentiment de fraternité ou de communauté ; ils sont capables d'universaliser leurs sentiments et de les arracher au petit monde de la famille. Les hommes développent des pulsions « à but inhibé » ; ils parviennent par conséquent à détacher leur attention de leurs proches pour la diriger vers « tous les êtres humains en égale mesure » à travers un « amour universel pour l'humanité ». La différence sexuelle est d'une importance fondamentale pour l'ordre politique. Freud affirme que « l'œuvre civilisatrice, devenue de plus en plus l'affaire des hommes, imposera à ceux-ci des tâches toujours plus difficiles et les contraindra à sublimer leurs instincts, sublimation à laquelle les femmes sont peu aptes ». Les femmes s'aperçoivent donc qu'elles sont « reléguée[s] au second plan par les exigences de la civilisation » et elles adoptent « envers celle-ci une attitude hostile »[2]. Cette opposition entre les sexes, opposition qui joue un rôle dans l'origine et le développement de la

1. S. Freud, *Malaise dans la civilisation*, trad. C. et J. Odier, Paris, P.U.F., 1973, p. 49.

2. *Ibid.*, p. 52-55.

« civilisation », est réaffirmée à propos du processus par lequel les enfants humains deviennent des petits « garçons » et des petites « filles » et se différencient en êtres « masculins » et « féminins ». Les femmes sont incapables de surmonter leur hostilité à la participation des hommes à la vie civile, ou de les accompagner dans leurs tâches civiles. Elles restent toujours une menace pour l'ordre politique et social, en raison de la faiblesse, voire de l'absence, de leur surmoi, c'est-à-dire du « représentant interne » de la loi morale et politique en chaque individu, surmoi qui est à l'origine de « tous les processus qui visent à l'insertion de l'individu dans la communauté culturelle »[1]. La façon différente dont les petits garçons et les petites filles traversent le complexe d'Œdipe implique, à en croire Freud, que le surmoi des femmes n'est pas aussi « indépendant de ses origines affectives » que celui des hommes, de sorte que les femmes font « preuve d'un moindre sentiment de la justice que [les] homme[s] »[2].

Les analyses courantes du récit du contrat originel ne prennent rien de tout cela en compte. On cherchera en vain la moindre indication du fait que ce récit concerne la masculinité et la féminité, ainsi que la signification politique de la différence sexuelle physique (naturelle) - pas plus que du fait que la structure de la société civile reflète la division entre les sexes. Rousseau et Freud révèlent ce qui dans la nature des femmes – ou, pour utiliser le langage du patriarcat moderne, ce qui dans la signification du féminin – implique que les hommes doivent exercer la loi du droit sexuel masculin. Les femmes

1. S. Freud, « Sur la sexualité féminine », dans *La vie sexuelle*, trad. D. Berger, J. Laplanche *et alii*, Paris, , P.U.F., 1977, p. 142.
2. S. Freud, « Conséquences psychiques de la différence anatomique entre les sexes », dans *La vie sexuelle*, *op. cit.*, p. 131.

sont des créatures au désir illimité, incapables de sublimer leurs passions à la façon des hommes qui doivent se créer comme individus civils. Les théoriciens classiques du contrat (à l'exception de Hobbes qui, de façon plus conforme à la logique du contractualisme, conteste la pertinence politique de la différence sexuelle dans l'état de nature) suggèrent qu'il est naturel que les hommes, et non les femmes, aient l'initiative et le contrôle de l'activité sexuelle. Rousseau dit clairement dans le livre V de l'*Émile* que les femmes en état de se marier doivent indiquer leur désir de la façon la plus indirecte possible. Elles doivent dire « non » pour signifier « oui » – une pratique sociale qui rend presque impossible de distinguer les relations sexuelles contraintes de celles qui sont librement choisies. Pour que les hommes puissent être les maîtres de leur famille, ils doivent avoir accès sexuellement au corps des femmes, mais cet accès ne peut relever de l'accord mutuel, car le corps des hommes et celui des femmes n'ont pas la même signification politique.

Les femmes, leur corps et leurs passions corporelles, représentent la « nature », qui doit être contrôlée et transcendée, afin que l'ordre social puisse être créé et conservé. Dans l'état de nature, l'ordre social dans la famille ne peut être maintenu que si le mari est le maître. Le désir féminin, illimité par définition, doit toujours être contenu par le droit patriarcal. Les relations des femmes au monde social doivent toujours être médiées par la raison des hommes ; le corps des femmes doit toujours être soumis à la raison et aux jugements des hommes pour que l'ordre ne soit pas menacé. (*La Flûte enchantée* de Mozart en fournit une représentation particulièrement saisissante.) L'on ne peut comprendre le sens de l'état de nature et de la société civile que si on les considère l'un par rapport à l'autre. Le « fondement naturel » du droit masculin consiste en cela que les femmes sont incapables de développer la morale politique requise des membres de la société civile. La construction théorique de la « féminité » et de la « masculinité » dans l'état de nature reflète les déficiences des femmes, de façon que la « solution souhaitée » de Rawls puisse être obtenue dans la société civile. Si les femmes sont exclues du statut d'individu libre et égal, c'est parce qu'elles sont dépourvues de la capacité de subir le changement remarquable qui, à en croire Rousseau, se produit dans les hommes lorsque est créée la société civile et que se substitue « dans [leur] conduite la justice à l'instinct »[1]. Seuls les hommes sont capables de développer le sens de la justice nécessaire pour maintenir l'ordre civil et défendre la loi civile universelle en tant que citoyens. Juliet Mitchell tente ainsi de présenter les thèses de Freud sous un jour favorable en affirmant qu'une femme « ne peut être « touchée » par la loi, elle ne peut s'y soumettre qu'en se posant comme son contraire »[2].

La décision de passer de l'état de nature à la société civile, et d'instituer l'État et ses lois universelles se fonde sur une estimation raisonnable et rationnelle des avantages d'un tel changement pour tous les hommes. Chaque « individu » peut voir qu'il a lui-même, ainsi que tous les autres individus, tout à gagner au fait que les insécurités endémiques d'une condition dans laquelle chaque homme, en tant que chef de famille, juge pour lui-même en fonction de ses intérêts et de ses désirs particuliers cèdent la place à une société dans laquelle tous les individus sont également liés par des lois universelles.

---

1. J.-J. Rousseau, *Du Contrat social*, I, 8, *op. cit.*, p. 363.

2. J. Mitchell, *Psychanalyse et féminisme*, trad. F. Basch, F. Ducrocq et C. Léger, Paris, Éditions des femmes, 1974, Conclusion « La place de la femme », p. 590.

La conclusion du contrat originel présuppose ainsi que les passions et les inclinations particulières peuvent être contenues par la raison. Rousseau énonce avec la plus grande vigueur que les femmes sont incapables de raisonner comme il convient (et que, quoi qu'il en soit, il convient de les empêcher d'essayer). Les principes abstraits et les vérités spéculatives sont la chasse gardée des hommes. Aux femmes, il revient d'étudier l'esprit des hommes auxquelles elles sont soumises afin de savoir communiquer avec leur maître. Rousseau avait le plus grand dédain pour les femmes éduquées.

> Une femme bel esprit est le fléau de son mari, de ses enfants, de ses amis, de ses valets, de tout le monde. De la sublime élévation de son beau génie, elle dédaigne tous ses devoirs de femme [...]. Au dehors, elle est toujours ridicule et très justement critiquée [...]. Toutes ces femmes à grand talent n'en imposent jamais qu'aux sots. [1]

(Kant était plus acerbe encore. Il rejetait en ces termes la femme érudite : «En ce qui concerne les femmes savantes, elles en usent avec leurs *livres* comme avec leurs *montres* : elles la portent pour montrer qu'elles en ont une, bien qu'à l'ordinaire elle soit arrêtée, ou ne soit pas réglée sur le soleil. »[2])

À en croire Rousseau et Freud, les femmes sont incapables de transcender leurs passions sexuelles et leurs attachements particuliers et d'appliquer leur raison aux exigences de l'ordre universel et au profit public. De ce fait, les femmes ne peuvent

---

1. J.-J. Rousseau, *Émile ou De l'éducation, op. cit.*, p. 768.

2. E. Kant, *Anthropologie d'un point de vue pragmatique*, trad. M. Foucault, *op. cit.*, p. 151.

prendre part au contrat primitif. Elles sont dépourvues de tout ce qui est nécessaire pour créer, puis protéger la protection (selon la formule de Hobbes) assurée par l'État et par la loi aux individus civils. Seuls les « individus » peuvent conclure des contrats et défendre les termes du contrat originel. Les femmes sont l'« opposé » du droit civil ; elles représentent tout ce que les hommes doivent maîtriser pour faire advenir la société civile.

Le récit du contrat originel raconte une histoire moderne de naissance politique masculine. Cette histoire illustre l'appropriation par les hommes du don considérable que la nature leur a dénié et sa transmutation en créativité politique masculine. Les hommes donnent naissance à un corps « artificiel », le corps politique de la société civile ; ils créent « l'homme artificiel que nous appelons République » de Hobbes ou le « corps moral et collectif » de Rousseau, ou encore le « corps unique » du « corps politique » de Locke. Cependant, la création du corps politique civil est un acte de raison plutôt qu'un acte analogue à l'acte corporel de la procréation. On nous enseigne ainsi que le contrat originel n'est pas un événement qui s'est réellement produit mais une fiction politique ; notre société doit être comprise *comme si* elle était née d'un contrat. Le corps paternel naturel du patriarcat de Filmer est métaphoriquement mis à mort par les théoriciens du contrat, mais le corps artificiel qui le remplace est une construction de l'esprit, et non la création d'une communauté politique par des personnes réelles. La naissance d'un enfant humain peut produire un nouvel homme ou une nouvelle femme, mais la création de la société civile produit un corps social modelé sur l'image de l'un seulement des deux corps de l'humanité, ou, plus exactement, sur l'image de l'individu civil constitué à travers le contrat originel.

SENTIMENTS ET JUSTICE DANS LA FAMILLE

PRÉSENTATION

LA FAMILLE ÉTRANGÈRE À LA JUSTICE

La famille peut-elle être juste ? Si l'on suit Aristote, le juste ne concernerait que les personnes libres et égales, «que ceux qui vivent naturellement sous l'empire de la loi»[1] ; or tel n'est pas le cas des membres d'une même famille. La famille serait étrangère à la justice, parce qu'elle fonctionne selon d'autres normes et unit des personnes dont les rapports sont autres que l'égalité et la liberté : «Il n'existe pas d'injustice au sens absolu du mot à l'égard de ce qui nous appartient en propre»[2], donc si l'on parle de «justice du maître ou […] du père», elle «n'est pas la même que la justice entre citoyens, elle lui ressemble seulement»[3]. Alors que la justice règle les rapports d'individus séparés, aux intérêts distincts, selon des lois que la société reconnaît, selon des principes que la raison admet, Thomas rappelle que la famille unit des êtres dont les intérêts convergent :

1. *Éthique à Nicomaque*, V, 10, trad. J. Tricot, Paris, Vrin, 1990, p. 250.
2. *Ibid.*
3. *Ibid.*, p. 249-250.

Il appartient à la justice de rendre à chacun son dû, mais en supposant qu'il s'agit d'un autre à qui le rendre. Si quelqu'un en effet se rend à soi-même son dû, il n'y a pas là de droit à proprement parler. De même entre un père et son fils, entre un maître et son esclave, il n'y a pas de justice proprement dite, parce qu'en un sens ils ne font qu'un [1].

Mais ce qui en résulte pour la famille consiste en au moins deux possibilités : en premier lieu, l'on peut affirmer que les normes des rapports familiaux sont plutôt infra-sociales ou naturelles et que ces rapports impliquent des relations principalement affectives, réglées par l'égoïsme naturel de la petite cellule domestique aussi bien que par l'altruisme que l'on accorde ordinairement aux parents. Ceci rend la famille étrangère à toute justice, voire injuste, dans la mesure où elle repose sur des inégalités naturelles (entre époux et épouse, entre parents et enfants) qu'elle ne cherche pas à abolir, et dans la mesure où elle présente une partialité envers certaines personnes que la justice consiste à corriger [2].

Une seconde version de l'opposition entre famille et justice consiste à affirmer que les normes familiales dépassent par le haut les critères individualistes de la justice, les relations régulées par la justice semblant alors le parent pauvre des relations familiales qui, à la sécheresse de l'échange exact recherché dans la justice, opposent la générosité du don et des affections asymétriques, qui, plutôt qu'une considération abstraite de la généralité et de l'égalité des individus par la loi, préfèrent la prise en compte concrète et riche de la particularité

1. Saint Thomas, *Somme théologique*, II[a] II[ae], Q 57, art. 4, tome III, Paris, Éditions du Cerf, 2007, p. 382.
2. Voir Hume, *Traité de la nature humaine*, III, II, II, trad. P. Saltel, Paris, GF-Flammarion, 1993.

de chacun, et qui enfin, contre le pouvoir contraignant de l'institution judiciaire, nous font choisir la douceur de l'intimité et de rapports aimables. Ainsi la justice sociale serait extra-familiale, parce qu'elle serait inférieure à la charité et à l'amour.

Dans ces deux positions, la famille est incapable d'accéder à la justice pour des raisons symétriques : soit parce qu'elle se tient toujours en-deçà d'elle, dans la sphère infra-sociale et naturelle, comme le soutient Allan Bloom dans l'*Âme désarmée*, soit au contraire parce que recourir à la justice représente toujours une perte de sens, de richesse, de qualité des relations familiales, comme l'affirme Sandel, dans *Le libéralisme et les limites de la justice*[1]. L'allégorie du fils prodigue, le dévouement illimité du père Goriot pour ses filles indifférentes illustreraient l'impossibilité de réduire les relations familiales à des relations normées par la justice.

RENDRE LA FAMILLE PLUS JUSTE

On doit à Susan Moller Okin cette reformulation du débat dans *Justice, genre et famille*[2]. Celle-ci sert à dénoncer ces deux conceptions de la famille qui lui paraissent incomplètes et idéalisées. La famille est en réalité un milieu où se jouent des relations de pouvoir, où se répartissent des biens, de l'argent, des services, où l'individu tantôt saisit, tantôt rate des chances pour sa culture, son développement, sa carrière, et à ce titre, elle peut tout à fait être qualifiée de juste ou d'injuste. La

1. M. J. Sandel, *Le libéralisme et les limites de la justice*, trad. J.-F. Spitz, Paris, Seuil, 1999, p. 62 *sq*.
2. Chap. II.

famille est de part en part règlementée par le droit (concernant le statut des époux, les relations des parents et des enfants, les droits des héritiers, le divorce etc.) et l'institution judiciaire investit très largement le champ familial, que ce soit pour ce qui concerne la sanction des violences familiales, l'attribution des pensions, des droits de garde, etc. L'imperméabilité prétendue de la famille aux questions de justice est donc à revoir. Cette thèse est elle-même une injustice qui lèse surtout les personnes vulnérables et dominées dans la famille, parce qu'elle permet de ne pas se demander si la répartition du travail familial selon le genre est juste, et d'ignorer la nécessité de rétribuer le travail reproductif et les soins donnés notamment aux enfants ; elle ne convient plus à l'égalité que nous attribuons aujourd'hui en droit à tous les individus, quels que soient leur sexe et leur âge.

Il conviendrait de rappeler la polysémie de la justice, par exemple celle que propose Aristote : ce n'est pas parce que l'appareil coercitif et impersonnel de la justice *punitive* ne semble pas convenir en famille, que les autres formes de justice, notamment *distributive* et *commutative*, doivent être oubliées. Dès lors que l'on distribue et que l'on échange dans le sein de la famille, une réflexion sur la justice se voit justifiée. La justice punitive trouve au demeurant elle-même sa place dans la famille sous la forme plus ou moins imparfaite de punitions, de vengeances, de contraintes.

Toutefois la famille est-elle le lieu d'une justice spécifique ou constitue-t-elle simplement le terrain particulier d'application d'une justice plus générale ? Les dons, les témoignages, les obligations entre les membres d'une famille sont souvent soumis à des principes spécifiques, qui illustrent la première conception. Cependant, l'égalité des héritiers obtenue à la Révolution pour les frères, puis perfectionnée jusqu'à inclure récemment les femmes et les enfants naturels, renverrait à une définition universaliste de la justice familiale. Certaines exigences générales de la justice et notamment celle de l'égalité ont bien vocation à pénétrer dans les familles.

Une première explication est donnée par Thomas :

> Le fils, comme tel est quelque chose du père ainsi que l'esclave de son maître. Cela ne les empêche pas l'un et l'autre, en tant qu'individu humain, d'avoir une subsistance propre qui les distingue des autres, et d'être sous cet angle, en relation de justice [1]

En tant qu'ils sont indistincts, les membres d'une même famille ne peuvent être soumis à la justice, mais en tant que distincts, ils sont soumis à la justice. Thomas ne montre pas comment répartir une justice générale et une autre plus propre à la famille, il dit seulement que la justice s'applique plus ou moins dans la famille. Mais cette solution mitigée dessert les femmes et les enfants, les serviteurs et les esclaves qui sont alors seulement partiellement protégés par la justice, et Susan Moller Okin affirme au contraire qu'un principe résolument égalitaire appliqué dans les familles ne menace pas la spécificité de la vie privée, ni de la famille ; cette spécificité de la vie familiale ne saurait en aucun cas justifier des transactions avec l'égalité.

Cette auteure veut proposer une théorie de la justice qui tienne compte du fait que les individus dont elle traite ne sont pas tous des hommes adultes et autonomes, et qu'il y a aussi dans la société des femmes qui subissent les effets d'une domination liée au genre, ainsi que des enfants, non auto-

---

1. *Somme théologique*, II^a II^{ae}, Q 57, art. 4, *op. cit.*, cité par F. Rouvillois, *Le droit*, *op. cit.*, p. 64.

nomes, dont le soin et l'éducation reviennent principalement aux femmes.

S'appuyant sur le libéralisme et l'égalitarisme de Rawls parce qu'ils peuvent seuls être l'assise d'une justice et d'un féminisme humanistes, Susan Moller Okin entend néanmoins montrer que la théorie de la justice comme équité laisse un de ses fondements encore impensé : la famille. En effet, bien que Rawls reconnaisse l'importance de la famille dans l'éducation à la justice, il a tendance à supposer la famille juste, alors qu'elle ne l'est tout simplement pas dans l'Amérique de la seconde moitié du XXe siècle pour laquelle pourtant il écrit. Rawls destine ses réflexions aux individus en général, ignorant par un souci d'égalité et de neutralité mal entendu, la différence qu'il y a entre être une femme et être un homme dans une société tout entière traversée par la structuration générique qui rend les femmes inférieures aux hommes. Or l'appartenance sexuelle peut-elle vraiment constituer une de ces caractéristiques morales contingentes dont les individus placés dans la position originelle font abstraction en se plaçant derrière le voile d'ignorance ?

De plus, Rawls ne tient pas suffisamment compte du travail reproductif domestique qui incombe principalement aux femmes et qui doit être déployé pour qu'adviennent dans la société des êtres raisonnables, adultes, capables de discuter de la justice. C'est pourquoi, dans ce livre où l'auteur mesure la pertinence des différentes théories de la justice post-rawlsiennes (Sandel, Bloom, Walzer, Nozick) à l'aune de leur compatibilité avec une égalité des sexes satisfaisante, Rawls est un des rares auteurs avec Walzer dont la pensée semble à Moller Okin offrir des potentialités progressistes. Son étude est une sorte d'hommage critique, un tri dans la *Théorie de la justice*, dont elle voudrait garder les principes égalitaires et universels, mais corriger l'oubli de la famille.

Si les individus pouvaient vraiment faire abstraction de leur identité sexuelle une fois placés derrière le voile d'ignorance, tous craindraient de devoir subir les injustices que subissent les femmes, et il y a fort à parier que cette méthode d'investigation de la justice par empathie successive et imaginaire avec différents points de vue sociaux servirait au combat contre les inégalités liées à la structure genrée des relations sociales[1].

Toutefois, et la première critique de Rawls s'approfondit, il n'est en réalité pas possible de considérer le sexe comme une caractéristique morale neutre, et son intégration ou sa prise en compte dans l'élaboration d'une théorie de la justice « complète » permettrait de reconnaître dans la position originelle des préoccupations issues de la vie à laquelle la structure de genre destine plutôt les femmes en plus des préoccupations issues de la vie à laquelle la structure de genre destine plutôt les hommes : par exemple on serait conduit à valoriser socialement ce qui a trait au maintien des relations humaines (souci plus généralement cultivé chez les femmes), aussi bien que les activités complexes et autonomes (souci plus généralement cultivé chez les hommes) par lesquelles Rawls décrit les finalités principales des individus. Dans les deux cas, soit qu'elle permette de corriger les différences de statut liées au genre des individus, soit qu'elle respecte au contraire et promeuve la diversité des valeurs et fins que la structure genrée de la société a produites, la position originelle permet de

---

1. C'est-à-dire qui sont organisées et polarisées en fonction de la hiérarchie prétendue qui place les hommes en position supérieure.

détruire les injustices liées à la structure genrée de la société et aux rôles familiaux traditionnels ; elle demande que chacun se mette vraiment à la place des femmes. Elle devrait pouvoir transformer les relations dans la famille, et de ce fait aussi les conceptions sociales de la justice, qui, une fois stabilisées, conforteraient en retour de tels changements dans la famille.

ÊTRE ÉDUQUÉ À LA JUSTICE DANS UNE FAMILLE INJUSTE ?

La justice familiale et la justice non familiale interagissent. Les personnes qui éduquent les enfants ne se contentent pas d'appliquer une règle juste dans des cas particuliers, elles enseignent aussi cette règle et sont responsables de l'acquisition du sens de la justice par les enfants : dans l'enfance, dans le rapport si décisif aux frères et aux sœurs, égaux et rivaux dans la prétention aux différents biens et aux différentes formes d'attention du reste des membres, les conflits et la façon de les régler sont décisifs. Or cette interaction peut se penser de différentes façons. La famille offre-t-elle le premier lieu de l'apprentissage d'une justice dont le sens est d'être universelle (Rawls) ? Ou bien n'offre-t-elle qu'une première version imparfaite de la justice, parce que particulière et affective, et destinée à être dépassée vers un stade d'autonomie et d'action menée en fonction de principes universels (Kohlberg) ? Depuis les travaux critiques de psychologie du développement moral de Carol Gilligan, on a pu considérer que la hiérarchie proposée par Kohlberg est mal construite. Il y a bien, notamment dans la famille, une dimension de la moralité qui est plus particulariste et contextualiste, une sphère de soin et d'attention aux autres désignée comme celle du «*care*», qui travaille au sein de la dépendance et de la vulnérabilité, et non au sein de l'autonomie ; mais elle constitue une partie de la morale tout aussi digne de figurer dans une description complète de celle-ci et non une étape à dépasser ou minorer. Il est vrai que cette sphère de moralité est nécessaire au fonctionnement d'une famille et a été historiquement le lot des femmes plutôt que des hommes, mais elle n'a pas vocation à rester exclusivement féminine ni domestique. Elle n'est dévaluée que parce qu'elle est toujours déjà jugée au nom de critères masculins.

Susan Moller Okin refuse dans ces conditions de croire qu'étant injuste, la famille puisse être un lieu d'apprentissage satisfaisant de la justice. Perpétuant l'injustice de la structuration des rapports humains par le genre et par la domination masculine, la famille ne montre aux enfants que cette injustice. Comment les enfants pourraient-ils acquérir une juste notion de l'égalité des sexes si leur famille la méprise, et comment les filles pourraient-elles se projeter dans la société de façon valorisante s'il leur semble naturel de devoir supporter inégalement le poids des charges domestiques ? La justice familiale doit donc commencer par reconnaître l'égalité universelle de ses membres, en faire un point de départ, et seulement ensuite, définir sa sphère une fois celle-ci protégée des atteintes de la structure générique.

CE QUE LES MEMBRES D'UNE FAMILLE PARTAGENT

Ce qu'il y a de spécifique dans la justice familiale provient peut-être de la nature particulière des biens qui sont distribués en famille et du critère de leur partage.

De fait, il y a une difficulté propre à compter dans une famille des biens et des services que l'on saurait au dehors de la

famille plus facilement reconnaître et rémunérer : comment
mesurer le travail reproductif des parents, le travail des enfants
dans la sphère domestique, le travail d'une femme qui aide
son mari dans son entreprise sans en recevoir de salaire, quand
leur prestation se mêle à la « vie de famille » ? La quoti-
dienneté, la familiarité, l'habitude tendent à rendre invisibles
certaines contributions et à en rendre d'autres hyperprésentes.

Il y a une difficulté encore plus grande à mesurer d'autres
biens comme l'amour, l'attention, la reconnaissance. Or les
revendications de justice au sein de la famille concernent
autant les affections que les biens, et concernent parfois les
biens en y impliquant les affections, comme le montrent les
disputes lors des héritages qui portent autant sur des choses
que sur les affects dont sont investis les objets du défunt. Chez
Freud, la première revendication de justice procède ainsi du
ressentiment de l'aîné détrôné vis-à-vis de son cadet, revendication exprimée dans une sorte de vengeance et une envie
de destruction de l'autre qui sont canalisées dans la seule forme
légitime qu'elles peuvent prendre, à savoir une exigence
d'égalité. « Si tant est qu'on ne peut soi-même être le privilégié, qu'au moins aucun de tous les autres ne soit privilégié »,
se dit cet aîné, inventeur et apprenti défenseur de la justice [1].
Mais à travers une égalisation des possessions, des services, il
revendique en fait de l'affection.

Personne ne sait partager des sentiments et pourtant,
certaines distributions d'affection au sein de la famille
semblent injustes : l'amertume du frère du fils prodigue,
celui qui est resté auprès de son père semble par exemple

1. S. Freud, « Psychologie de foules et analyse du moi », dans *Essais de psychanalyse*, trad. J. Altounian *et alii*, Paris, Payot, 2001, p. 207-208.

compréhensible et légitime. Walzer tente de réfléchir dans son texte à la distribution de l'amour ainsi qu'à la justice d'une distribution où ce ne sont pas des biens cessibles, mais les personnes elles-mêmes qui se proposent dans la recherche d'un conjoint.

Pour défendre l'idée que la sphère familiale implique un type de justice distributive propre, Michael Walzer critique la théorie unitaire de la justice de Rawls, et lui oppose l'idée que l'égalité revendiquée à travers l'exigence de justice est toujours nécessairement complexe. En effet, l'égalité est bien une valeur que nous reconnaissons, mais celle-ci a moins un contenu positif, et encore moins un contenu systématique, qu'une cible qui est toujours particulière et une portée négative, ou encore « abolitionniste » : on revendique l'égalité non pas contre tout partage inégal, mais seulement contre certains partages inégaux, dont on perçoit qu'ils ont de mauvaises conséquences. Quand les détenteurs de certains biens utilisent le privilège qu'ils ont dans la répartition de ce bien, c'est-à-dire utilisent leur monopole de ce bien pour dominer une autre sphère distributive, Walzer observe que nous dénonçons l'inégalité, et de telles dénonciations lui servent de matière empirique pour son enquête sur les significations sociales des biens à partager. Nous dénonçons ainsi par exemple les inégalités de savoir quand le savoir sert à commander, nous dénonçons le népotisme quand le lien familial sert à obtenir tel ou tel emploi et concurrence le critère du mérite. C'est donc la tyrannie, la domination illégitime d'une sphère sur les autres sphères de distribution que nous refusons quand nous réclamons l'égalité. Il faut éviter que la logique distributive d'une sphère de biens ne s'étende sur la distribution d'une autre sphère et, sans chercher à établir la justice par une égalité générale et uniforme, nous nous contenterons d'une société où « aucun bien social ne peut servir ou ne sert de moyen de domination »[1]. De ce fait, le problème à dénoncer est moins le « monopole » de certains biens par certaines personnes (comme Marx a dénoncé le monopole des moyens de productions par les capitalistes en faveur des travailleurs, ou Diderot le monopole des charges par les nobles en faveur des gens de talent, etc.), que plus fondamentalement le fait que certains biens permettent d'en acquérir d'autres totalement différents, et puissent passer les frontières des sphères de répartition des biens qui devraient rester plus étanches. Étant « prédominants », ces biens sont tels qu'on en recherche le monopole, afin d'acquérir injustement grâce à lui les biens des autres sphères. De ce fait lutter pour l'égalité, c'est lutter contre la prédominance de tel ou tel bien, de l'argent, du savoir, du pouvoir, plus encore que contre leur monopolisation, c'est lutter pour l'autonomie des différentes sphères distributives, et pour que chaque critère de distribution reste appliqué dans la seule sphère qui lui est propre. Cela permettrait que différentes inégalités ne s'additionnent pas et que les conflits sociaux se réduisent en devenant plus diffus.

Or les liens de « parenté et d'amour » constituent une de ces sphères, que l'auteur étudie dans le texte présenté. À rebours de l'intellectualisme et de l'universalisme de Rawls, qui mobilise les ressources de l'économie et de la psychologie, Walzer choisit une démarche empirique. Il fait appel à l'histoire et à l'anthropologie et procède des significations concrètes particulières portées par les différents biens sociaux que nous prisons, ainsi que par les maux sociaux que nous cherchons à éviter, pour, à partir de ces significations et de

_____
1. M. Walzer, *Sphères de justice*, *op. cit.*, p. 16.

ces valeurs partagées, expliciter, clarifier, rendre visible une norme de leur distribution juste. C'est en approfondissant les valeurs que l'on donne aux biens que l'on peut formuler une critique des répartitions existantes, et non en se plaçant dans une perspective abstraite comme le fait Rawls. Ici, il s'agit de savoir ce que revendique implicitement celui qui développe des relations familiales, comment il considère qu'elles devraient être régulées quand il les prise comme un bien.

L'amour et la sexualité sont passés au crible de la justice, d'une justice démocratique, qui respecterait en particulier l'égalité des sexes, mais aussi pourrait brasser les différentes classes sociales. Comment préserver l'autonomie de cette sphère familiale, c'est-à-dire que faut-il préserver dans la distribution familiale, et de quoi faut-il la protéger? Deux écueils sont symétriques: il faut éviter l'interférence des sphères, mais il faut aussi éviter d'imposer cette non-interférence de façon autoritaire, sans quoi la justice disparaîtrait à nouveau. Le texte propose quelques exemples-types qui illustrent le croisement de deux variables: variation des sphères qui interfèrent avec celle de la famille (ici la sphère économique en particulier[1]); variation du sens dans lequel joue l'interférence (intrusion de la logique de la famille dans la sphère économique ou intrusion de la logique économique dans la sphère familiale). Si le communisme familial de Platon symbolise le cas où la logique politique s'impose tyranniquement à la logique familiale, aux affections parentales et filiales,

---

1. Ce sont surtout les rapports de la famille avec la sphère économique qui occupent Walzer dans ce texte. Mais le texte doit être déployé dans ses diverses conséquences, et on doit à son exemple réfléchir sur d'autres frontières: réclamer que la sphère de distribution de l'amour soit libre de toute entrave vis-à-vis de la distribution du pouvoir politique, ou de l'appartenance à un État.

l'exemple du prolétariat de Manchester est le cas où l'autonomie de la famille n'a pas pu être défendue contre l'intrusion des contraintes économiques. En revanche, le népotisme constitue le cas où des relations relevant de la sphère familiale s'imposent injustement pour décider de certaines affaires politiques. C'est seulement au prix d'une réflexion sur les frontières de ces différentes sphères que l'autonomie de la sphère familiale et de sa justice pourra à nouveau être désirable. Elle désignera alors, non pas l'enceinte refermée autour d'une injustice que l'on pourra d'autant mieux ignorer qu'elle sera rendue silencieuse et amortie par la fermeture de la famille sur elle-même, mais le bien proprement libéral de l'intimité.

Références bibliographiques

BECCARIA C., *Des délits et des peines*, § XXVI « De l'esprit de famille », trad. P. Audegean, Lyon, ENS-Éditions, 2009, p. 221-225.

CICÉRON, *Des devoirs*, I, 54, *Les Stoïciens*, Paris, Gallimard, 1962, p. 514 *sq.*
–*Des fins des biens et des maux*, III, § 60-71, *Les Stoïciens*, Paris, Gallimard, 1962, p. 284-288.

HUME D., *Traité de la nature humaine*, trad. P. Saltel, t. III, section II-« *De l'origine de la justice et de la propriété* », Paris, GF-Flammarion, 1993.

LAUGIER S., PAPERMAN P., *Le souci des autres : éthique et politique du care*, Paris, EHESS, 2006.
– et MOLINIER P. et PAPERMAN P., *Qu'est-ce que le* care *? Souci des autres, sensibilité, responsabilité*, « Rivages », Paris, Payot, 2009.

NUSSBAUM M., *Upheavals of Thought. The Intelligence of Emotions*, New York, Cambridge U. P., 2001, chap. IV, p. 174-238.

– *Women and Human Development. The Capabilities Approach*, New York, Cambridge U. P., 2000.

RAWLS J., *Théorie de la justice*, trad. C. Audard, Paris, Seuil, 1997.

TRONTO J., *Un monde vulnérable : pour une politique du* care, trad. H. Maury, Paris, La Découverte, 2009.

SUSAN MOLLER OKIN

JUSTICE, GENRE ET FAMILLE

INTÉGRER LA FAMILLE ET LE GENRE DANS LES THÉORIES DE LA JUSTICE[*]

Mais d'abord, je me tourne vers un problème majeur pour la théorie, qui résulte de l'oubli de la question de la justice à l'intérieur de la famille : c'est là un point qui fragilise la conception rawlsienne du développement du sens de la justice.

Le genre, la famille, et le développement du sens de la justice

À part une brève mention comme constituant, entre les générations, un lien nécessaire pour le principe rawlsien de juste épargne, et comme un obstacle à une juste égalité des chances, la famille apparaît dans la théorie rawlsienne dans un seul contexte – bien qu'il soit d'une importance considérable : comme la toute première école du développement moral. Dans une section largement négligée de la troisième partie de la *Théorie de la justice*, Rawls soutient qu'une société juste et

[*] S. Moller Okin, *Justice, genre et famille*, trad. L. Thiaw-Po-Une, Paris, Champs-Flammarion, 2008, p. 213-236.

bien ordonnée est stable seulement si ses membres continuent de développer un sens de la justice, «un désir profond et normalement efficace d'agir conformément aux principes de la justice [1] ». Il dirige tout spécialement son attention vers le développement moral de l'enfant, en vue de montrer les étapes majeures à la faveur desquelles s'acquiert un sens de la justice.

C'est dans ce contexte que Rawls *admet* que les familles sont justes. En outre, ces familles supposées justes jouent un rôle fondamental dans sa conception du développement moral. Premièrement, l'amour des parents pour leurs enfants, qui finit par être réciproque, est important dans sa conception du développement d'un sens de sa propre valeur. En aimant leur enfant et en étant « dignes de son admiration [...], ils éveillent en lui le sens de sa propre valeur et le désir de devenir le genre de personne qu'ils sont ». Rawls soutient qu'un développement moral sain dans la jeunesse repose sur l'amour, la confiance, l'affection et la présence d'exemples et de conseils [2].

À une étape ultérieure du développement moral, qu'il appelle la « morale de groupe », Rawls perçoit la famille, bien qu'il la décrive en des termes renvoyant au genre et à la hiérarchie, comme le premier groupe parmi beaucoup d'autres où, en passant par une série de rôles et de places, notre compréhension morale s'améliore. L'aspect crucial du sens de l'équité qui est appris au cours de cette étape est la capacité – qui est, comme je vais le montrer, essentielle pour pouvoir penser « comme si » dans la position originelle – à adopter les différents points de vue des autres et d'apprendre « à partir de leurs paroles, de leurs conduites et de leur expression » à

1. J. Rawls, *Théorie de la justice*, trad. C. Audard, Paris, Seuil, 1987, p. 496.
2. *Ibid.*, p. 506-507.

voir les choses à partir des perspectives qui sont les leurs.
Nous apprenons à comprendre, à partir de ce qu'ils disent ou
de ce qu'ils font, ce que sont les fins, les projets et les motivations des autres personnes. Sans cette expérience, Rawls
affirme que « nous ne pouvons pas nous mettre nous-mêmes
à la place des autres ni découvrir ce que nous ferions dans leur
position », ce qui est nécessaire pour être en mesure de « diriger
notre conduite en fonction d'elle ». S'ajoutant aux attachements formés dans la famille, la participation à différents rôles
dans les divers groupes de la société conduit l'individu à développer « des sentiments de sympathie » et « des liens d'amitié
et d'intérêt mutuel ». Tout comme dans la première étape,
où « certaines attitudes naturelles vis-à-vis des parents se développent, ici les liens de l'amitié et de la confiance se resserrent
entre les partenaires. Dans chacun des deux cas, certaines attitudes naturelles sous-tendent les sentiments moraux corres-
pondants : l'absence de ces sentiments manifesterait l'absence
de ces attitudes » [1].

Toute cette conception du développement moral diffère
de façon frappante de la conception rationaliste et aride fournie
par Kant, dont les idées ont eu tant d'influence, à bien des
égards, sur la réflexion de Rawls concernant la justice. Pour
Kant, qui prétendait que la justice devait être fondée sur la
raison seule, tout sentiment qui ne découle pas de principes
moraux établis de façon autonome est moralement suspect –
autrement dit, toutes les « simples inclinations [2] ». En
revanche, Rawls reconnaît explicitement l'importance des
sentiments qui sont d'abord nourris au sein des familles

1. *Ibid.*, p. 509-511.
2. Voir S. Moller Okin, « Reason and Feeling in Thinking about Justice »,
Ethics 99 (2), p. 231-235.

supposées justes dans le développement de la capacité à développer une réflexion morale. En expliquant sa troisième et dernière étape du développement moral, où les personnes sont censées s'attacher aux principes de justice eux-mêmes, Rawls dit que « le sens de la justice est en continuité avec l'amour de l'humanité ». Il reconnaît en même temps nos sentiments particulièrement forts envers ceux auxquels nous sommes étroitement liés, et il dit que cela porte, à juste titre, des consé-quences sur nos jugements moraux : bien que « nos sentiments moraux témoignent d'une certaine indépendance à l'égard des données contingentes définissant notre monde [...], nos attachements naturels à des personnes ou à des groupes parti-culiers conservent une place justifiée ». Il indique clairement que l'empathie, ou le fait de s'imaginer soi-même dans la situa-tion des autres, joue un rôle majeur dans le développement moral. Il n'est pas surprenant qu'il s'éloigne de Kant pour se tourner vers des philosophes moraux comme Adam Smith, Elisabeth Anscombe, Philippa Foot et Bernard Williams en développant ses idées sur les émotions ou sur les sentiments moraux[1].

Le résumé que fait Rawls des trois lois psychologiques du développement moral souligne l'importance fondamen-tale d'une éducation des enfants pleine d'amour pour le développement du sens de la justice. Ces trois lois, Rawls dit qu'elles ne sont « pas simplement des principes d'association ou de renforcement [...] [mais qu'elles] affirment que les sentiments actifs d'amour et d'amitié, et même le sens de la justice, naissent de l'intention que manifestent les autres d'agir pour notre bien. Comme nous reconnaissons qu'ils nous

---

1. J. Rawls, *Théorie de la justice, op. cit.*, p. 515, 516 et 519 *sq.*

veulent du bien, nous nous soucions en retour de leur bien-être » [1].

Chacune des lois du développement moral, telles qu'elles sont établies par Rawls, dépend de celle qui la précède, et la première hypothèse de la première loi est : « À condition que les familles soient justes […]. » Pour sa part, Rawls reconnaît franchement et pour de bonnes raisons que la totalité du développement moral repose à la base sur les soins et l'amour de ceux qui élèvent les petits enfants dès les premières étapes, et sur le caractère moral – en l'occurrence la justice – de l'environnement dans lequel se déroule cette éducation. Il y a donc au fondement du développement du sens de la justice une activité et une sphère de la vie qui, bien que cela ne soit nullement nécessaire, ont été principalement, au cours de l'histoire, l'activité et le domaine des femmes.

Rawls n'explicite pas le fondement de son hypothèse selon laquelle les institutions familiales sont justes. Si les familles structurées selon le genre *ne sont pas* justes, mais constituent plutôt un reliquat des castes ou des sociétés féodales dans lesquelles les rôles, les responsabilités et les ressources ne sont pas réparties conformément aux deux principes de justice, mais selon des différences innées qui sont imprégnées d'une énorme signification sociale, alors toute la structure du développement moral de Rawls semblerait être construite sur des bases peu solides. À moins que les foyers dans lesquels les enfants sont élevés au départ, où ils voient leurs premiers exemples d'interaction humaine, ne soient fondés sur l'égalité et sur la réciprocité plutôt que sur la dépendance et la domination – et ce dernier cas est trop souvent le plus courant –,

1. *Ibid.*, p. 530 et 533-534.

comment l'amour, si fort soit-il, qu'ils reçoivent de leurs
parents peut-il compenser l'injustice qu'ils ont à voir dans
les relations entre ces mêmes parents ? Comment, dans les familles hiérarchiques où le rôle de chaque sexe est rigoureusement fixé, devons-nous apprendre, comme la théorie rawlsienne du développement moral l'exige de nous, à « nous
mettre à la place des autres et découvrir ce que nous ferions
si nous étions eux » ? À moins qu'ils ne soient éduqués à parts
égales par des adultes des deux sexes, comment les enfants
des deux sexes en viendront-ils à développer une psychologie
morale suffisamment semblable et harmonieuse pour leur permettre de s'engager dans le genre de délibération sur la justice
illustrée par la position originelle ? Si les parents ne prennent
pas tous les deux part aux activités d'éducation, sont-ils l'un
comme l'autre susceptibles de maintenir dans la vie adulte la
capacité d'empathie qui sous-tend le sens de la justice[1] ? Et
finalement, sauf si le foyer est relié par un continuum d'associations justes à des communautés de plus vaste ampleur et à
l'intérieur desquelles les individus sont censés développer
des sympathies les uns envers les autres, comment pourront-ils
devenir des adultes dotés d'une capacité de sympathie aussi
étendue que celle qui est explicitement exigée par la pratique
de la justice ? Le fait que Rawls ait négligé la justice dans la
famille entre clairement en tension avec les conditions requises
par sa propre théorie du développement moral. La justice de la
famille doit être d'une importance centrale pour la justice
sociale.

1. Sur les liens entre l'éducation, l'empathie et le genre, voir par exemple
J. Kegan Gardiner, « Self Psychology as Feminist Theory », *Signs*, vol. 12,
n° 4, 1987, tout particulièrement p. 771 et 778-780 ; S. Ruddick, « Maternal
Thinking », *Feminist Studies*, vol. 6, n° 2, 1980.

J'ai entrepris de proposer une lecture féministe de Rawls à partir de sa théorie du développement moral et de son insistance sur les sentiments moraux qui prennent leur source dans la famille. Cette lecture peut, je pense, contribuer à renforcer la théorie de Rawls contre certaines des critiques qui en ont été faites[1]. Car, en opposition avec sa conception du développement moral, une grande partie de son argument sur la façon dont les personnes, dans la position originelle, aboutissent aux principes de justice est formulée en termes de désintérêt mutuel et de rationalité - autrement dit, dans le vocabulaire du choix rationnel. Je pense que cela expose inutilement ce qu'il dit à trois critiques : il implique des hypothèses égoïstes et individualistes sur la nature humaine qui sont inacceptables ; en se plaçant d'un point de vue « extérieur », son argumentation n'a que peu de rapport, ou pas de rapport, avec la réflexion sur la justice que mènent les personnes réelles ; son objectif de forger des principes universels et impartiaux le conduit à négliger l'« altérité » ou la différence[2]. Je pense que les trois

1. Voir S. Moller Okin, « Reason and Feeling », art. cit., pour une version plus détaillée de ce que ce paragraphe et le suivant résument.
2. T. Nagel, « Rawls on Justice » (in Norman Daniels [dir.], *Reading Rawls*, New York, Basic Books, 1974, repris de *Philosophical Review*, vol. 72, 1973), élabore le premier argument. Michael J. Sandel, dans *Le Libéralisme et les Limites de la justice* (trad. J.-F. Spitz, Paris, Seuil, 1999), construit les deux premiers arguments. Le deuxième argument est élaboré à la fois par Alasdair MacIntyre dans *Après la vertu* ((1981) trad. L. Bury, Paris, P.U.F., 1993, par exemple p. 149 et 239), et Michael Walzer dans *Sphères de justice* (*op. cit.*, p. 22 et 29), et dans *Interpretation and Social Criticism* (*op. cit.*, p. 11-16). Le troisième argument, bien qu'il soit lié à certaines des objections formulées par Sandel et Walzer, est construit principalement par les critiques féministes, notamment S. Benhabib, dans « The Generalized and the Concrete Other », S. Benhabib et D. Cornell (dir.), *Feminism as Critique*, Minneapolis, Minnesota U.P., 1987, voir aussi I. M. Young, « Toward a Critical Theory of Justice »,

critiques sont erronées, mais elles proviennent au moins en partie de la tendance de Rawls à employer le vocabulaire du choix rationnel.

À mon avis, la position originelle et ce qui s'y déroule seraient beaucoup mieux décrits en d'autres termes. Comme Rawls le dit lui-même, la combinaison de conditions qu'il impose aux partenaires « force chacun, dans la position originelle, à prendre en considération le bien des autres [1] ». Les partenaires peuvent être présentés comme les agents « rationnels, mutuellement désintéressés », qui sont caractéristiques d'une théorie du choix rationnel uniquement du simple fait qu'ils ignorent *quel* moi va s'avérer être le leur. Le voile d'ignorance stipule des conditions à ce point exigeantes qu'il transforme ce qui ne serait sans cela qu'un intérêt personnel en un intérêt égal pour les autres, y compris pour ceux qui sont très différents de nous-mêmes. Ceux qui se trouvent dans la position originelle ne peuvent réfléchir à partir de ce qui serait la position de *personne*, comme le suggèrent ces critiques qui concluent que la théorie de Rawls repose sur une conception « désincarnée » du moi. Ils devraient, bien davantage, penser à partir de la perspective de *toutes les personnes*, en entendant l'expression au sens de *à tour de rôle*. Le faire requiert, au strict minimum, à la fois une forte empathie et une disposition à écouter attentivement les points de vue très différents qu'expriment les autres. Comme je l'ai suggéré, il est proba-

---

Social Theory and Practice, vol. 7, 1981, et « Impartiality and the Civic Public » in *Feminism as Critique*, *op. cit.* La deuxième et troisième objections se combinent dans la façon dont Carole Pateman affirme que « la position originelle de Rawls est une abstraction logique d'une rigueur telle qu'il ne peut rien s'y produire ». (*Le contrat sexuel*, *op. cit.*, p. 74).

1. J. Rawls, *Théorie de la justice*, *op. cit.*, p. 180.

ble que ces capacités soient plus largement réparties dans une
société de familles justes, où l'on n'attend rien du genre, où
l'on ne renforce pas le genre.

*La théorie de la justice de Rawls comme instrument pour la
critique féministe*

La signification de la brillante idée centrale de Rawls, la
position originelle, est que celle-ci nous impose d'interroger
et de considérer les traditions, les coutumes et les institutions
à partir de tous les points de vue, et garantit que les principes de
justice seront acceptables pour chacun, indépendamment de la
position à laquelle « il » finit par arriver. La force critique de la
position originelle devient évidente lorsque l'on considère que
certaines des critiques les plus fécondes de la théorie de Rawls
sont le résultat d'interprétations plus radicales ou élargies de la
position originelle que de la sienne propre[1]. La théorie, en
principe, évite à la fois le problème de la domination, qui est
inhérent aux théories de la justice fondées sur des traditions ou
sur des compréhensions partagées, et la partialité de la théorie libertarienne en faveur de ceux qui ont du talent ou de la
chance. Pour les lecteurs féministes, cependant, le problème
de la théorie telle qu'elle est formulée par Rawls lui-même est
incarné dans cet « il » ambigu. Comme je l'ai montré, alors que
Rawls écarte en peu de mots les discriminations formelles et
légales fondées sur le sexe (comme celles qui sont fondées sur
ce qu'il considère comme « non pertinent d'un point de vue

---

1. C. Beitz, par exemple, soutient que rien ne justifie de ne pas étendre son
application à la population du monde entier, ce qui conduirait à remettre en
question pratiquement tout ce qui est habituellement présupposé dans la
conception étatiste, dominante, des relations internationales (*Political Theory
and International Relations*, Princeton, Princeton University Press, 1979).

moral »), il manque entièrement d'aborder la question de la justice du système fondé sur le genre, lequel, enraciné dans les rôles sexuels propres à la famille et se ramifiant jusque dans presque tous les recoins de nos vies, est l'une des structures fondamentales de notre société. Si, cependant, nous lisons Rawls de manière à prendre au sérieux à la fois l'idée que ceux qui sont derrière le voile d'ignorance ne connaissent pas leur sexe et l'exigence selon laquelle la famille et le système fondé sur le genre, en tant qu'institutions sociales de base, doivent être soumis à un examen scrupuleux, il s'ensuit une critique féministe constructive de ces institutions contemporaines. De même en va-t-il donc pour les difficultés occultées de l'application d'une théorie rawlsienne de la justice à une société structurée selon le genre.

Je vais expliquer ces points un par un. Mais d'abord, aussi bien la perspective critique que les problèmes naissant d'une lecture féministe de Rawls pourraient se trouver éclairés par la description d'une caricature que j'ai vue il y a quelques années. Trois juges âgés et en robe, de sexe masculin, sont représentés en train de regarder avec étonnement leurs ventres très arrondis par la grossesse. L'un d'eux dit aux autres, sans davantage d'élaboration : « Peut-être que nous ferions mieux de reconsidérer cette décision. » Cette illustration démontre graphiquement l'importance, pour une réflexion sur la justice, d'un concept comme celui de la position originelle de Rawls, qui nous fait adopter les positions des autres – surtout des positions dans lesquelles nous pourrions ne jamais nous trouver. Elle suggère aussi que ceux qui réfléchissent de cette manière pourraient bien conclure que c'est une égalité des sexes plus que formellement légale qui est exigée pour que la justice soit faite. Comme nous l'avons vu ces dernières années, il est possible de promulguer et de soutenir des lois « neutres du point de vue du genre» en ce qui concerne la grossesse, l'avortement, l'abandon à la naissance, et ainsi de suite, qui, en fait, discriminent les femmes. La Cour suprême des États-Unis a, par exemple, décidé en 1976 qu'« exclure la grossesse d'une assurance d'invalidité garantissant une couverture générale n'est pas du tout une discrimination fondée sur le genre[1] ». L'une des vertus de la caricature est de suggérer que quelqu'un qui réfléchit à de tels problèmes a tendance à être affecté par le fait de savoir qu'il peut devenir une « personne enceinte ». L'illustration souligne aussi les limites de ce qui est possible en ce qui touche à notre capacité de nous imaginer placés dans la position originelle, aussi longtemps que nous vivons dans une société fondée sur le genre. Alors que les juges âgés et de sexe masculin peuvent, en un sens, se concevoir eux-mêmes en train de vivre une grossesse, c'est une question beaucoup plus difficile que de savoir si, pour élaborer les principes de justice, ils peuvent s'imaginer eux-mêmes être des femmes. Cela soulève la question de déterminer si, en fait, le sexe *est* bien une caractéristique moralement non pertinente et contingente dans une société structurée selon le genre.

Faisons d'abord l'hypothèse que le sexe est contingent au sens qu'on vient d'envisager, même si j'interrogerai cette hypothèse plus tard. Supposons que cela soit possible, comme Rawls considère explicitement que c'est le cas, pour procéder à des conjectures concernant la réflexion morale d'êtres humains représentatifs, aussi ignorants de leur sexe que de tout ce qui est également dissimulé par le voile d'ignorance. Il semble clair que, même si Rawls ne le fait pas, nous devrions prendre en compte de manière cohérente les positions

---

1. *General Electric v. Gilbert*, 429 U.S 125 (1976), 136.

pertinentes des deux sexes dans la formulation et dans
l'application des principes de justice. En particulier, ceux qui
sont placés dans la position originelle doivent tenir tout spécialement compte de la perspective des femmes, puisque leur
«connaissance générale des faits généraux de la société
humaine» doit inclure la connaissance de ce que les femmes
ont été et continuent d'être le sexe le moins avantagé à de
nombreux égards. En considérant les institutions de base de la
société, ils auront vraisemblablement plus de chances de prêter
une attention particulière à la famille que de se trouver
conduits à l'oublier. Non seulement la famille est potentiellement la première école de justice sociale, mais la manière
habituelle tout autant qu'inégale dont elle attribue les responsabilités et les privilèges aux deux sexes, ainsi que celle dont
elle socialise les enfants en vue de façonner les rôles sexuels
font d'elle, dans ses formes actuelles, une institution dont
l'importance est cruciale pour perpétuer l'inégalité des sexes.

À d'innombrables égards, les principes de justice auxquels
aboutit Rawls ne sont pas compatibles avec une société structurée selon le genre, ni avec les rôles familiaux traditionnels.
L'impact critique d'une application féministe de la théorie
rawlsienne vient principalement de son second principe, qui
requiert que les inégalités soient à la fois «au plus grand béné-
fice des plus désavantagés» et «attachées à des fonctions et
à des positions ouvertes à tous»[1]. Cela signifie que, si de
quelconques rôles ou positions analogues à nos rôles sexuels
actuels – y compris ceux de mari et d'épouse, de mère et
de père – devaient survivre aux attentes liées à la première exigence, la seconde exigence interdirait tout lien entre ces rôles

---

1. J. Rawls, *Théorie de la justice, op. cit.*, p. 341.

et le sexe. Le genre, compte tenu des positions et des attentes de comportement qu'il attribue et fixe en conformité avec la caractéristique innée qu'est le sexe, ne pourrait pas plus longtemps faire partie de manière légitime de la structure sociale, que ce soit à l'intérieur ou à l'extérieur de la famille. Trois illustrations nous aident à faire le lien entre cette conclusion et les principales exigences spécifiques, que Rawls conçoit comme constitutives d'une société juste ou bien ordonnée.

Premièrement, après les libertés politiques de base, une des libertés les plus indispensables est « une liberté importante, celle du libre choix de la profession[1] ». Il n'est pas difficile de comprendre que cette liberté est compromise par la présupposition et l'attente habituelles, centrales pour notre système structuré selon le genre, selon lesquelles les femmes portent une bien plus grande responsabilité dans le travail domestique et le soin des enfants, qu'elles travaillent ou non de manière rémunérée à l'extérieur du foyer. En fait, à la fois l'attribution de ces responsabilités aux femmes – qui a pour conséquence leur dépendance économiquement asymétrique à l'égard des hommes – et la responsabilité corrélative que les maris ont de soutenir leurs femmes compromettent la liberté, pour les deux sexes, de choisir une profession. Mais les rôles habituels des deux sexes entravent les choix faits par les femmes au cours de toute une vie bien plus gravement que ceux des hommes ; il est bien plus facile en pratique d'échanger son statut de travailleur rémunéré contre un rôle ménager que de faire l'inverse. Alors que Rawls n'a pas d'objection contre certains aspects de la division du travail, il affirme que, dans une

1. *Ibid.*, p. 314.

société bien ordonnée, « il n'y a pas de raison qu'un individu quelconque soit servilement dépendant des autres et doive choisir des occupations monotones et routinières qui ruinent la pensée et la sensibilité humaine », et que le travail « sera inté-ressant pour tous [1] ». Ces conditions auront beaucoup plus de chances d'être réunies dans une société qui n'assignera pas les responsabilités familiales d'une manière qui relègue les femmes dans un secteur marginal de la force de travail rému-nérée et qui, très probablement, les rendra économiquement dépendantes des hommes. Ainsi les principes de justice de Rawls sembleraient-ils exiger de repenser radicalement non seulement la division du travail au sein des familles, mais aussi de concevoir à nouveau toutes les institutions non familiales qui la présupposent.

Deuxièmement, l'abolition du genre semble essentielle à la réalisation du critère rawlsien de la justice politique. Il soutient que non seulement l'égalité des libertés politiques formelles serait épousée par ceux qui sont placés en position originelle, mais aussi que toute inégalité dans la valeur attribuée à ces libertés (par exemple, les effets que des facteurs comme la pau-vreté ou l'ignorance ont sur elles) devrait être justifiée par le principe de différence. En effet, « le processus constitutionnel devrait préserver la représentation égale qui caractérise la position originelle dans la mesure du possible [2] ». Bien que Rawls discute cette exigence dans le contexte des différences de classes, établissant que ceux qui se consacrent à la politique devraient « provenir plus ou moins également de tous les secteurs de la société [3] », il est tout aussi manifeste et

---

1. J. Rawls, *Théorie de la justice, op. cit.*, p. 572.
2. *Ibid.*, p. 258 ; voir aussi p. 238-241 et p. 257-264.
3. *Ibid.*, p. 264.

important qu'elle soit appliquée aux différences sexuelles. La représentation politique égale des femmes et des hommes, tout particulièrement s'ils sont parents, est manifestement incompatible avec notre système structuré selon le genre. Le nombre dérisoire de femmes occupant des hautes fonctions politiques en constitue une indication évidente. Depuis 1789, plus de dix mille hommes ont été membres de la Chambre des représentants des États-Unis, mais seulement cent sept femmes ; quelque mille cent quarante hommes ont été sénateurs, contre quinze femmes. Seule Sandra Dray O'Connor a récemment été membre titulaire de la Cour suprême. Ces niveaux de représentation, pour toute autre classe constituant plus de la moitié de la population, seraient assurément perçus comme un signe que quelque chose va terriblement mal dans le système politique. Mais comme la femme politique britannique Shirley Williams l'a récemment dit, tant qu'il n'y aura pas « une révolution dans le partage des responsabilités familiales, dans le soin des enfants et dans leur éducation », il n'y aura qu'« un nombre très restreint de femmes [...] qui opteront pour un emploi aussi exigeant que la politique [1] ».

Pour finir, Rawls soutient que les personnes morales et rationnelles placées dans la position originelle insisteraient beaucoup sur la protection du respect ou de l'estime de soi.

---

1. E. Holtzman et S. Williams, « Women in the Political World : Observations », *Dédale*, vol. 116, n° 4, automne 1987. Les statistiques citées ici proviennent de cet article. En dépit des apparences, elles ne sont pas très différentes en Grande-Bretagne. Depuis 1987, quarante et un des six cent trente membres de la Chambre britannique des communes ont été des femmes et Margaret Thatcher est bien davantage une anomalie parmi les Premiers ministres britanniques que ne l'ont été le petit nombre de reines qui ont occupé le trône parmi les monarques britanniques.

Elles « chercheront à éviter à tout prix les conditions sociales qui minent le respect de soi-même », qui est « peut-être [...] le plus important » de tous les biens primaires[1]. Pour défendre cette valeur de premier ordre, si ceux qui sont dans la position originelle ne savaient pas s'ils devaient être des hommes ou des femmes, ils veilleraient certainement à établir une égalité sociale ou économique complète entre les sexes, qui protégerait chaque sexe du besoin de se plier aux plaisirs de l'autre ou d'y pourvoir de manière servile. Ils insisteraient sur l'importance pour les garçons et les filles de grandir avec un sens égal du respect de soi et des attentes égales en termes de définition et de développement de soi. Ils auraient aussi de puissants motifs pour trouver des moyens de réguler la pornographie sans compromettre gravement la liberté d'expression. En général, ils ne toléreraient probablement pas des institutions sociales de base susceptibles de contraindre asymétriquement les membres de l'un des deux sexes, ou de les inciter à servir d'objets sexuels aux membres de l'autre sexe.

Il y a donc là, implicite dans la théorie rawlsienne de la justice, une critique potentielle des institutions sociales structurées selon le genre, laquelle peut être développée si l'on prend au sérieux le fait que ceux qui formulent les principes de justice ne connaissent pas leur sexe. Au début de mon bref examen de cette critique féministe, j'ai néanmoins fait une hypothèse dont j'ai dit qu'il me faudrait l'interroger ultérieurement – à savoir l'hypothèse que le sexe d'une personne est, comme le montre parfois Rawls, une caractéristique contingente et non pertinente moralement, de sorte que les êtres humains peuvent réellement faire comme s'ils ignoraient

1. J. Rawls, *Théorie de la justice*, *op. cit.*, p. 480 et 438 et p. 208-210.

ce fait à propos d'eux-mêmes. Premièrement, j'expliquerai pourquoi, à moins que cette hypothèse ne soit raisonnable, il est probable qu'il y ait, dans le cadre d'une théorie rawlsienne de la justice, davantage encore de prolongements féministes s'ajoutant à ceux que je viens d'esquisser. Je soutiendrai ensuite que l'hypothèse a très peu de chances d'être plausible dans toute société structurée selon des critères génériques. J'en viendrai à conclure, non seulement que notre structure générique actuelle est incompatible avec la réalisation de la justice sociale, mais que la disparition du genre est un prérequis pour le développement *complet* d'une théorie de la justice qui soit non sexiste et authentiquement humaine.

Bien que Rawls soit clairement conscient des effets que les différentes places au sein du système social ont sur les individus, il considère qu'il est possible de faire l'hypothèse de personnes morales libres et rationnelles placées dans la position originelle qui, provisoirement affranchies des contingences liées aux caractéristiques concrètes et aux circonstances sociales, adopteront le point de vue de l'être humain « représentatif ». Il ne se fait aucune illusion quant à la difficulté de cette tâche : elle requiert un « changement substantiel de perspective » dans la manière dont nous concevons l'équité dans la vie quotidienne. Mais, en recourant au voile d'ignorance, il croit que nous pouvons « prendre un point de vue que chacun peut adopter sur un pied d'égalité », de telle sorte que « nous partageons un point de vue commun avec les autres et ne formulons pas nos jugements à partir d'une perspective personnelle ». Le résultat de cette impartialité, ou objectivité rationnelle, soutient Rawls, c'est que, tous étant convaincus par les mêmes arguments, l'accord sur les principes de base de la justice sera unanime. Il ne veut pas dire que ceux qui sont dans la position originelle se mettront d'accord sur *tous* les problèmes moraux ou sociaux – « des différends éthiques sont destinés à demeurer » –, mais qu'un accord complet, ou alors des « ententes essentielles », seront atteints sur tous les principes de base. Une hypothèse cruciale dans cette argumentation en faveur de l'unanimité est cependant que tous les partenaires aient des motivations et des psychologies similaires (par exemple, il suppose une rationalité mutuellement désintéressée et une absence d'envie), et qu'ils aient fait l'expérience de modèles de développement moral similaires, et qu'ils soient par conséquent présumés capables d'un sens de la justice. Rawls considère que ces présuppositions font partie des « stipulations faibles » sur lesquelles une théorie générale peut être fondée en toute sécurité [1].

La cohérence de l'hypothétique position originelle de Rawls, avec son unanimité entre les êtres humains représentatifs, est cependant mise en doute si les types d'êtres humains que l'on devient concrètement dans la société diffèrent non seulement en ce qui concerne les intérêts, les opinions superficielles, les préjugés et les points de vue – dont on peut se débarrasser afin de formuler des principes de justice –, mais aussi pour ce qui touche à leurs psychologies de base, à leurs conceptions de la personne dans sa relation aux autres ainsi qu'à leurs expériences du développement moral. Un certain nombre de théories féministes ont soutenu ces dernières années que, dans une société structurée selon le genre, les différentes expériences de la vie des femmes et des hommes affectent en fait de manière significative, dès le début, leurs psychologies respectives, leurs façons de penser et leurs

---

1. J. Rawls, « Kantian Constructivism in Moral Theory », *The Journal of Philosophy*, vol. 77, n° 9, 1980, p. 551 ; *Théorie de la justice, op. cit.*, p. 560, et p. 170-173 et 180.

types de développement moral[1]. Une attention particulière a été accordée aux effets qu'a sur le développement moral et psychologique des deux sexes le fait, fondamental dans notre société structurée selon le genre, que les enfants des deux sexes soient élevés essentiellement par des femmes. Il a été soutenu que l'expérience de l'individuation – du fait de se séparer de la personne qui nous éduque et avec laquelle on entretient originellement une relation psychologiquement fusionnelle – est une expérience très différente pour les filles et pour les garçons, qui laisse les membres de chaque sexe avec une perception différente d'eux-mêmes et de leurs relations avec les autres. (Cette thèse, développée par Nancy Chodorow sur la base de la théorie psychanalytique des relations d'objets, sera expliquée de manière plus détaillée par la suite.) Qui plus est, il a été soutenu que l'expérience d'*être* les premiers

---

1. Les principaux livres contribuant à cette thèse sont : J. Baker, *Toward a New Psychology of Women*, Boston, Beacon Press, 1976 ; D. Dinnerstein, *The Mermaid and the Minotaur*, New York, Harper and Row, 1977 ; N. Chodorow, *The Reproduction of Mothering*, Berkeley, California University Press, 1978 ; C. Gilligan, *Une si grande différence*, trad. A. Kwiatek, Paris, Champs-Flammarion, 1982 ; N. Artsock, *Money, Sex, and Power*, New York, Longman, 1983. Voir également les articles : J. Klax, « The Conflict between Nurturance and Autonomy in Mother-Daughter Relationships and Within Feminism », *Feminist Studies*, vol. 4, n° 2, été 1978 ; J. Kegan Gardiner, « Self Psychology as Feminist Theory », art. cit. ; S. Ruddick, « Maternal Thinking », art. cit. Des résumés et/ou des analyses en sont présentés dans J. Grimshaw, *Philosophy and Feminist Thinking*, Minneapolis, Minnesota University Press, 1986, chap. V-VIII ; A. Jaggar, *Feminist Politics and Human Nature*, Totowa, N.J., Rowman and Allan Held, 1983, chap. XI ; S. Moller Okin « Thinking like a Woman », in *Theoretical perspectives on Sexual Differences*, Deborah L. Rhode ed., New Haven, Yale University Press ; Joan Tronto, « "Women's Morality" : beyond Gender Difference to a Theory of Care », *Things*, vol. 12, n°4, été 1987.

éducateurs (et le fait de grandir dans cette perspective) affecte
le point de vue psychologique et moral des femmes, comme le
fait l'expérience de grandir dans une société où les membres de
l'un des deux sexes sont subordonnés de nombreuses manières
à l'autre sexe. Des théoriciens du féminisme ont minutieusement examiné et analysé les différentes expériences que
nous rencontrons dans notre développement, depuis nos vies
concrètement vécues jusqu'à notre intégration de leurs soubas-
sements idéologiques, et ils ont étoffé précieusement la
déclaration de Simone de Beauvoir selon laquelle « on ne naît
pas femme : on le devient [1] ».

Ce qui semble déjà indiqué par ces études, en dépit de
leur caractère jusqu'ici inachevé, c'est que dans une *société
structurée selon le genre*, il y a quelque chose comme le point
de vue distinct des femmes, et que ce point de vue ne peut pas
être adéquatement pris en compte par les philosophes hommes
qui sont l'équivalent théorique des juges âgés de sexe masculin représentés sur le dessin. En particulier, l'influence forma-
trice qu'exerce sur les petits enfants une éducation assurée
par les femmes semble suggérer que la différence sexuelle a
même plus de chances d'affecter notre réflexion sur la justice
dans une société structurée selon le genre que, par exemple,
la différence raciale dans une société où la race a une signification sociale, ou que la différence de classe dans une société
divisée en classes. La notion de point de vue des femmes, bien
qu'ayant ses problèmes propres, suggère qu'une théorie
morale ou politique pleinement humaine peut être développée
uniquement si les deux sexes y participent pleinement.

---

1. S. de Beauvoir, *Le Deuxième Sexe* (1949), « Folio Essais », Paris,
Gallimard, 1976, tome II, p. 13.

Au minimum, cela requiert que des femmes prennent la place qui leur revient avec des hommes, en dialoguant en nombre approximativement égal et à partir de positions dotées d'une influence comparable. Dans une société structurée conformément à ce qu'exige le genre, cela ne peut arriver.

En lui-même, qui plus est, c'est là un point insuffisant pour le développement d'une théorie de la justice intégralement humaine. Ce pourquoi, si des principes de justice doivent être adoptés unanimement par des êtres humains représentatifs qui ignorent leurs caractéristiques particulières et leurs positions dans la société, ceux-ci doivent être des personnes dont le développement psychologique et moral soit pour l'essentiel identique. Cela signifie que les facteurs sociaux influençant les différences qui existent actuellement entre les sexes – de l'éducation par les femmes à toutes les manifestations de la subordination et de la dépendance des femmes – devraient être remplacés par des institutions et des coutumes non encombrées du genre. Seuls les enfants qui sont éduqués à égalité par leur mère et par leur père peuvent développer pleinement les capacités psychologiques et morales qui semblent actuellement se répartir de façon inégale entre les sexes. Ce sera seulement quand les hommes participeront de manière égale à ce qui a été principalement les domaines réservés des femmes, ceux où elles avaient affaire aux besoins matériels et psychologiques quotidiens de leurs proches, et quand les femmes participeront de manière égale à ce qui a été principalement les domaines réservés des hommes, ceux de la production à large échelle, du gouvernement, de la vie intellectuelle et artistique, que les membres des deux sexes seront capables de développer une personnalité *humaine* plus complète qu'il n'a été jusqu'ici possible. Alors que Rawls et la

plupart des autres philosophes ont présupposé que la
psychologie humaine, la rationalité, le développement moral
et les autres capacités étaient entièrement représentés par les
membres masculins de l'espèce, cette hypothèse elle-même
a maintenant été dévoilée comme faisant partie intégrante de
l'idéologie dominée par les hommes qui caractérise notre
société structurée selon le genre.

Quel effet pourrait avoir la considération du point de vue
des femmes, dans une société structurée selon le genre, sur
la théorie rawlsienne de la justice ? Cela remettrait en question
certaines de ses hypothèses et conclusions, alors que d'autres
en sortiraient renforcées. Par exemple, la discussion des
projets de vie rationnels et des biens premiers pourrait davantage se polariser sur les relations et moins exclusivement
sur les activités complexes auxquelles Rawls attribue le plus
de valeur, si cette discussion devait prendre en compte, plutôt
que de les tenir pour acquises, les contributions plus tradition-
nellement féminines à la vie humaine[1]. Rawls dit que le respect
de soi-même ou l'estime de soi est « peut-être le bien premier
le plus important » et que « les partenaires chercheront à éviter
à tout prix les conditions sociales qui [le] minent[2] ». Une bonne
éducation physique dès la petite enfance et, surtout, psychologique dans un cadre favorable, est essentielle pour qu'un

---

1. B. Barry a développé une critique similaire, bien que plus générale, de la
façon dont Rawls met l'accent sur la valeur de la complexité des activités (le
« principe aristotélicien ») dans *The Liberal Theory of Justice*, Oxford, Oxford
University Press, 1973, p. 27-30. Rawls prête le flanc à ce type de critique et
d'adaptation de sa théorie des biens primaires quand il écrit qu'elle « dépend de
prémisses psychologiques [qui] peuvent se révéler erronées » (*Théorie de la
justice*, *op. cit.*, p. 301).

2. J. Rawls, *Théorie de la justice*, *op. cit.*, p. 438 et 480.

enfant développe le respect ou l'estime de soi. Il n'y a pourtant aucune discussion de cela dans la prise en compte rawlsienne des biens premiers. Puisque la base du respect de soi se forme dès la très petite enfance, des structures familiales justes et des pratiques où ce respect se forge, dans lesquelles l'éducation parentale elle-même serait valorisée, ainsi que des dispositifs de haute qualité, subventionnés, venant s'y ajouter pour assurer le soin des enfants, représenteraient sans aucun doute les exigences fondamentales d'une société juste. Par ailleurs, comme je l'ai précédemment indiqué, ces aspects de la théorie de Rawls, tels que le principe de différence, qui requiert une capacité considérable à s'identifier aux autres, peuvent être renforcés par la référence aux conceptions des relations entre soi et les autres qui semblent être prioritairement féminines dans une société structurée selon le genre, mais qui, dans une société affranchie du genre, seraient plus ou moins également partagées par les membres des deux sexes.

Les arguments de ce chapitre ont conduit vers des conclusions mitigées à propos de l'utilité potentielle de la théorie rawlsienne de la justice d'un point de vue féministe, et au sujet de son adaptation possible à une société débarrassée du genre. Rawls lui-même néglige le genre et, en dépit de sa prise de position initiale au sujet de la place de la famille dans la structure de base, ne prend pas en considération la question de savoir si et sous quelle forme la famille est une institution juste. Il semble également significatif qu'au début de la *Théorie de la justice*, il distingue explicitement les institutions de la structure de base (*y compris* la famille) des autres « associations privées » et des « différentes conventions et habitudes non formelles de la vie courante », tandis que dans son œuvre plus récente il renforce expressément l'impression selon laquelle la famille est au nombre de ces associations « privées » et, par là même, non politiques, pour lesquelles il estime que les principes de justice sont moins appropriés ou moins pertinents[1]. Il procède ainsi, qui plus est, en dépit du fait que sa propre théorie du développement moral repose essentiellement sur l'expérience précoce des personnes à l'intérieur d'un environnement familial à la fois affectueux et juste. Ainsi la théorie, telle qu'elle est, contient-elle un paradoxe interne. En raison de ses présupposés au sujet du genre, Rawls n'a pas appliqué les principes de justice au domaine de l'éducation humaine, un domaine qui est essentiel pour la réalisation et pour le maintien de la justice.

Par ailleurs, j'ai soutenu que le *potentiel* féministe de la méthode rawlsienne de penser et de ses conclusions est considérable. La position originelle, avec en elle le voile d'ignorance qui dissimule aux participants leur sexe tout comme leurs autres caractéristiques particulières, talents, circonstances et buts, est un concept puissant pour défier la structure générique. Une fois que nous nous délivrons des hypothèses libérales traditionnelles au sujet de l'opposition entre la sphère publique et la sphère privée, entre la dimension politique et la dimension non politique de la vie, nous pouvons nous servir de la théorie de Rawls comme d'un instrument permettant de réfléchir à la façon de réaliser la justice entre les sexes, aussi bien dans la famille que dans la société au sens large.

---

1. J. Rawls, *Théorie de la justice*, *op. cit.*, p. 34. Le développement plus récent qui est intervenu se rattache à la façon dont Rawls adhère à la dichotomie public/privé, telle que l'expose Charles Larmore, dans *Patterns of Moral Complexity*, Cambridge, Cambridge University Press, 1987.

MICHAEL WALZER

SPHÈRES DE JUSTICE

PROTÉGER LES LIENS DE PARENTÉ ET L'AMOUR DE LA POLITIQUE ET DE L'ÉCONOMIE[*]

Les répartitions de l'affection

On pense habituellement que les liens de parenté et les relations sexuelles constituent un domaine qui transcende celui de la justice distributive. On les juge en d'autres termes, ou on nous enseigne qu'ils ne relèvent pas du jugement. Les gens aiment du mieux qu'ils peuvent, et leurs sentiments ne peuvent pas être redistribués. Il pourrait se faire, comme l'a dit un jour Samuel Johnson, que « les mariages seraient en général aussi heureux, et souvent encore plus, s'ils étaient tous conclus par le Lord Chancelier »[1]. Mais personne n'a sérieusement proposé d'étendre le pouvoir du Lord Chancelier de cette manière, pas même dans le but de rendre les gens plus heureux

[*] M. Walzer, *Sphères de justice*, trad. P. Engel, Paris, Seuil, 1997, p. 319-330.

[1] J. Boswell, *The Life of Samuel Johnson*, E. Bergen (éd.), New York, 1952, p. 285.

(et dans ce cas pourquoi ne pas chercher l'égalité de bonheur ?). Ce serait, cependant, une erreur de considérer les liens de parenté et l'amour comme une sphère différente de toutes les autres, comme un enclos ou un territoire sacré, comme le Vatican au sein de la République italienne, exempt de toute critique philosophique. En fait, cette sphère est étroitement liée aux autres sphères distributives, elle est hautement vulnérable à leurs interférences et les influence elle-même fortement. Il faut souvent en défendre les frontières, sinon contre le Lord Chancelier, du moins contre d'autres sortes d'intrusions tyranniques – les troupes qui prennent leurs quartiers dans les domiciles privés, par exemple, ou l'imposition du travail des enfants dans les usines et dans les mines, ou les « visites » des travailleurs sociaux, des fonctionnaires qui contrôlent les absences, des policiers, ou d'autres agents de l'État moderne. Et d'autres sphères doivent être défendues contre ses intrusions, contre le népotisme et le favoritisme – qui, dans nos sociétés, bien que certainement pas dans toutes les sociétés, sont des actes d'amour interdits.

D'importantes distributions se réalisent à l'intérieur de la famille et à travers l'alliance des familles. Des dots, des dons, des héritages, des pensions alimentaires, des aides réciproques de diverses sortes, toutes ces choses sont sujettes à des coutumes et à des règles qui sont de type traditionnel et qui reflètent des conceptions profondes, bien que jamais permanentes. Chose plus importante encore, l'amour lui-même, ainsi que le mariage, le souci des parents pour leurs enfants et le respect filial sont également sujets à de telles règles et également reconnus comme tels. « Honore père et mère » est une règle distributive. Tout comme la maxime confucéenne au sujet des frères aînés[1]. De même que les multitudes de prescriptions que les anthropologues ont mises en évidence, qui lient, par exemple, les enfants à leurs oncles maternels, ou les épouses à leurs belles-mères. Ces distributions dépendent aussi de conceptions culturelles qui changent avec le temps. Si les gens aiment et se marient librement, comme nous sommes supposés le faire, c'est parce que l'amour et le mariage ont une certaine signification dans notre société. Pas plus que nous ne sommes entièrement libres, malgré toute une série de luttes pour notre libération. L'inceste est encore interdit : « La permissivité sexuelle du monde contemporain n'a pas éliminé cette restriction[2] ».

La polygamie est interdite elle aussi. Les mariages homosexuels ne sont toujours pas reconnus légalement et restent politiquement sujets à controverse. Les mariages mixtes se heurtent à des condamnations sociales, même s'ils ne donnent plus lieu à des condamnations légales. Dans chacun de ces cas (très différents) la « libération » serait un acte de redistribution, une nouvelle organisation des engagements contractés, des obligations, des responsabilités et des alliances. Dans la majeure partie de l'histoire humaine, l'amour et le mariage ont été bien plus étroitement réglementés qu'ils ne le sont aux États-Unis aujourd'hui. Les règles de parenté font la joie des anthropologues, pour leur merveilleuse variété et pour leur passionnante complexité. Il existe des centaines de façons dont on peut poser la question distributive – Qui ?... Avec qui ? – et y répondre. Qui peut coucher avec qui ? Qui peut épouser qui ? Qui fait des cérémonies avec qui ? Qui doit

1. *The Analects of Confucius*, trad. A. Waley, New York, Vintage Books, 1938, p. 83, 1-2.
2. L. Mair, *Marriage*, New York, Pica Press, 1972, p. 20.

montrer du respect à qui ? Qui est responsable de qui ? Les réponses à ces questions constituent un système très élaboré de règles, et c'est une caractéristique des conceptions les plus anciennes du pouvoir politique que les chefs ou les princes qui violent ces règles soient des tyrans [1]. Le sentiment le plus profond de la tyrannie tient à ceci : c'est l'empire du pouvoir sur les relations de parenté. Le mariage est rarement ce qu'en dit John Selden : « Rien d'autre qu'un contrat civil [2] ». Il fait partie d'un système plus large, dont les législateurs ne s'occupent que marginalement ou après coup, pour organiser moralement mais aussi spatialement la vie « privée » : les foyers, les visites, les devoirs, les expressions des sentiments et les transferts des biens.

Dans de nombreux lieux et à de nombreuses époques, les relations de parenté ont une portée bien plus large, et façonnent également la politique, de même qu'elles fixent le statut légal et les possibilités de vie des individus. En fait, selon une certaine conception de l'histoire humaine, toutes les sphères de relations et de distribution, toutes les « assemblées » d'hommes et de femmes, tournent autour des liens de parenté, tout comme l'ensemble des charges étatiques et des institutions tournent autour de la cour du roi. Mais l'opposition de la parenté et de la politique est très ancienne, peut-être primordiale. « Toute société, écrit l'anthropologue

---

1. Voir la discussion d'Eugene Victor Walter sur les contraintes qu'impose la parenté au pouvoir politique dans *Terror and Resistance : A Study of Political Violence, with Case Studies of Some Primitive African Communities*, New York, Oxford University Press, 1969, chap. 4 ; puis sa description de l'attaque menée contre la parenté par Shaka, le « despote terroriste » des Zoulous, notamment p. 152-154.

2. J. Selden, *Table Talk*, F. Pollack (ed.), London, Quaritch, 1927, p. 75.

contemporain Meyer Fortes, comprend deux ordres fondamentaux de relations sociales... le domaine familial et le
domaine politico-juridique, la parenté et la cité » [1]. Il n'est pas
dénué de sens de dire, par conséquent, que les règles de parenté
ne concernent pas la totalité du monde social, mais marquent
le premier ensemble de limites en son sein.

La famille est une sphère de relations spécifiques. Tel
enfant est la pupille des yeux de son père ; tel autre est la joie
de sa mère. Tel frère et telle sœur s'aiment plus qu'ils ne le
devraient. Tel oncle accorde une dot à sa nièce favorite. C'est
là un monde de passion et de jalousie, dont les membres
cherchent souvent à monopoliser l'affection les uns des autres,
en même temps que tous ont une revendication minimale – tout
au moins vis-à-vis des étrangers qui n'ont aucun droit sur
ce monde. La ligne de partage entre ceux qui sont à l'intérieur
et ceux qui sont à l'extérieur de cette sphère est souvent stricte :
à l'intérieur, la « règle de l'altruisme prescriptif » s'applique,
à l'extérieur elle ne vaut pas [2]. La famille n'est donc pas une
source éternelle d'inégalité ; non pas seulement pour la raison
qu'on donne habituellement, parce que la famille fonctionne
(différemment selon les différentes sociétés) comme une unité
économique dont la richesse est accaparée et transmise, mais
aussi parce qu'elle fonctionne comme une unité émotionnelle
à l'intérieur de laquelle l'amour est accaparé et transmis. Il
vaudrait mieux dire : qui tourne et qui ensuite est transmis, et
au départ au moins pour des raisons internes. Le favoritisme
commence dans la famille – comme quand Joseph est préféré à

1. M. Fortes, *Kinship and the Social Order : The Legacy of Lewis Henry
Morgan*, Chicago, Aldine Publishing, 1969, p. 309.
2. L'expression citée est de M. Fortes, *ibid.*, p. 232.

ses frères – et ce n'est qu'après qu'il est étendu à la politique et
à la religion, à l'école, au marché et aux lieux de travail.

[…][1]

Famille et économie

Les premiers penseurs politiques modernes décrivent
souvent la famille comme un « petit État » à l'intérieur duquel
on apprend aux enfants les vertus de l'obéissance et où on les
prépare à devenir des citoyens (ou, plus souvent, des sujets) de
l'État tout entier, la communauté politique dans son ensemble[2]. Cela ressemble à une recette pour l'intégration, mais cela
avait aussi un autre but. Si la famille était un petit État, alors le
père était un petit roi, et le royaume sur lequel il régnait était un
royaume que le roi lui-même ne pouvait envahir. Les petits
États formaient la limite de l'État plus large dont ils étaient
aussi les parties et le contenaient. De la même manière, nous
pouvons considérer la famille comme une unité économique,
intégrée partiellement dans, mais aussi fixant les frontières,
de la sphère de l'argent et des marchandises. À partir de là, bien
entendu, l'intégration était parfaite. Le mot grec dont dérive
notre mot *économie* signifie simplement : « économie domestique » ; il décrit une sphère unique, distincte de celle de la politique. Mais partout où l'économie acquiert un caractère indépendant et favorise l'association non pas des parents mais des
étrangers, chaque fois que le marché remplace le foyer familial
autosuffisant, notre conception de la parenté impose des

---

1. Ici prend place le paragraphe « Les gardiens de Platon » qui décrit
l'intrusion de la sphère politique dans la famille, de la même façon que les pages
qui suivent étudient l'intrusion de la sphère économique dans la famille.
(N.d.É.)

2. Voir G. J. Schochet, *Patriarchalism in Policital Thought*, New York,
Blackwell, 1975, chap. 1-3.

limites à la portée de l'échange, établissant un espace dans lequel les normes du marché ne s'appliquent pas. Nous pouvons le voir très clairement si nous considérons une période de changement économique rapide, comme celle des débuts de la révolution industrielle.

Manchester, 1844

Engels avait beaucoup à dire sur les familles ouvrières dans son analyse de la vie en usine à Manchester en 1844. Il ne racontait pas seulement l'histoire d'une misère, mais aussi celle d'une catastrophe morale : des hommes, des femmes et des enfants travaillant de l'aurore au crépuscule ; des petits enfants laissés à la maison, enfermés dans des pièces minuscules sans chauffage ; un échec radical de la socialisation, une destruction complète des structures de l'amour et de la solidarité ; une perte des sentiments de parenté dans des conditions qui ne donnaient à ces sentiments aucune place et aucune possibilité de se réaliser[1]. Les historiens d'aujourd'hui suggèrent qu'Engels sous-estimait la force et la capacité d'adaptation de la famille, ainsi que l'aide qu'elle était capable de fournir à ses membres, même dans les pires conditions[2]. Mais ce qui m'intéresse est moins la question de savoir si l'analyse d'Engels est exacte – elle l'est suffisamment – que ce que cette analyse révèle des intentions des premiers penseurs et organisateurs socialistes. Ils considéraient le capitalisme

1. F. Engels, *La situation des classes laborieuses en Angleterre*, trad. P. Bracke et P.-J. Bertrand, Paris, Costes, 1933, t. 2, p. 23. Voir aussi S. Marcus, *Engels, Manchester, and The Working Class*, New York, Random House, 1974, p. 238 *sq.*

2. J. Humphries, « The Working Class Family : a Marxist Perspective », *in* J. Bethke Elshtain (ed.), *The Family in Political Thought*, Amherst, Mass., U.M.P., 1982, p. 207.

comme une attaque contre la famille, une destruction tyrannique des liens domestiques : « Tous les liens familiaux des prolétaires sont déchirés, et leurs enfants sont transformés en de simples articles de commerce et en instruments de travail »[1]. Et c'est contre cette tyrannie qu'ils se dressaient.

Manchester, telle que la décrivait Engels, est un autre exemple d'une cité sans divisions intérieures, où l'argent triomphe partout. Ainsi les enfants sont-ils vendus pour aller dans les usines, les femmes pour se prostituer, et la famille est « dissoute ». Il n'y a pas de sens du foyer et du chez-soi, pas de temps disponible pour les tâches domestiques et les fêtes de famille, pas de repos, pas d'intimité. La relation familiale, écrivaient Marx et Engels dans le *Manifeste*, « est réduite à une simple relation d'argent ». Le communisme, poursuivaient-ils, « amènera avec lui l'abolition de la famille bourgeoise » ; mais puisque la famille bourgeoise représentait déjà, à leurs yeux, l'abolition des liens de parenté et de l'amour, l'esclavage des enfants et « la mise en commun des femmes » – ce qu'ils visaient en fait ressemble plus, dans ses effets probables, à une restauration. Ou mieux, ils soutenaient que, quand la production sera finalement et complètement socialisée, la famille deviendra pour la première fois une sphère indépendante, une sphère de relations personnelles, fondée sur l'amour sexuel et libre entièrement de la tyrannie de l'argent – et aussi, pensaient-ils, de la tyrannie, étroitement liée à celle-ci, des pères et des maris[2].

1. K. Marx et F. Engels, *Manifeste du Parti Communiste*, trad. C. Lyotard, Paris, Le Livre de Poche, 1973, p. 30.

2. Voir aussi F. Engels, *L'origine de la famille, de la propriété privée et de l'État*, P. Bonte et C. Mainfroy (éds.), trad. J. Stern, rév. C. Mainfroy, Paris, Éditions Sociales, 1983 ; et la discussion dans E. Zaretsky, *Capitalism, the*

La réponse des syndicalistes et des réformateurs aux conditions décrites par Engels était plus simplement défensive. Ils voulaient « sauver » la famille existante, et c'était le but d'une grande partie de la législation du dix-neuvième siècle au sujet des usines. Les lois sur le travail des enfants, le raccourcissement de la journée de travail, les restrictions imposées au travail des femmes, toutes ces mesures étaient destinées à protéger les liens familiaux contre le marché, à délimiter un certain espace et à libérer un temps minimum pour la vie domestique. Ce qui sous-tendait cet effort était une conception très ancienne de la vie familiale. L'espace et le temps étaient faits en premier lieu pour les mères et les enfants, qui étaient supposés former le centre du foyer, tandis que les pères étaient conçus comme des protecteurs plus lointains, qui se protégeaient eux-mêmes seulement afin de protéger ceux qui dépendaient d'eux. Par conséquent, « les femmes étaient couramment exclues des syndicats, et les syndicalistes mâles

Family, and Personal Life, New York, Harper and Row, 1976, p. 90-97. Bien qu'Engels joue fortement sur la souffrance des enfants dans son analyse dramatique de la vie de la classe laborieuse à Manchester, sa famille reconstruite – comme celle de Marx – semble limitée aux adultes. C'est la communauté qui s'occupera des enfants, en sorte que les deux parents pourront partager la production sociale. Cette proposition a un sens quand la communauté est petite et que les relations sociales sont étroites, comme dans les kibboutz israéliens. Mais, étant donné les conditions de la société de masse, cela risque de produire une grande perte d'amour – une perte, qui plus est, supportée avant tout par ses membres les plus faibles. La famille, sous une grande variété de dispositifs, qui incluent les dispositifs bourgeois mais qui vont bien au-delà (pourquoi les parents ne peuvent-ils pas partager la *re*-production sociale ?), travaille à prévenir cette perte. (Voir la discussion des thèses de Marx *in* P. Abbott, *The Family on Trial : Special Relationships in Modern Political Thought,* University Park, Pa., 1981, p. 72-85.)

réclamaient un salaire qui puisse assurer la subsistance de toute la famille[1] ».

La sphère domestique était le lieu dévolu à la femme, les enfants se regroupaient autour d'elle, en sécurité sous sa protection. Le sentimentalisme victorien est tout autant une création prolétarienne qu'une création bourgeoise. La famille sentimentale est la première forme prise par la distribution de la famille et de l'amour, en Occident du moins, à partir du moment où le foyer domestique et l'économie sont séparés.

Le mariage

Mais l'établissement de la sphère domestique commence bien avant la révolution industrielle et a des conséquences à long terme très différentes de celles que suggère le mot *domesticité*. Elles sont très clairement visibles dans les classes supérieures ; elles naissent d'un processus double de délimitation de frontières, non seulement entre la famille et la vie économique, mais aussi entre la famille et la politique. Les familles aristocratiques et de *haute bourgeoisie*[2] des débuts de la période moderne étaient de petites dynasties. Leurs mariages étaient des questions complexes d'échange et d'alliances, bien préparées et minutieusement négociées. Cette sorte de chose persiste à notre époque, bien que les négociations aujourd'hui soient rarement explicites. Je suppose que ce sera toujours un aspect du mariage, tant que les familles occuperont des positions différentes dans les mondes sociaux et politiques, et tant qu'il y a des affaires de famille et des réseaux bien établis de parents. L'égalité simple éliminerait l'échange et l'alliance en éliminant la différence familiale. « Si pour toute

---

1. E. Zaretsky, *Capitalism, op. cit.*, p. 62-63.
2. En français dans le texte (N.d.T.).

famille le prix de l'éducation était le même, écrivait Shaw, nous aurions tous les mêmes habitudes, manières, culture et raffinements ; et la fille de l'éboueur pourrait se marier avec le fils du duc aussi facilement que le fils du courtier en bourse se marie avec la fille du banquier » [1]. Tous les mariages seraient des accords d'amour – et c'est en fait la tendance, l'intention, pour ainsi dire, du système de parenté tel que je le comprends.

Mais Shaw surestimait le pouvoir de l'argent. Il aurait dû exiger non seulement qu'aucun enfant ne soit élevé dans une famille plus riche que d'autres, mais aussi qu'aucun enfant ne soit élevé dans une famille plus politiquement influente ou au statut social plus élevé. Rien de cela n'est possible, je pense, à moins d'abolir la famille elle-même. On peut néanmoins obtenir des effets plus ou moins semblables en séparant les sphères distributives. Si l'appartenance familiale et l'influence politique sont deux choses entièrement distinctes, si le népotisme est exclu, l'héritage restreint, les titres de noblesse abolis, et ainsi de suite, alors il y a bien moins de raisons de considérer le mariage comme un échange ou comme une alliance. C'est alors que les fils et les filles peuvent (et pourront) chercher des compagnons qu'ils trouvent physiquement ou spirituellement attirants. Tant que la famille était intégrée dans la vie politique et économique, l'amour romantique avait sa place à l'extérieur. Ce que célébraient les troubadours était, pour ainsi dire, une distribution marginale. L'indépendance de la famille tenait lieu d'une relocalisation de l'amour.

Ou tout au moins de la romance, car l'amour existait certainement aussi dans la famille sous sa forme ancienne, bien

---

1. B. Shaw, *The Intelligent Woman's Guide to Socialism, Capitalism, Sovietism, and Fascism*, Harmondsworth, Pelican Book, 1937, p. 87.

qu'on en parlât sur un ton rhétoriquement déflationniste. Aujourd'hui l'amour romantique, plus ou moins élevé, est considéré comme le seul fondement satisfaisant du mariage et de la vie matrimoniale.

Mais cela veut dire que les mariages échappent à l'emprise des parents et de leurs agents (les entremetteuses et agences matrimoniales, par exemple) et [sont] remis aux mains des enfants. La justice distributive de l'amour romantique est le choix libre. Je ne veux pas dire que le choix libre est le seul principe distributif dans la sphère des liens de parenté. Cela ne peut jamais se produire ; car, bien que je choisisse mon épouse, je ne choisis pas les parents de mon épouse, et les obligations ultérieures afférentes au mariage dépendent de la culture et non de l'individu. Néanmoins, l'amour romantique concentre notre attention sur le couple dont les membres se sont mutuellement choisis. Et il implique quelque chose d'essentiel : l'homme et la femme ne sont pas seulement libres, mais également libres. Le sentiment doit être mutuel, il faut être deux pour danser le tango, et ainsi de suite.

C'est pourquoi nous appelons les parents des tyrans s'ils essaient d'utiliser leur pouvoir économique et politique pour contrarier les désirs de leurs enfants. À partir du moment où les enfants sont majeurs, les parents n'ont aucun droit légal de les punir ou de leur empêcher quoi que ce soit ; et bien qu'on puisse toujours, comme le dit le proverbe, laisser sans un sou les fils et les filles qui se marient « mal », cette menace ne fait plus partie de l'arsenal moral de la famille (et dans certains pays, de l'arsenal légal non plus) : dans ce genre d'affaire, les parents n'ont pas d'autorité légitime. Ils doivent jouer, s'ils le peuvent, sur les sentiments de leurs enfants. C'est ce que l'on appelle quelquefois, quand cela marche, la « tyrannie émotionnelle ». Mais je pense que cette expression n'est pas bonne – ou qu'on l'utilise métaphoriquement, comme Somerset Maugham quand il parlait de l'« esclavage humain ». Car le jeu du sentiment, l'expérience de l'intensité des émotions, appartient intrinsèquement à la sphère de la famille et ne s'y introduit pas de l'extérieur. La liberté d'aimer décrit un choix effectué indépendamment des contraintes de l'échange et de l'alliance, et non pas des contraintes de l'amour lui-même.

CRITIQUES DE LA FAMILLE
ET
CRITIQUES DU POUVOIR

PRÉSENTATION

LA « POLICE DES FAMILLES »

La critique des conditions de possibilité d'une justice dans la famille rend nécessaire l'analyse des relations de pouvoir qui se jouent en son sein, et qui déterminent tant la formulation de ces revendications, que leur écoute et leur prise en compte. Les demandes de justice des divers membres supposent en effet pour être formulées et entendues que les positions ne soient pas excessivement disproportionnées dans la famille, notamment que le père ou la mère n'aient pas tout pouvoir et que les différents individus ne se voient pas placés dans des positions qui les rendraient incapables de développer un sens de la justice appuyant leurs revendications. Le progrès vers plus de justice dans la famille supposerait notamment une intervention du droit qui rende concrète l'égalité de ses membres, et ce, parfois par la coercition. Mais l'immixtion du droit et du pouvoir politique dans la famille est à double tranchant ; ainsi, s'intensifiant au XIXe siècle, la multiplication des intrusions de l'administration mais aussi des sociétés philanthropiques privées dans les familles, en particulier populaires et ouvrières, finit par constituer une « police des familles » selon l'expression de Jacques Donzelot.

Contre l'idée lénifiante d'une famille qui protègerait ses membres des influences extérieures, et les isolerait de la domination sociale, politique, les textes qui suivent partagent l'idée que la famille est le lieu d'application et d'intensification de certaines forces et pouvoirs. Contrairement à ce que le choix de textes pourrait laisser croire, la critique de la famille n'est pas un monopole du XXᵉ siècle, et l'on s'en convaincra en lisant la *République* de Platon, le texte de Diderot donné en début d'ouvrage ou les critiques incendiaires de Sade à l'endroit de la famille dans *La philosophie dans le boudoir*.

En outre, si bien sûr différents textes dans les parties qui précèdent critiquent eux aussi la famille, le choix de textes donné dans cette partie offre un aperçu de trois types de critiques de l'institution familiale qui s'appuient chaque fois sur une analyse approfondie de la nature du pouvoir. Ces trois branches, qui peuvent au demeurant s'hybrider ou se soutenir mutuellement, sont : la critique *marxiste* dénonçant la famille comme lieu d'asservissement, d'esclavage et d'exploitation principalement économique de la force de travail, ici des femmes (Engels) ; la critique *bourdieusienne* portée ici par Rémi Lenoir qui complète et accentue la précédente par l'analyse des processus de concentration et de transmission du capital dont la famille est un maillon essentiel, et par l'élargissement de la notion de capital transmis, comprenant aussi un capital symbolique ; enfin, la critique *foucaldienne* – portée partiellement par le texte de Donzelot[1] – qui propose une théorie du pouvoir originale dissociée de la notion de répression.

---

1. Au sujet duquel des rapprochements avec la méthode de Bourdieu sont au demeurant également pertinents.

LA FAMILLE RELAI DU POUVOIR

La famille est un lieu hautement politique parce que ses membres exercent du pouvoir les uns sur les autres, parce qu'elle est un enjeu fondamental des luttes sociales et politiques, et parce que différents pouvoirs extérieurs à elle s'y exercent et y trouvent parfois des canaux particulièrement efficaces pour le faire. On a vu que la famille reste le moyen privilégié du maintien de la « domination masculine », même si Bourdieu rappelle dans la *Domination masculine*[1] que ce n'est pas le seul, et que d'autres institutions, notamment l'enseignement, s'en font également le relai.

La famille est aussi le relai et le soutien de l'organisation sociale de l'économie et de l'exploitation de certaines classes par d'autres ; le fait que les familles assurent le travail « reproductif » qui procrée et maintient la vie de personnes aptes à échanger ensuite leur travail dans la sphère économique sociale doit être pris en compte pour une considération complète de la division sociale du travail. Ainsi est-il défini par Engels :

> Selon la conception matérialiste, le facteur déterminant, en dernier ressort, dans l'histoire, c'est la production et la reproduction de la vie immédiate. Mais, à son tour, cette production a une double nature. D'une part, la production de moyens d'existence, d'objets servant à la nourriture, à l'habillement, au logement, et des outils qu'ils nécessitent ; d'autre part, la production des hommes mêmes, la propagation de l'espèce.[2]

Ainsi Christine Delphy, reprenant les analyses d'Engels, et les appuyant sur des études de sociologie contemporaines,

---

1 P. Bourdieu, *La domination masculine*, Paris, Seuil, 2002.

2. F. Engels, *L'origine de la famille*, *op. cit.*, p. 6.

affirme-t-elle que la famille est un haut lieu de l'exploitation économique des femmes, celles-ci formant proprement une classe exploitée (voir bibliographie *infra*).

Toutefois, cette réduction de la famille à sa dimension économique, si elle permet de mettre en lumière l'exploitation des femmes ou des enfants, cache la complexité des rapports entre famille et pouvoir. Non seulement la famille ne saurait simplement être le lieu de l'exploitation économique, non seulement elle ne se réduit pas à l'exploitation politique ou encore à la domination de genre, mais encore, quand bien même ce serait le cas, il faudrait tenir compte de la façon propre et spécifique dont elle collabore à certaines de ces exploitations. Tocqueville montre par exemple que la famille aristocratique marche main dans la main avec le régime aristocratique imbu d'inégalité sociale et politique qui la protège mais qui prend lui-même sa source dans l'inégalité entre héritiers et le droit d'aînesse. Ces deux institutions se soutiennent l'une l'autre et on ne saurait dire laquelle fonde ou utilise l'autre (*De la démocratie en Amérique*, II, III, 8).

LA FAMILLE OBJET ET SUJET DE GOUVERNEMENT

C'est un des objectifs de Foucault que de mieux définir la nature du pouvoir qui s'exerce dans la famille et de dénoncer les explications simplistes à ce sujet. Le pouvoir, affirme-t-il dans *Surveiller et punir*, ne se décrit pas toujours adéquatement selon un modèle intentionnel, même si son exercice peut servir certaines catégories sociales ou certaines forces politiques mieux que d'autres. En ce qui concerne les rapports du pouvoir et de la sexualité, une « hypothèse répressive », suspectant de façon systématique la collusion du pouvoir et de la famille dans la répression de la sexualité doit se confronter à l'histoire : ce n'est pas par interdiction, mais par diffusion et prolifération des discours que la sexualité est modelée à partir du XIXᵉ siècle.

Jusqu'à la fin du XVIIIᵉ siècle, trois grands codes explicites – en dehors des régularités coutumières et des contraintes d'opinion – régissaient les pratiques sexuelles : droit canonique, pastorale chrétienne et loi civile. Ils fixaient, chacun à leur manière, le partage du licite et de l'illicite. Or ils étaient tous centrés sur les relations matrimoniales[1].

À partir du XIXᵉ siècle une autre configuration se dessine, les sexualités perverses faisant l'objet de discours nombreux et toujours plus indépendants du cadre matrimonial, si bien que « Non sans lenteur et équivoque, lois naturelles de la matrimonialité et règles immanentes de la sexualité commencent à s'inscrire sur deux registres distincts. »[2] La famille reste certes la référence de la sexualité « normale » mais on renonce à traquer et contrôler ses manifestations familiales, alors que l'on se penche sur la sexualité des enfants, des fous, des criminels[3]. La famille n'est donc pas seulement une institution qui relaierait l'exploitation économique, et la sexualité n'est pas seulement un prétexte ou un instrument, elle est aussi un effet du pouvoir qui le manifeste en le constituant et non en le réprimant.

De la même façon, Jacques Donzelot rappelle que la réduction des familles populaires à une taille conjugale, leur

1. M. Foucault, *Histoire de la sexualité*, t. I, *La volonté de savoir*, Paris, Gallimard, 1976, p. 51.

2. *Ibid.*, p. 55.

3. *Ibid.*, p. 53.

confinement dans des habitats isolés, leur valorisation idéologique au XIXe et au XXe siècles sont certes un moyen de répondre aux craintes vagues vis-à-vis de l'errance, des agita-
tions ouvrières, etc., et d'enrégimenter la vie familiale, mais
tout cela n'a pas empêché la famille de continuer d'apparaître comme un lieu de liberté prisé par ses propres membres.
C'est pourquoi les familles sont à la fois objets et sujets du
gouvernement d'après lui.

LA FAMILLE CONSTRUITE

Si la sexualité est un effet du pouvoir, se pourrait-il que la
famille en soit également un ? Rémi Lenoir propose dans sa
vaste enquête dont le titre nietzschéen donne le ton : *Généalogie de la morale familiale*, de ne pas prêter à la famille une
réalité objective, ni naturelle, mais de reconnaître que la famille est quelque chose de construit. « La famille n'est qu'un
mot [1] » conclura-t-il après cette vaste étude. La définition de la
famille est l'objet de luttes politiques intenses et permanentes,
et la famille est une construction et une reconstruction
permanente résultant de ces luttes : elle est mouvante et se
laisse toujours approprier par des forces contraires. Une
tendance à la naturaliser et à oublier ce processus est
systématiquement observable, mais le travail du sociologue
consiste à dévoiler les échafaudages de l'édifice familial,
son historicité et son caractère pluriel et contingent.

Rémi Lenoir va plus loin et affirme que par cette catégorie
nous construisons un monde. Or pourquoi avons-nous des
difficultés à saisir ce statut de la famille ? Parce qu'un intérêt

---

1. R. Lenoir, *Généalogie de la morale familiale*, Paris, Seuil, 2003, p. 482.

puissant protège cette naturalisation, et que la famille reste « au cœur des stratégies de reproduction des groupes sociaux et des modes de représentation du corps social qui leur correspondent [1] ». Ces stratégies de reproduction ont une histoire. Rémi Lenoir se penche d'abord sur l'État lignager où l'importance morale, juridique et politique accordée au lignage s'explique parce qu'elle favorise un système économique où la richesse est surtout située dans la terre, et ne se maintient et ne s'accroît que si les héritages se font en indivision. À ce système de maintien de la richesse dans le seul aîné, qui jetait dans les couvents et les charges juridiques une quantité importante de cadets, se substitue l'État bureaucratique, rationalisé, fondé sur l'homogénéité de l'état civil, les recensements, et où le rôle de la famille dans la reproduction de la structure sociale est redéfini mais toujours omniprésent : par exemple, dès lors que l'éducation devint un des éléments de la réussite sociale, notamment par l'importance de l'école publique, un nouveau modèle bourgeois de famille se développa, qui comptait moins d'enfants afin d'investir d'autant mieux dans leur éducation. Pour pouvoir lire cette introduction dans son mouvement d'ensemble, ont été ôtés les passages méthodologiques, décrivant le corpus étudié, la nature des enquêtes sur lesquelles s'appuie Lenoir. Il convient de rappeler que ce texte, malgré son intérêt évident pour un philosophe, est une réflexion sur des matériaux historiques, empiriques et sur les difficultés liées à la façon de les interpréter.

Un point commun à l'étude de Rémi Lenoir et à celle de Jacques Donzelot est qu'ils montrent combien les familles issues des différentes classes ou catégories sociales sont

---

1. *Ibid.*, p. 17.

inégales face au pouvoir politique et social qui les contrôle, les organise. Les familles bourgeoises ne sont pas traitées comme les familles ouvrières et il n'y a pas d'égalité juridique entre elles[1]. Derrière l'évidence et la généralité prétendues du modèle social dominant de famille, il faut voir en réalité un «ethnocentrisme de classe» (R. Lenoir) qui a pour effet de valoriser une forme de famille dominante, tantôt aristocratique, tantôt bourgeoise, dont la perpétuation bénéficie à certaines stratégies sociales particulières. En effet, par exemple au XIXe siècle, le droit civil s'intéresse à la famille bourgeoise comme instrument de transmission du capital, mais la famille ouvrière n'a pas cette fonction patrimoniale : c'est le droit social et tout l'appareillage de ses instruments d'organisation, de contrôle, d'allocation qui sera son lot. Lenoir dénonce également certaines illusions de la libération familiale : si le divorce est plus accessible, l'union libre reconnue, et si certains combats sociaux (féministes, pro-mariage homosexuel) s'apprêtent également à changer les cadres familiaux admis jusqu'aux limites du pensable et du faisable[2], ce n'est pas seulement parce que l'on a assisté à un progrès dans la réflexion morale et la tolérance ; c'est certainement aussi parce que ces formes de famille «nouvelles» se sont mises à ne plus être frontalement incompatibles avec les modes de reproduction de la structure sociale.

Références bibliographiques

«Critique de la famille», *Actuel Marx 35*, Paris, P.U.F., 2005.
BOURDIEU P., *La domination masculine*, Paris, Seuil, 2002.

1. R. Lenoir, *Généalogie de la morale familiale, op. cit.*, p. 150.
2. *Ibid.*, p. 483.

DELPHY C., *L'ennemi principal*, 2 vol., Paris, Syllepses, 1998.
– et LEONARD D., *Familiar Exploitation. A New Analysis of Marriage in Contemporary Societies*, Cambridge, Polity Press, 1992.
IACUB M., *L'empire du ventre : pour une autre histoire de la maternité*, Paris, Fayard, 2004.
RUBIN G., «The Traffic in Women: Notes on The "Political Economy" of Sex», *in* R.R. Reiter (ed.), *Toward an Anthropology of Women*, NY, Monthly Review Press, 1975, p. 157-210.
TRONTO J., *Moral Boundaries*, New York, Routledge, 1993.

FRIEDRICH ENGELS

L'ORIGINE DE LA FAMILLE,
DE LA PROPRIÉTÉ PRIVÉE ET DE L'ÉTAT

LA FAMILLE MONOGAMIQUE, OU LA GRANDE DÉFAITE
HISTORIQUE DU SEXE FÉMININ *

Nous quittons maintenant l'Amérique, terre classique de la famille appariée. Aucun indice ne permet de conclure qu'une forme de famille plus élevée s'y soit développée ; que jamais, avant la découverte et la conquête, la monogamie y ait existé nulle part solidement. Il en va tout autrement dans le Vieux Monde.

Ici, la domestication des animaux et l'élevage des troupeaux avaient développé une source de richesse insoupçonnée jusque-là et créé des rapports sociaux tout à fait nouveaux. Jusqu'au stade inférieur de la barbarie, la richesse durable avait consisté presque uniquement dans la maison, les vêtements, de grossiers bijoux et les instruments nécessaires

* F. Engels, *L'Origine de la famille, de la propriété privée et de l'État*, P. Bonte et C. Mainfroy (éds.), trad. J. Stern, rév. C. Mainfroy, Paris, Éditions sociales, 1983, p. 126-152.

à l'acquisition et à la préparation de la nourriture : barque, armes, ustensiles de ménage des plus rudimentaires. Quant à la nourriture, il fallait chaque jour la conquérir à nouveau. Désormais, les peuples pasteurs gagnaient du terrain : les Aryens, dans le Pendjab et la vallée du Gange aux Indes, aussi bien que dans les steppes encore plus abondamment arrosées de l'Oxus et de l'Iaxarte, les Sémites, sur les rives de l'Euphrate et du Tigre ; avec leurs troupeaux de chevaux, de chameaux, d'ânes, de bœufs, de moutons, de chèvres et de porcs, ils avaient acquis une propriété qui ne demandait qu'une surveillance et les soins les plus élémentaires pour se reproduire en nombre toujours croissant et pour fournir la nourriture la plus abondante en lait et en viande. Tous les moyens antérieurs pour se procurer des aliments passèrent à l'arrière-plan ; la chasse, cessant d'être une nécessité, devint alors un luxe.

À qui donc appartenait cette richesse nouvelle ? À l'origine, elle appartenait sans aucun doute à la *gens*. Mais de bonne heure déjà la propriété privée des troupeaux a dû se développer. Il est difficile de dire si l'auteur de ce qu'on appelle le premier Livre de Moïse considérait le patriarche Abraham comme propriétaire de ses troupeaux en vertu de son droit propre [comme chef d'une communauté familiale], ou en vertu de sa qualité de chef effectivement héréditaire d'une *gens*. Ce qui est bien certain, c'est que nous ne devons pas nous le représenter comme propriétaire au sens moderne. Et ce qui est aussi certain, c'est qu'au seuil de l'histoire pour laquelle nous possédons des documents, nous trouvons que les troupeaux étaient déjà partout [propriété particulière des chefs de famille], au même titre que les produits de l'art barbare : ustensiles de métal, articles de luxe, au même titre enfin que le bétail humain : les esclaves.

Car l'esclavage aussi était inventé, dès ce moment-là. Pour le barbare du stade inférieur, l'esclave était sans valeur. Aussi les Indiens américains procédaient-ils avec leurs ennemis vaincus tout autrement qu'on ne fit à un stade supérieur. On tuait les hommes, ou bien on les adoptait comme frères dans la tribu des vainqueurs ; on épousait les femmes, ou bien on les adoptait, elles aussi, avec leurs enfants survivants. À ce stade, la force de travail humaine ne fournit pas encore d'excédent appréciable sur ses frais d'entretien. Il en fut tout autrement avec l'introduction de l'élevage, du travail des métaux, du tissage et, enfin, de l'agriculture. Les femmes, qu'il était si facile autrefois de se procurer, avaient pris une valeur d'échange et étaient achetées ; il en fut de même des forces de travail, surtout à partir du moment où les troupeaux devinrent définitivement propriété [familiale]. La famille ne se multipliait pas aussi vite que le bétail. On avait besoin d'un plus grand nombre de gens pour surveiller les troupeaux ; on pouvait utiliser à cette fin le prisonnier de guerre ennemi qui, de surcroît, pouvait faire souche tout comme le bétail lui-même.

Une fois qu'elles furent passées dans la propriété privée [des familles] et qu'elles s'y furent rapidement accrues, de pareilles richesses portèrent un coup très rude à la société basée sur le mariage apparié et sur la *gens* [à droit maternel]. Le mariage apparié avait introduit dans la famille un élément nouveau. À côté de la vraie mère, il avait placé le vrai père, le père attesté, et vraisemblablement beaucoup plus authentique que bien des «pères» de nos jours. D'après la division du travail en vigueur dans la famille à cette époque, il incombait à l'homme de procurer la nourriture et les instruments de travail nécessaires à cet effet ; par suite, il était donc propriétaire de ces instruments de travail ; il les emportait, en cas de séparation, tandis que la femme gardait les objets de ménage.

Selon la coutume en vigueur dans cette société, l'homme était donc également propriétaire de la nouvelle source d'alimentation, le bétail, et plus tard du nouveau moyen de travail, les esclaves. Mais, selon la coutume de cette même société, ses enfants ne pouvaient pas hériter de lui. Voici ce qu'il en était :

Selon le droit maternel, c'est-à-dire tant que la filiation ne fut comptée qu'en ligne féminine, et selon la coutume héré-ditaire primitive de la *gens*, les parents gentilices héritaient au début de leurs proches gentilices décédés. La fortune devait rester dans la *gens*. Étant donné l'infime valeur des objets à léguer, il se peut que, dans la pratique, cet héritage soit passé depuis toujours aux plus proches parents gentilices, c'est-à-dire aux [consanguins] du côté maternel. Or les enfants du défunt n'appartenaient pas à sa *gens*, mais à celle de leur mère ; ils héritaient de leur mère [au début] avec les autres [consanguins] de celle-ci, et plus tard peut-être en première ligne ; mais ils ne pouvaient pas hériter de leur père, parce qu'ils n'appartenaient pas à la *gens* de celui-ci, dans la-quelle devait rester sa fortune. À la mort du propriétaire des troupeaux, ceux-ci seraient donc passés d'abord à ses frères et sœurs et aux enfants de ses sœurs, ou aux descendants des sœurs de sa mère. Mais ses propres enfants étaient déshérités.

Donc, au fur et à mesure que les richesses s'accroissaient, d'une part elles donnaient dans la famille une situation plus importante à l'homme qu'à la femme, et, d'autre part, elles engendraient la tendance à utiliser cette situation affermie pour renverser au profit des enfants l'ordre de succession tradi-tionnel. Mais cela n'était pas possible, tant que restait en vigueur la filiation selon le droit maternel. C'est donc celle-ci qu'il fallait renverser tout d'abord, et elle fut renversée. Ce ne fut pas aussi difficile qu'il nous semblerait aujourd'hui.

Car cette révolution – une des plus radicales qu'ait jamais connues l'humanité – n'eut pas besoin de toucher à un seul des membres vivants d'une *gens*. Tous les membres de la *gens* purent rester ce qu'ils étaient auparavant. Il suffisait de décider qu'à l'avenir les descendants des membres masculins resteraient dans la *gens*, et que les descendants des membres féminins en seraient exclus et passeraient dans la *gens* de leur père. Ainsi, la filiation en ligne féminine et le droit d'héritage maternel étaient abolis, la ligne de filiation masculine et le droit d'héritage paternel étaient instaurés. Nous ne savons ni à quelle époque, ni de quelle façon cette révolution s'est accomplie chez les peuples civilisés. Elle appartient entièrement à la période préhistorique. *Quant au fait même* qu'elle a été réalisée, les nombreux vestiges de droit maternel recueillis notamment par Bachofen le prouvent surabondamment ; nous voyons avec quelle facilité elle s'effectue, en l'observant dans toute une série de tribus indiennes où elle ne s'est accomplie que récemment ou s'accomplit encore de nos jours, tant sous l'influence d'une richesse accrue et de changements dans le mode d'existence (migration de la forêt dans la prairie) que par l'influence morale de la civilisation et des missionnaires. Six tribus du Missouri sur huit ont une filiation et un ordre de succession en ligne masculine, mais les deux autres ont encore une filiation et un ordre de succession en ligne féminine. Chez les Shawnes, les Miamies et les Delawares s'est implantée la coutume de faire passer les enfants dans la *gens* paternelle en leur donnant un nom gentilice qui appartient à celle-ci, afin qu'ils puissent hériter de leur père. «Casuistique innée qui pousse l'homme à changer les choses en changeant leur nom !

Et à trouver le biais qui permette, en restant dans la tradition, de rompre la tradition quand un intérêt direct donnait l'impulsion suffisante ! » [1]. Il en résulta un brouillamini inextricable, auquel on ne put remédier, et auquel on ne remédia, en partie, que par le passage au droit paternel. « Ceci paraît, somme toute, la transition la plus naturelle. [2] » [Quant à ce que peuvent nous dire les spécialistes de droit comparé sur la façon dont cette transition s'accomplit chez les peuples civilisés du vieux monde, – et à la vérité, cela se réduit à des hypothèses –, voir M. Kovalevski, *Tableau des origines et de l'évolution de la famille et de la propriété*, Stockholm, 1890.]

Le renversement du droit maternel fut la *grande défaite historique du sexe féminin*. Même à la maison, ce fut l'homme qui prit en main le gouvernail ; la femme fut dégradée, asservie, elle devint esclave du plaisir de l'homme et simple instrument de reproduction. Cette condition avilie de la femme, telle qu'elle apparaît notamment chez les Grecs de l'époque héroïque, et plus encore de l'époque classique, on la farde graduellement, on la pare de faux semblants, on la revêt parfois de formes adoucies ; mais elle n'est point du tout supprimée.

Le pouvoir exclusif des hommes une fois établi, son premier effet se fait sentir dans la forme intermédiaire de la famille patriarcale qui apparaît alors. Ce qui la caracté-rise essentiellement, ce n'est pas la polygamie, sur laquelle nous reviendrons plus tard, mais « l'organisation d'un certain nombre d'individus, libres ou non, qui constituent une famille sous l'autorité paternelle du chef de celle-ci. Dans la forme

1. K. Marx, *Archiv*, p. 111. (N. R.)
2. *Ibid.*, p. 112.

sémitique, ce chef de famille vit en polygamie, les esclaves ont une femme et des enfants, et le but de l'organisation tout entière est la garde des troupeaux sur un terrain délimité. »

L'essentiel, c'est l'incorporation des esclaves et l'autorité paternelle ; c'est pourquoi le type accompli de cette forme de famille est la famille romaine. Le mot *familia* ne signifie pas, à l'origine, cet idéal du philistin contemporain, fait de sentimentalisme et de scènes de ménage ; tout d'abord, il ne s'applique même pas, chez les Romains, au couple et aux enfants de celui-ci, mais aux seuls esclaves. *Famulus* veut dire « esclave domestique » et la *familia*, c'est l'ensemble des esclaves qui appartiennent à un même homme. Encore au temps de Gaïus la *familia*, « *id est patrimonium* » (c'est-à-dire la part d'héritage) était léguée par testament. L'expression fut inventée par les Romains afin de désigner un nouvel organisme social dont le chef tenait sous l'autorité paternelle romaine la femme, les enfants et un certain nombre d'esclaves, et avait, sur eux tous, droit de vie et de mort.

> Le mot n'est donc pas plus ancien que le système familial cuirassé des tribus latines qui se constitua après l'introduction de l'agriculture et de l'esclavage légal, et après que se furent séparés les Italiotes aryens et les Grecs.

Marx ajoute :

> La famille moderne contient en germe non seulement l'esclavage (*servitus*), mais aussi le servage, puisqu'elle se rapporte, de prime abord, à des services d'agriculture. Elle contient *en miniature* tous les antagonismes qui, par la suite, se développeront largement, dans la société et dans son État.

Cette forme de famille marque le passage du mariage apparié à la monogamie. Pour assurer la fidélité de la femme, donc la paternité des enfants, la femme est livrée au pouvoir discrétionnaire de l'homme : s'il la tue, il ne fait qu'exercer son droit.

[Avec la famille patriarcale, nous entrons dans le domaine de l'histoire écrite ; c'est alors que la science du droit comparé peut nous être d'un grand secours. Et en effet, cette science nous a apporté ici un progrès essentiel. Nous devons à Maxime Kovalevski [1] la preuve que l'association domestique patriarcale, telle que nous la trouvons encore de nos jours chez les Serbes et les Bulgares sous le nom de *zádruga* (qu'on pourrait traduire par « Amicale ») ou *bratstvo* (« Fraternité »), et sous une forme modifiée, chez des peuples orientaux, a formé le stade transitoire entre la famille de droit maternel, issue du mariage par groupe, et la famille conjugale du monde moderne. Ceci paraît prouvé, tout au moins pour les peuples civilisés du monde antique, pour les Aryens et les Sémites.

[…] [2]

4. *La famille monogamique*. Ainsi qu'il a été montré précédemment, elle naît de la famille appariée, à l'époque qui forme la limite entre les stades moyen et supérieur de la barbarie ; sa victoire définitive est une des marques de la civilisation commençante. Elle est fondée sur la domination de l'homme, avec le but exprès de procréer des enfants d'une paternité incontestée, et cette paternité est exigée parce que ces enfants entreront un jour en possession de la fortune paternelle, en qualité d'héritiers directs. Elle se distingue du mariage apparié par une solidité beaucoup plus grande du lien conjugal, qui ne peut plus être dénoué au gré des deux parties. En

---

1. M. Kovalevski, *Tableau des origines et de l'évolution de la famille et de la propriété*, Stockhohn, 1890, p. 60-100.

2. Nous avons supprimé le passage p. 132-136 où Engels décrit ces associations.

règle générale, c'est maintenant l'homme qui peut seul dé-
nouer le lien et répudier sa femme. Le droit d'infidélité conjugale lui reste d'ailleurs garanti jusqu'à présent, du moins par
la coutume (le Code Napoléon le concède expressément à
l'homme, pourvu qu'il n'amène pas sa concubine au domicile
conjugal) et ce droit s'exerce toujours davantage, à mesure que
le développement social va s'élevant ; si la femme se souvient
de l'antique pratique sexuelle et veut la restaurer, elle est punie
plus sévèrement qu'à toute autre période antérieure.

La nouvelle forme de famille nous apparaît chez les Grecs
dans toute sa rigueur. Comme l'a noté Marx, le rôle des déesses
dans la mythologie figure une époque plus ancienne, où les
femmes avaient encore une situation plus libre, plus estimée ;
mais à l'époque héroïque, nous trouvons la femme [déjà avilie
par la prédominance de l'homme et la concurrence des esclaves. Qu'on lise plutôt, dans *L'Odyssée*, comme Télémaque
tance sa mère et lui impose silence. Dans Homère, les jeunes
femmes capturées sont livrées au bon caprice sensuel des
vainqueurs ; chacun à leur tour, dans l'ordre hiérarchique, les
chefs choisissent les plus belles ; on sait que toute *L'Iliade*
gravite autour d'une querelle entre Achille et Agamemnon, à
propos d'une de ces esclaves. Pour chaque héros homérique
de quelque importance, on mentionne la jeune captive avec
qui il partage sa tente et son lit. Le vainqueur emmène ces
jeunes filles au pays et à la maison conjugale : c'est ainsi que,
dans Eschyle, Agamemnon emmène Cassandre ; les fils nés de
ces esclaves reçoivent une petite part de l'héritage paternel et
sont considérés comme des hommes libres ; ainsi Teucer, fils
illégitime de Télamon, a le droit de porter le nom de son père.
On estime que la femme légitime doit supporter tout cela, mais
qu'elle doit observer elle-même strictement la chasteté et la fidélité conjugale. La femme grecque de l'époque héroïque est

plus respectée, il est vrai, que celle de la période civilisée ; mais en définitive elle n'est pour l'homme que la mère de ses héritiers légitimes, la gouvernante suprême de la maison et la surveillante des femmes esclaves dont il peut faire et fait à son gré ses concubines. L'existence de l'esclavage à côté de la monogamie, la présence de belles et jeunes esclaves qui appartiennent *à l'homme* corps et âme, voilà ce qui imprime dès le début à la monogamie son caractère spécifique : celui de n'être monogamie que *pour la femme*, et non pour l'homme. Ce caractère, elle le garde encore de nos jours.

Pour les Grecs d'époque plus tardive, il convient de distinguer entre Doriens et Ioniens. Les premiers, dont l'exemple classique est Sparte, ont encore, à bien des égards, des rapports matrimoniaux de caractère plus primitif que ne les dépeint Homère lui-même. À Sparte règne le mariage apparié, modifié selon les idées spartiates sur l'État, et qui présente encore bien des réminiscences du mariage par groupe. Les mariages sans enfant sont dissous ; le roi Anaxandridas (vers 650 avant notre ère) adjoignit une seconde femme à son épouse stérile et entretint deux ménages ; à la même époque, le roi Ariston, ayant deux femmes stériles, en prit une troisième, mais répudia par contre l'une des deux premières. D'autre part, plusieurs frères pouvaient avoir une femme commune ; l'ami, à qui la femme de son ami plaisait davantage, pouvait la partager avec lui ; et l'on jugeait convenable de mettre sa femme à la disposition d'un vigoureux « étalon » (comme dirait Bismarck), même si celui-ci ne comptait pas au nombre des citoyens. Un passage de Plutarque, où l'on voit une Spartiate renvoyer à son mari le soupirant qui la poursuit de ses propositions, semble indiquer (d'après Schoemann) qu'une liberté encore plus grande aurait régné dans les mœurs. Aussi l'adultère véritable, l'infidélité de la femme à l'insu de son mari, était-il chose inouïe. D'autre part, l'esclavage domestique était inconnu à Sparte, du moins à la meilleure époque ; les serfs ilotes logeaient à part, dans les domaines ; la tentation de s'en prendre à leurs femmes était donc moindre pour les Spartiates. Il résultait nécessairement de toutes ces circonstances que les femmes de Sparte avaient une situation beaucoup plus respectée que chez les autres Grecs. Les femmes spartiates et l'élite des hétaïres athéniennes sont les seules femmes grecques dont les Anciens parlent avec respect et dont ils prennent la peine de consigner les propos.

Il en va tout autrement chez les Ioniens, pour lesquels Athènes fournit un cas typique. Les jeunes filles apprenaient seulement à filer, tisser et coudre, tout au plus à lire et à écrire un peu. Elles étaient pour ainsi dire cloîtrées et ne fréquentaient que d'autres femmes. Le gynécée était une partie distincte de la maison, à l'étage supérieur ou donnant sur le derrière ; des hommes, et surtout des étrangers, n'y avaient pas facilement accès ; les femmes s'y retiraient, lors de visites masculines. Elles ne sortaient pas sans être accompagnées d'une esclave ; à la maison, elles étaient placées sous une surveillance effective ; Aristophane parle des molosses qui servaient à effrayer les amants, et dans les villes asiatiques, à tout le moins, on avait, pour surveiller les femmes, des eunuques qu'au temps d'Hérodote on fabriquait déjà à Chio pour en faire le commerce et qui, selon Wachsmuth, n'étaient pas seulement achetés par les Barbares. Dans Euripide, la femme est qualifiée d'*oikourema*, « objet pour l'entretien du ménage » (le mot est neutre) et, mis à part le soin de procréer des enfants, elle n'était pour l'Athénien que la servante principale. L'homme avait ses exercices gymniques, ses débats publics dont la femme était exclue. De plus, il avait souvent aussi des femmes esclaves à sa disposition et, à l'apogée d'Athènes, une prostitution fort étendue et à tout le moins favorisée par l'État. Ce fut précisément sur la base de cette prostitution que se développèrent les seuls caractères de femmes grecques qui, par l'esprit et l'éducation du goût artistique, dominaient d'aussi haut le niveau général du monde féminin antique que les femmes spartiates le dominaient par le caractère. Mais si, pour devenir femme, il fallait d'abord se faire hétaïre, c'est bien la plus sévère condamnation de la famille athénienne.

Cette famille athénienne devint, au cours des temps, le type sur lequel non seulement le reste des Ioniens, mais aussi, et de plus en plus, tous les Grecs du continent et des colonies modelèrent leurs rapports domestiques.] Malgré la séquestration et la surveillance, les Grecques trouvaient tout de même assez souvent l'occasion de duper leurs maris. Ceux-ci, qui auraient rougi de montrer de l'amour pour leurs femmes, s'amusaient à toutes sortes d'intrigues amoureuses avec les hétaïres ; mais l'avilissement des femmes eut sa revanche dans celui des hommes et les avilit jusqu'à les faire tomber dans la pratique répugnante de la pédérastie et se déshonorer eux-mêmes en déshonorant leurs dieux par le mythe de Ganymède.

Telle fut l'origine de la monogamie, pour autant que nous la puissions étudier chez le peuple le plus civilisé et le plus développé de l'Antiquité. Elle ne fut aucunement le fruit de l'amour sexuel individuel, avec lequel elle n'avait absolument rien à voir, puis les mariages restèrent, comme par le passé, des mariages de convenance. Ce fut la première forme de famille basée non sur des conditions naturelles, mais sur des conditions économiques [à savoir : la victoire de la propriété privée sur la propriété commune primitive et spontanée]. Souveraineté de l'homme dans la famille et procréation d'enfants qui ne pussent être que de lui et qui étaient destinés à hériter de sa fortune, – tels étaient, proclamés sans détours par les Grecs, les buts exclusifs du mariage conjugal. Au reste, ce mariage leur était un fardeau, un devoir envers les dieux, l'État et leurs propres ancêtres, devoir qu'il leur fallait bien accomplir. [À Athènes, la loi n'imposait pas seulement le mariage, mais aussi l'accomplissement par le mari d'un minimum de ce qu'on appelle les devoirs conjugaux.]

Le mariage conjugal n'entre donc point dans l'histoire comme la réconciliation de l'homme et de la femme, et bien moins encore comme la forme suprême du mariage. Au contraire : il apparaît comme l'assujettissement d'un sexe par l'autre, comme la proclamation d'un conflit des deux sexes, inconnu jusque-là dans toute la préhistoire. Dans un vieux manuscrit inédit, composé par Marx et moi-même en 1846, je trouve ces lignes : « La première division du travail est celle entre l'homme et la femme pour la procréation. » Et je puis ajouter maintenant : La première opposition de classe qui se manifeste dans l'histoire coïncide avec le développement de l'antagonisme entre l'homme et la femme dans le mariage conjugal, et la première oppression de classe, avec l'oppression du sexe féminin par le sexe masculin. Le mariage conjugal fut un grand progrès historique, mais en même temps il ouvre, à côté de l'esclavage et de la propriété privée, cette époque qui se prolonge jusqu'à nos jours et dans laquelle chaque progrès est en même temps un pas en arrière relatif, puisque le bien-être et le développement des uns sont obtenus par la souffrance et le refoulement des autres. Le mariage conjugal est la forme-cellule de la société civilisée, forme sur laquelle nous pouvons déjà étudier la nature des antagonismes et des contradictions qui s'y développent pleinement.

L'ancienne liberté relative des relations sexuelles ne disparut point du tout avec le triomphe du mariage apparié, ni même du mariage conjugal.

> L'ancien système matrimonial, ramené à des limites plus
> étroites par l'extinction graduelle des groupes punaluens[1],
> servait encore de milieu à la famille en voie de développement
> et s'agrippa à elle jusqu'à l'époque de la civilisation
> naissante… Il disparut finalement dans la forme nouvelle de
> l'hétaïrisme, qui s'attache à l'humanité jusque dans sa période
> de civilisation, comme une ténébreuse ombre portée qui pèse
> sur la famille.[2]

Sous le nom d'hétaïrisme, Morgan entend les relations
extraconjugales des hommes avec des femmes non mariées, *en
marge du mariage conjugal*, relations florissantes, comme on
sait, sous leurs formes les plus variées pendant toute la période
de civilisation, et qui tournent de plus en plus à la prostitution ouverte. Cet [hétaïrisme descend directement du mariage
par groupe, de l'abandon de leur corps par lequel les femmes
s'acquéraient le droit à la chasteté. Se donner pour de l'argent
fut tout d'abord un acte religieux ; il se déroulait dans le
temple de la déesse de l'Amour et à l'origine l'argent était
versé au trésor du temple. Les hiérodules d'Anaïtis en Armé-
nie, d'Aphrodite à Corinthe, tout comme les danseuses sacrées
attachées aux temples de l'Inde et qu'on appelle bayadères (ce
mot est une corruption du portugais *bailadeira*, danseuse)
furent les premières prostituées. Cet abandon de leur corps, qui
fut à l'origine un devoir pour toutes les femmes, fut plus tard

1. Seconde forme archaïque de famille qui succède à la forme consanguine
d'après Morgan (présentée dans le chapitre I de la partie III d'*Ancient society*,
voir référence dans la note suivante). C'est une forme de polygamie qui
comprend le mariage de différentes sœurs avec les maris les unes des autres.
Son rappel est utilisé par Morgan pour affirmer que ni la famille nucléaire ni
même la famille patriarcale ne sont des formes originelles de famille, mais qu'il
en faut supposer d'autres qui les précèdent (N.d.É.).

2. Morgan, *Ancient society*, London, Mac Millan, 1877, p. 504.

exercé par les prêtresses seules en remplacement de toutes les autres femmes. Chez d'autres peuples, l'hétaïrisme dérive de la liberté sexuelle accordée aux filles avant le mariage ; – c'est donc, là encore, un vestige du mariage par groupe, qui nous est seulement parvenu par une autre voie. Dès qu'apparaît l'inégalité des biens matériels, c'est-à-dire dès le stade supérieur de la barbarie, le salariat apparaît sporadiquement à côté du travail servile et, en même temps, comme son corrélatif nécessaire, la prostitution professionnelle des femmes libres à côté de l'abandon obligatoire de son corps par la femme es-clave. Ainsi, l'héritage que le mariage par groupe a légué à la civilisation est à double face, comme tout ce que crée la civi-lisation est à double face, équivoque, à double tranchant, contradictoire : ici la monogamie, là l'hétaïrisme, y compris sa forme extrême, la prostitution. L'Jhétaïrisme est une institu-tion sociale tout comme une autre ; il maintient l'antique liberté sexuelle... en faveur des hommes. Non seulement toléré en fait, mais allégrement pratiqué, surtout par les classes dirigeantes, il est condamné en paroles. En réalité cependant, cette réprobation n'atteint aucunement les partenaires masculins, mais seulement les femmes ; on met celles-ci au ban de la société, on les repousse, afin de proclamer ainsi, une fois encore, comme loi fondamentale de la société, la suprématie inconditionnelle de l'homme sur le sexe féminin.

[Mais par là se développe, dans la monogamie elle-même, une seconde antinomie. À côté du mari, qui agrémente son existence grâce à l'hétaïrisme, il y a l'épouse délaissée.] Et l'on ne peut avoir l'un des termes de l'antinomie sans l'autre, non plus qu'on ne peut avoir encore dans sa main une pomme entière, après en avoir mangé la moitié. Il semble néanmoins que telle ait été l'opinion des hommes jusqu'à ce que les femmes leur eussent ouvert les yeux. Avec le mariage conjugal

apparaissent constamment deux personnages sociaux caractéristiques, qui étaient inconnus jusqu'alors : l'amant régulier
de la femme et le cocu. Les hommes avaient remporté la
victoire sur les femmes, mais les vaincues se chargèrent
généreusement de couronner leurs vainqueurs. À côté du mariage conjugal et de l'hétaïrisme, l'adultère devint une institution sociale inéluctable, – proscrite, sévèrement punie, mais
impossible à supprimer. La certitude de la paternité reposa,
comme par le passé, tout au plus sur une conviction morale ;
et pour résoudre l'insoluble contradiction, le Code Napoléon
décréta : « Art. 312. L'enfant conçu pendant le mariage a pour
père le mari. »

Tel est l'ultime résultat de trois mille ans de mariage
conjugal.

Dans la famille conjugale, – dans les cas qui gardent
l'empreinte de son origine historique et font clairement apparaître le conflit entre l'homme et la femme tel qu'il se manifeste par l'exclusive domination de l'homme, – nous avons
donc une image réduite des mêmes antagonismes et contradictions dans lesquels se meut la société divisée en classes
depuis le début de la civilisation, sans pouvoir ni les résoudre,
ni les surmonter. Naturellement, je ne parle ici que de ces cas
de mariage conjugal où la vie matrimoniale suit effectivement
l'ordonnance du caractère originel de toute cette institution,
mais où la femme se rebelle contre la domination de l'homme.
Que tous les mariages ne se passent pas de la sorte, nul ne le
sait mieux que le philistin allemand, tout aussi incapable
d'assurer sa suprématie à la maison que dans l'État et dont la
femme porte en conséquence et de plein droit la culotte dont il
n'est pas digne. Mais, en revanche, il se croit bien supérieur à
son compagnon d'infortune français, à qui il advient, plus

souvent qu'à lui-même, des mésaventures beaucoup plus fâcheuses.

La famille conjugale n'a d'ailleurs pas revêtu partout et toujours la forme classique et rigoureuse qu'elle avait chez les Grecs. Chez les Romains qui, en leur qualité de futurs conquérants du monde, avaient des vues plus larges, quoique moins subtiles que les Grecs, la femme était plus libre et jouissait d'une plus grande considération. Le Romain croyait la fidélité conjugale suffisamment garantie par le droit de vie et de mort qu'il avait sur sa femme. D'ailleurs, la femme pouvait, tout aussi bien que le mari, rompre à son gré le mariage. Mais le plus grand progrès dans l'évolution du mariage conjugal se produisit décidément avec l'entrée des Germains dans l'histoire : c'est que chez eux, en raison sans doute de leur dénuement, la monogamie ne semble pas, à cette époque, s'être encore tout à fait dégagée du mariage apparié. Nous tirons cette conclusion de trois circonstances mentionnées par Tacite : d'abord, bien que le mariage fût tenu pour sacré – « ils se contentent d'*une seule* épouse ; les femmes vivent ceintes de leur chasteté[1] » –, la polygamie était cependant en vigueur pour les grands et les chefs de tribu : situation analogue à celle des Américains chez qui existait le mariage apparié. En second lieu, le passage du droit maternel au droit paternel devait être encore tout récent, car le frère de la mère – le parent mâle gentilice le plus proche selon le droit maternel – comptait presque comme un parent plus rapproché que le père lui-même, ce qui correspond également au point de vue des Indiens américains, chez lesquels Marx, comme il le disait souvent, avait trouvé la clef qui permet de comprendre nos

1. Tacite, *La Germanie*, chap. 18 et 19.

propres temps primitifs. Et, en troisième lieu, les femmes, chez les Germains, étaient fort considérées et avaient de l'influence, même sur les affaires publiques, ce qui est en contradiction avec la suprématie masculine propre à la monogamie. [Ce sont presque autant de points sur lesquels les Germains se trouvent d'accord avec les Spartiates chez qui, nous l'avons vu, le mariage apparié n'avait pas non plus disparu complètement.] Sous ce rapport aussi, un élément tout à fait nouveau accédait, avec les Germains, à l'empire du monde. La nouvelle monogamie, qui dès lors se constitua sur les ruines du monde romain en conséquence du brassage des peuples, revêtit la suprématie masculine de formes plus douces et laissa aux femmes une position beaucoup plus considérée et plus libre, du moins en apparence, que ne l'avait jamais connue l'antiquité classique. Pour la première fois était ainsi créée la base sur laquelle pouvait se développer, à partir de la monogamie – en elle, à côté d'elle ou contre elle, selon les cas –, le plus grand progrès moral dont nous lui soyons redevables : l'amour individuel moderne entre les deux sexes, auparavant inconnu dans le monde.

Mais ce progrès résultait décidément de ce que les Germains vivaient encore dans la famille appariée et greffèrent sur la monogamie, autant que faire se pouvait, la position de la femme qui correspondait à leur propre régime familial ; ce progrès ne résultait point du tout de l'admirable et légendaire pureté des mœurs germaniques, laquelle se réduit au simple fait que le mariage apparié ne se meut effectivement pas dans les violentes contradictions morales de la monogamie. Bien au contraire : dans leurs migrations, notamment vers le Sud-Est, chez les nomades des steppes qui bordent la mer Noire, les Germains s'étaient profondément dépravés ; ils avaient pris à ces peuples, en plus de leurs prouesses équestres, leurs vices contre nature, comme l'attestent expressément Ammien pour les Taïfals et Procope pour les Hérules.

Mais si, de toutes les formes de famille connues, la monogamie fut la seule dans laquelle pouvait se développer l'amour sexuel moderne, cela ne signifie point qu'il se développa exclusivement, ou même principalement dans son sein, sous forme d'amour mutuel des époux. Le mariage conjugal stable et soumis à la domination de l'homme s'y opposait, de par sa nature. Chez toutes les classes historiquement actives, c'est-à-dire chez toutes les classes dirigeantes, la conclusion du mariage resta ce qu'elle avait été depuis le mariage apparié : une affaire de convenances, que réglaient les parents. Quand l'amour sexuel apparaît historiquement pour la première fois sous forme de passion, comme une passion qui sied à tout être humain (du moins s'il appartient aux classes dirigeantes), et comme la forme suprême de l'instinct sexuel – ce qui lui donne précisément son caractère spécifique –, cette première forme, l'amour chevaleresque du Moyen Age, n'est point du tout un amour conjugal. Au contraire. Sous sa forme classique, chez les Provençaux, cet amour vogue à pleines voiles vers l'adultère, qu'exaltent ses poètes. La fleur de la poésie amoureuse provençale, ce sont les *albas* (aubades), en allemand *Tagelieder*. Ces aubades dépeignent sous des couleurs ardentes comment le chevalier est couché auprès de sa belle – la femme d'un autre –, tandis qu'au dehors guette le veilleur qui l'appellera dès la première lueur de l'aube (*alba*), afin qu'il puisse encore s'échapper sans être vu ; la scène de séparation forme alors le point culminant du poème. Les Français du Nord, et même les braves Allemands, adoptèrent, eux aussi, ce genre poétique, avec les manières de l'amour chevaleresque qui y correspondaient ; et notre vieux Wolfram von Eschenbach a laissé, sur ce thème piquant, trois ravissants *Tagelieder* que je préfère à ses trois longs poèmes héroïques.

De nos jours, un mariage bourgeois se conclut de deux façons. Dans les pays catholiques, ce sont, comme autrefois, les parents qui procurent au jeune fils de bourgeois la femme qu'il lui faut ; et la conséquence naturelle en est le plus parfait développement des contradictions qu'enferme la monogamie : hétaïrisme florissant du côté de l'homme, adultère florissant du côté de la femme. Si l'Église catholique a aboli le divorce, c'est uniquement, sans doute, parce qu'elle a reconnu qu'il n'y a pas plus de remède à l'adultère qu'à la mort. Par contre, dans les pays protestants, il est de règle que le fils de bourgeois ait le droit de choisir, avec plus ou moins de liberté, parmi les femmes de sa classe ; si bien qu'un certain degré d'amour peut être à la base du mariage et que, par bienséance, il est toujours supposé exister, comme il convient à l'hypocrisie protestante. Ici, l'hétaïrisme de l'homme s'exerce plus molle-ment, et l'adultère de la femme est moins souvent de règle. Pourtant, comme dans toutes les sortes de mariage, les êtres humains restent ce qu'ils étaient avant de se marier, et comme les bourgeois des pays protestants sont pour la plupart des philistins, cette monogamie protestante, dans la moyenne des meilleurs cas, n'apporte à la communauté conjugale qu'un pesant ennui qu'on désigne du nom de bonheur familial. Le meilleur miroir de ces deux méthodes de mariage est le roman : le roman français, pour la manière catholique ; le roman alle-mand, pour la manière protestante. Dans chacun de ces deux romans, « l'homme aura ce qui lui revient » : dans le roman allemand, le jeune homme aura la jeune fille ; dans le roman français, le mari aura les cornes. Il n'est pas toujours aisé de dire qui des deux est le plus mal loti. C'est pourquoi l'ennui du roman allemand inspire au bourgeois français une horreur égale à celle qu'inspire au philistin allemand l'«immoralité» du roman français. Mais ces temps derniers, depuis que «Berlin devient une capitale mondiale», le roman allemand commence à se corser un peu moins timidement d'hétaïrisme et d'adultère, bien connus là-bas, et depuis longtemps.

Mais, dans les deux cas, le mariage est basé sur la situation de classe des partenaires ; sous ce rapport-là, il est donc toujours un mariage de convenance. [Dans les deux cas encore, ce mariage de convenance se convertit assez souvent en la plus sordide prostitution – parfois des deux parties, mais beaucoup plus fréquemment de la femme ; si celle-ci se distingue de la courtisane ordinaire, c'est seulement parce qu'elle ne loue pas son corps à la pièce, comme une salariée, mais le vend une fois pour toutes, comme une esclave. À tous les mariages de convenance s'applique le mot de Fourier :

«De même qu'en grammaire deux négations valent une affirmation, en morale conjugale, deux prostitutions valent une vertu.»]

L'amour sexuel ne peut être et n'est règle véritable des relations avec la femme que dans les classes opprimées, c'est-à-dire, de nos jours, dans le prolétariat, que ces relations soient ou non officiellement sanctionnées. Mais c'est qu'ici tous les fondements de la monogamie classique sont sapés. Il ne s'y trouve aucune propriété, pour la conservation et la trans-mission de laquelle furent précisément instituées la mono-gamie et la suprématie de l'homme ; il y manque donc tout stimulant pour faire valoir la suprématie masculine. Qui plus est, les moyens mêmes de la faire valoir y font défaut ; le droit bourgeois, qui protège cette suprématie, n'existe que pour les possédants et pour leurs rapports avec les prolétaires ; il coûte cher et, faute d'argent, n'a donc point de validité pour la position de l'ouvrier vis-à-vis de sa femme. Ce sont de tout autres rapports personnels et sociaux qui décident en l'occurrence. Et par surcroît, depuis que la grande industrie, arrachant la femme à la maison, l'a envoyée sur le marché du travail et dans la fabrique, et qu'elle en fait assez souvent le soutien de la famille, toute base a été enlevée, dans la maison du prolétaire, à l'ultime vestige de la suprématie masculine – sauf, peut-être encore, un reste de la brutalité envers les femmes qui est entrée dans les mœurs avec l'introduction de la monogamie. Ainsi, la famille du prolétaire n'est plus mono-gamique au sens strict du terme, même s'il y a, *de part et d'autre*, l'amour le plus passionné et la fidélité la plus absolue, et malgré toutes les éventuelles bénédictions spirituelles et terrestres. C'est pourquoi les éternels compagnons de la mono-gamie : l'hétaïrisme et l'adultère, ne jouent ici qu'un rôle toujours plus effacé ; la femme a effectivement reconquis le droit au divorce, et, si l'on ne peut pas se souffrir, on préfère se séparer. Bref, le mariage prolétarien est monogamique au sens étymologique du mot, mais point du tout au sens historique.

[Nos juristes trouvent, il est vrai, que le progrès de la législation enlève aux femmes, dans une mesure toujours croissante, tout motif de plainte. Les systèmes législatifs de la civilisation moderne reconnaissent de plus en plus, en premier lieu, que le mariage, pour être valable, doit être un contrat librement consenti par les deux parties, et en second lieu que, même pendant le mariage, les deux partenaires doivent avoir l'un vis-à-vis de l'autre les mêmes droits et les mêmes devoirs. Si ces deux conditions étaient logiquement réalisées, les femmes auraient tout ce qu'elles peuvent désirer.

Cette argumentation spécifiquement juridique est exactement celle par laquelle le bourgeois républicain radi-cal déboute le prolétaire et lui ferme la bouche. Le contrat de travail est censé avoir été librement passé par les deux parties. Mais il passe pour librement conclu du moment que la loi établit *sur le papier* l'égalité des deux parties. Le pouvoir que la différence de la situation de classe donne à l'une des parties, la pression que celle-ci exerce sur l'autre, autrement dit la condition économique réelle des *deux partenaires*, cela ne regarde point la loi. Et, pendant la durée du contrat de travail, les deux parties sont encore censées jouir des mêmes droits, pour autant que l'une ou l'autre n'y a pas expressément renoncé. Que les circonstances économiques contraignent l'ouvrier à renoncer même au dernier semblant d'égalité de droits, la loi, elle, n'y peut rien.

En ce qui concerne le mariage, la loi, même la plus libérale, est complètement satisfaite dès que les partenaires ont donné, en bonne et due forme, leur libre consentement au procès-verbal. Ce qui se passe derrière le décor du droit, là où se joue la vie réelle et de quelle façon s'obtient ce libre consentement, la loi et les juristes n'en ont cure. Et pourtant, le plus simple recours au droit comparé devrait ici montrer aux juristes ce que vaut cette liberté de consentement. Dans les pays où une part obligatoire de la fortune des parents est assurée aux enfants par la loi, où l'on ne peut donc pas les déshériter, – en Allemagne, dans les pays de droit français, etc. – les enfants, pour contracter mariage, doivent obtenir le consentement de leurs parents. Dans les pays de droit anglais, où le consentement des parents n'est point une condition légale pour contracter mariage, les parents ont aussi pleine liberté de tester et peuvent à leur gré déshériter leurs enfants. Mais il est évident que malgré cela, et justement à cause de cela, dans les classes où il y a quelque chose à hériter, la liberté de contracter mariage n'est pas plus grande d'un cheveu en Angleterre et en Amérique qu'en France et en Allemagne.

Il n'en va pas mieux de l'égalité juridique de l'homme et
de la femme dans le mariage. L'inégalité de droits entre les
deux parties, que nous avons héritée de conditions sociales
antérieures, n'est point la cause, mais l'effet de l'oppression
économique de la femme.

Dans l'ancienne économie domestique communiste, qui
comprenait beaucoup de couples conjugaux avec leurs enfants,
la direction du ménage, confiée aux femmes, était une industrie
publique socialement nécessaire, au même titre que la fourni-
ture des vivres par les hommes. Avec la famille patriarcale,
et plus encore avec la famille individuelle monogamique, il en
alla tout autrement. La direction du ménage perdit son caractère public. Elle ne concerna plus la société ; elle devint un
service privé ; la femme devint une première servante, elle fut
écartée de la participation à la production sociale. C'est seulement la grande industrie de nos jours qui a rouvert – et
seulement à la femme prolétaire – la voie de la production
sociale ; mais dans des conditions telles que la femme, si elle
remplit ses devoirs au service privé de la famille, reste exclue
de la production sociale et ne peut rien gagner ; et que, par
ailleurs, si elle veut participer à l'industrie publique et gagner
pour son propre compte, elle est hors d'état d'accomplir ses
devoirs familiaux. Il en va de même pour la femme dans toutes
les branches de l'activité, dans la médecine et au barreau tout
comme à l'usine. La famille conjugale moderne est fondée
sur l'esclavage domestique, avoué ou voilé, de la femme, et la
société moderne est une masse qui se compose exclusivement
de familles conjugales, comme d'autant de molécules. De nos
jours, l'homme, dans la grande majorité des cas, doit être le
soutien de la famille et doit la nourrir, au moins dans les classes
possédantes ; et ceci lui donne une autorité souveraine
qu'aucun privilège juridique n'a besoin d'appuyer. Dans la fa-

mille, l'homme est le bourgeois ; la femme joue le rôle du prolétariat. Mais dans le monde industriel, le caractère spécifique de l'oppression économique qui pèse sur le prolétariat ne se manifeste dans toute sa rigueur qu'une fois supprimés tous les privilèges légaux de la classe capitaliste et établie l'entière égalité juridique des deux classes ; la république démocratique ne supprime pas l'antagonisme entre les deux classes, au contraire : c'est elle qui, la première, fournit le terrain sur lequel leur combat va se décider. Et de même, le caractère particulier de la prédominance de l'homme sur la femme dans la famille moderne, ainsi que la nécessité et la manière d'établir une véritable égalité sociale des deux sexes, ne se montreront en pleine lumière qu'une fois que l'homme et la femme auront juridiquement des droits absolument égaux. On verra alors que l'affranchissement de la femme a pour condition première la rentrée de tout le sexe féminin dans l'industrie publique et que cette condition exige à son tour la suppression de la famille conjugale en tant qu'unité économique de la société...].

Rémi Lenoir

GÉNÉALOGIE DE LA MORALE FAMILIALE

La famille, instrument de reproduction
de la structure sociale[*]

Introduction

Il n'est sans doute pas d'objet plus étudié que la famille,
ni d'institution sociale qui soit dotée d'autant de vertus.
Alors, pourquoi écrire un livre de plus sur la famille et sur ce
qui lui est communément associé, problèmes sociaux, problèmes éthiques, problèmes politiques, problèmes économiques ? C'est que, précisément, il ne porte pas sur ces problèmes mais sur les implications sociales, éthiques, politiques et
économiques qui sont engagées dans les études et les rapports
qui la concernent et qui contribuent à légitimer et à diffuser
la représentation actuelle de la famille. Aussi les analyses
qui suivent s'inscrivent délibérément dans la tradition de la
sociologie réflexive sur les présupposés des techniques,
l'utilisation des catégories, les préalables méthodologiques, et

[*] R. Lenoir, *Généalogie de la morale familiale*, Paris, Seuil, 2003,
p. 15-36.

sur l'objet même de la recherche. Il s'agit donc autant d'étudier les fonctions et les fondements sociaux des représentations de la famille, ordinaires ou savantes, comme celles de la démographie, de l'ethnologie ou encore de la psychanalyse, que de mettre en question le mode actuel de production sociologique, notamment les travaux qui relèvent d'une subdivision disciplinaire telle que la « sociologie de la famille ».

Famille et reproduction de la structure sociale

De quoi est-il question quand on parle publiquement de la famille ? Les controverses à son sujet mettent essentiellement aux prises les divers défenseurs de la sociodicée conservatrice : les conservateurs qui cherchent à légitimer l'ordre familial en transformant ce qui allait jusque-là sans dire en orthodoxie familialiste (se marier, avoir et élever des enfants, entretenir ses vieux parents) et les dissidents qui annoncent les changements et énoncent les manières « modernes » de vivre désormais en famille compte tenu de l'évolution des mœurs (« cohabitation prénuptiale », « concubinage », et les nouvelles structures parentales qui leur correspondent, « mono » ou « pluriparentalité »). Et, au gré de l'ascendant provisoire des uns et des autres, des ultras ou des libéraux, des initiatives parfois contradictoires ou partielles sont prises, les points d'entente se fixant néanmoins toujours sur les *topoï* de la morale familiale, sur lesquels les différentes tendances familialistes s'accordent : responsabilité parentale, éducation des enfants, rôle du père, union hétérosexuelle, stabilité des relations conjugales. De sorte que ce qui est en jeu dans les discussions publiques sur la famille est moins l'ordre familial lui-même que les aménagements à y apporter pour qu'il se maintienne et que l'ordre social qui lui est associé soit préservé. Car c'est bien de l'ordre social qu'il est question, et des structures qui l'instituent et le consacrent.

En effet, les débats et les luttes actuels qui ont lieu en France à propos de la famille (légitimité des familles d'immigrés, mariage des homosexuels, détermination des héritiers dans les familles « pluriparentales », autorité paternelle, statut des beaux-parents, des grands-parents) font bien apparaître les enjeux sociaux attachés aujourd'hui aux définitions légales et juridiques de la famille. De manière tacite ou de façon détournée et euphémisée, il est question, en fait, de la structure et de la hiérarchie des institutions qui contribuent à la reproduction de l'ordre social, ce que peuvent faire oublier, par exemple, les discussions de spécialistes de la « politique familiale » sur les « priorités » des aides à accorder à tel ou tel type de famille, celle-ci étant presque toujours définie en termes biologiques (nombre et âge des enfants, écarts intergénésiques), en termes de « genre » (familles « homoparentales »), en termes « sociaux » (familles « monoparentales », celles dont un enfant est handicapé ou maltraité, mères célibataires ou dont le conjoint est absent), en termes structurels (familles « homoparentales », familles « recomposées ») ou, encore, en termes économiques (familles dont le revenu est en deçà d'un certain seuil), autant de catégories propres à transfigurer des enjeux sociaux en enjeux moraux, et inversement. Il n'est pas jusqu'à la psychanalyse qui, à quelques exceptions près, ne se soit révélée en ces occasions comme un des dispositifs de conservation des fonctions les plus traditionnelles de la famille (« fonction paternelle », « différence des sexes », « double référence identificatoire ») et de restauration de l'ordre social. À la fois structure sociale par excellence, cellule de base et modèle pur de tout groupe social mais aussi dénégation de toutes les formes de structurations sociales, notamment celles qui mettent l'accent sur les rapports sociaux, tel est le statut ontologique de la famille dans les différentes présentations qui en sont faites [1].

Même en sociologie, rares sont les analyses qui, ayant pris la famille pour objet, précisent et spécifient les conduites familiales selon les groupes sociaux et les comparent entre elles, si ce n'est, le plus souvent, pour disqualifier symboliquement et moralement celles des groupes dominés à l'aune de celles des catégories dominantes. La famille est le lieu de tous les ethnocentrismes de classe, presque toujours inconscients, car elle semble relever de la nature des choses. Quoi de plus « naturel », en effet, que la famille ? Tout se passe comme si la parenté, avec laquelle la famille est presque toujours confondue, effaçait les différences entre classes sociales, à la façon des catégories apparemment naturelles que sont le sexe et l'âge, auxquelles elle est souvent associée, par exemple, dans les formulaires d'état civil ou dans les études statistiques (âge et sexe des enfants, âge au mariage).

Et pourtant, il n'est guère besoin d'aller dans des sociétés éloignées pour comprendre que la notion de famille ne va pas de soi, qu'elle ne peut être, selon l'expression de Schütz, *taken for granted* pour tout le monde. Ainsi « l'expérience de la rue » – qui s'oppose tant à celle de la famille (bourgeoise) – incite inévitablement à se poser la question des conditions sociales de possibilité de cette évidence familiale sur laquelle reposent nombre de préjugés, souvent les mieux partagés, au point

---

1. À propos du formalisme asociologique des représentations savantes de la « famille » dans des contextes sociaux, économiques et culturels très différents de ceux de l'Europe occidentale, *Cf.* R. Lardinois, « Peut-on classer la famille hindoue ? », *Actes de la recherche en sciences sociales*, 57-58, juin 1985, p. 29-46.

d'être élevés au rang de catégories savantes et politiques[1]. C'est ce à quoi vise à répondre cet ouvrage : quand la « famille » est-elle apparue comme une structure si naturelle, au point que n'est presque jamais posée la question des conditions de construction et de perpétuation de cette catégorie de classement inséparablement cognitive et sociale ? Comment est produite et reproduite cette catégorie avec laquelle est construit le monde sans que soient interrogées les conditions de construction de ce point de vue sur le monde qu'est la « famille » (et qu'on appellera le familialisme) ?

Rien, en effet, n'est sans doute plus classé et plus classant socialement que la famille, si bien que la question de ses caractéristiques est parmi les premières utilisées pour identifier pratiquement, mais aussi bureaucratiquement, les individus : les notions de « filles-mères », de « familles mono-parentales », de « familles nombreuses », de « sans famille », mais aussi de « familles honnêtes », de « familles honorables » ou de « grandes familles » sont socialement connotées. Car la famille concentre tous les principes et les rapports selon lesquels les catégories sociales se distinguent et s'opposent, qu'il s'agisse du patrimoine et des manières de vivre, de la morale et des mœurs, de la culture et de l'éducation, du logement et des biens de consommation. Plus encore, elle est le lieu des stratégies, directes ou médiatisées, de tous les groupes sociaux en vue de maintenir et d'améliorer leur position dans la structure sociale.

Les récentes polémiques sur les familles recomposées, « mono » et « pluri » parentales, ou encore sur les « unions

---

1. *Cf.* J.-F. Laé et N. Murard, « Célibataire à la rue », *Actes de la recherche en sciences sociales*, 113, Juin 1996, p. 31-39.

homosexuelles » laissent voir les limites qui, aux yeux des différents tenants de l'ordre familial, font de la famille une institution quasi sacrée, assujettie, pour reprendre les termes de l'analyse durkheimienne, à des règles strictes fixant dans tout groupe social les conditions d'inclusion et d'exclusion. On ne saurait comprendre autrement pourquoi, dans un monde qui semble aujourd'hui ne plus mettre d'obstacles à la sexualité, réapparaissent en force le tabou de l'inceste, l'interdit de la pédophilie et, ce qui lui est de proche en proche associé, la stigmatisation de l'homosexualité (par exemple le dictionnaire *Petit Robert* assimile toujours, dans son édition de l'an 2000, le pédophile à un « pédéraste »).

Si la famille n'a peut-être jamais été une institution aussi sacrée qu'aujourd'hui, c'est qu'elle reste, mais de manière souvent masquée et inconsciente, au cœur des stratégies de reproduction des groupes sociaux et des modes de représentation du monde social qui leur correspondent. Et ce ne sont pas les quelques concessions faites à des formes d'union considérées comme « mineures » et « marginales » qui peuvent modifier le modèle familial traditionnel, puisqu'il s'agit seulement de leur octroyer un statut et des droits, sinon identiques, au moins homologues (dans leur infériorité même) au modèle familial dominant[1].

Si la famille, et tout ce qui lui est lié, est considérée comme sacrée, ce n'est pas seulement parce qu'il en a toujours été ainsi, c'est aussi parce qu'elle est perçue et vécue aujourd'hui comme un îlot autonome et singulier, englobé dans un ensemble d'institutions qui se sont multipliées et qui

---

1. *Cf.* D. Borillo, E. Fassin, M. Iacub (dir.), *Au delà du PaCS. L'expertise familiale à l'épreuve de l'homosexualité*, Paris, P.U.F., 2001.

contribuent également, selon leur logique propre (juridico-administrative ou économique, voire les deux à la fois), à la perpétuation de l'ordre social. Alors qu'à bien des égards l'économie des relations familiales s'apparente encore à celle des sociétés précapitalistes où les échanges s'impliquent les uns les autres, les uns dans les autres, quels que soient leur nature et leur contenu, elle s'en différencie cependant puisqu'elle coexiste avec des univers régis par d'autres lois, notamment celles de l'économie marchande et du droit moderne. La famille est du même coup constituée comme une sorte de sanctuaire, lieu du « bonheur » et du « désir », et plus généralement de toutes les « intimités » et de tous les « individualismes », particulièrement du retour sur soi et, plus généralement, sur la personne singulière et privée face à l'emprise élargie de l'économie capitaliste et des formes de gestion bureaucratique et étatique des rapports sociaux. Alors qu'au contraire elle pourrait être considérée tout autant comme un des produits caractéristiques de ce type d'économie et de ce mode de manipulation des relations sociales, comme l'attestent l'énorme marché des cadeaux de Noël, des fêtes des mères et des pères, des anniversaires, et tout ce qui relève de la « politique familiale » et des prestations qui lui sont liées. Aussi, la question posée est la suivante : quels sont les effets des institutions qui concourent à la reproduction de la structure sociale et dont la « famille » est à la fois un des produits et un des instruments ?

La réponse varie selon les moyens, c'est-à-dire le volume et les espèces de capital dont les groupes sociaux disposent, et les divers marchés où ces types de capital ont cours et dont les lois sont de moins en moins maîtrisables par les familles, même dans les classes dominantes. Il en est ainsi du système scolaire et des instruments de transmission du capital culturel mais aussi de tous les grands modes de redistribution des différentes espèces du capital économique (mode et organisation de la production et de la diffusion des biens matériels, systèmes financiers et fiscaux, institutions de protection sociale, etc.). Sans doute, la « crise » ou le « renouveau » de la « famille », tant de fois annoncés et dénoncés, suivant les aléas annuels des courbes de la nuptialité et de la natalité, sont-ils liés aux transformations des stratégies de reproduction menées par les agents sociaux qui prennent en compte les changements économiques et sociaux avec plus ou moins d'acuité et de retard.

On sait, par exemple, que les familles bourgeoises n'ont cessé de renforcer leur intégration, passant, pour reprendre l'opposition idéal-typique de Durkheim, d'un mode de solidarité mécanique à un mode de solidarité organique, le processus de division du travail social ayant également affecté l'univers domestique, son fondement et ses modalités dans cette classe. Ces transformations supposent de la part de ses membres de nouvelles dispositions et de nouveaux moyens, notamment tout ce qui peut contribuer à « organiser » des relations entre parents réels (ou fictifs) selon un modèle très proche de l'entreprise capitaliste (ce qu'avaient déjà observé, chacun à sa manière, Maurice Halbwachs et Joseph Schumpeter avant que la famille soit constituée comme un des hauts lieux de la « modernisation sociale »). Car l'intégration des familles bourgeoises à laquelle contribue l'invention de nouveaux dispositifs facilitant le travail de socialisation sinon de la famille elle-même, au moins de la classe (institutions parascolaires, assistances et loisirs éducatifs, séjours linguistiques, nouvelles technologies), est la condition de la perpétuation du capital social nécessaire pour maintenir le capital symbolique des familles de ces classes dont la morale, sinon conjugale, du moins domestique, certains diraient parentale, est une dimension essentielle.

La famille : un enjeu et un instrument de luttes sociales

Il n'est pas que les catégories dominantes dans l'espace social qui construisent, tant dans les mots que dans les choses, leur vision du monde, en particulier l'univers de la famille, si familier que, comme son nom l'indique, il est perçu comme allant de soi. Sans doute, se trouve-t-on, devant la « famille » et les multiples discours qui en traitent, dans un cas limite où les structures mentales (cognitives) à travers lesquelles les agents appréhendent le monde social sont le produit de l'intériorisation des structures du monde social dans lequel ils vivent et qui résulte d'une histoire dont il convient de retracer la généalogie. Si l'on utilise ce terme, c'est qu'il s'agit de partir d'un problème comme il se pose aujourd'hui[1]. On ne saurait reconstituer la chaîne de l'ensemble des événements qui, dans leur succession, aboutirait de manière quasi tautologique à présenter la question telle qu'elle est formulée actuellement. D'où la nécessité d'opérer des choix de configurations historiques typiques des enjeux sociaux, économiques et politiques dont la « question familiale », voire la mise en question de la famille ont été le produit. Ce n'est pas le lieu, ici, de rappeler les débats sur la transition entre l'empire du IIe siècle et l'Europe du Haut Moyen Age[2]. Mais, du point de vue des fondements sociaux et politiques des représentations de la

---

1. *Cf.* M. Foucault, « Nietzsche, la généalogie de l'histoire », *Hommage à Jean Hyppolite*, Paris, P.U.F., 1971, p. 145-172, repris dans M. Foucault, *Dits et écrits*, Paris, Gallimard, 1994, t. 2, p. 136-156.
2. *Cf.*, entre autres, K. F. Werner, *Les origines*, dans F. Favier (dir.), *L'histoire de France*, Paris, Fayard, 1984, t. 1, p. 26-46.

famille, même si le droit romain a été une référence, si l'on peut dire, canonique, la civilisation romaine reposait sur de tout autres bases, notamment économiques et culturelles[1]. En outre, les familles font l'objet sinon d'une histoire comme discipline, au moins de généalogies, sorte de squelette de ce qu'on appelle les «histoires de familles». Cette généalogie insiste délibérément sur les représentations de la famille au travers desquelles les groupes sociaux cherchent à se reproduire et à contrôler la reproduction des groupes concurrents ou qu'ils dominent. Les représentations participent directement ou indirectement de la morale sans laquelle il n'y aurait de politique des populations, c'est-à-dire de perpétuation des groupes dominants ou, mieux, des conditions de leur domination.

On a un exemple dans la montée des discours sur «l'homosexualité» à la fin du XIXe siècle. Elle ne peut se comprendre si on ne la rapproche de ce véritable phantasme social que fut alors la crise de la natalité dans les classes dirigeantes, notamment celles des catégories dont la position dans la structure sociale tenait aux biens qu'elles possédaient. La publicité et l'aggravation des poursuites pénales à l'égard des «homosexuels» ne sont pas, en effet, sans lien avec les modifications qui commencent à affecter le mode de reproduction familiale de la structure sociale: l'«homosexuel» n'est pas seulement un «pervers», il est représenté comme un homme sans succession qui dissipe le patrimoine familial et qui, lorsqu'il ne l'a pas dilapidé, risque de le transmettre hors du cercle domestique. Ainsi, à propos des deux derniers

---

1. *Cf.* A. Schiavone, *L'histoire brisée. La Rome antique et l'Occident moderne*, Paris, Belin, 2003.

romans de Balzac, Michael Lucey fait apparaître les contradictions qu'engendre l'homosexualité, fût-elle latente, du cousin Pons et le « commerce hétérosexuel » qu'implique la transmission des biens, en l'occurrence, une collection de tableaux, d'une génération à une autre, transmission qui ne se conçoit alors que sur le mode de la succession familiale. L'homosexualité casse le cercle vertueux de la redistribution familiale des richesses, le comble de l'horreur étant de laisser ces dernières à l'État, sous forme de donation. Concernant *La cousine Bette*, Michael Lucey pousse l'analyse encore plus loin en montrant que les relations de parenté et la sexualité qu'elles impliquent sont inséparables du mode de gestion et de perpétuation des fortunes familiales. Et de s'interroger : « Que serait la sexualité si elle n'était pas liée à l'héritage ? » [1]

Aussi, ne saurait-il être question, dans cet ouvrage, d'une compilation ou d'un traitement exhaustif d'un matériau clairement défini et précisément délimité, d'un intérêt égal porté à des périodes chronologiquement prédéterminées ou à des événements, de quelque nature que ce soit, qui enferment en eux-mêmes leur propre signification. Car il ne s'agit pas de traiter dans ce livre une période historique, une institution, un domaine balisé de l'activité sociale, voire un concept, mais un problème très général, même si l'analyse porte plus précisément sur les relations entre les structures familiales et les structures étatiques : les relations entre les formes de gestion des collectifs et les modes de reproduction des structures sociales.

[...]

1. M. Lucey, « Drôle de cousins », *Actes de la recherche en sciences sociales*, 125, déc. 1998, p. 50-62.

Là où d'autres décrivent le cours de l'histoire comme une évolution lisse et sereine – bref sans histoire – assurée de sa fin et, s'agissant précisément de la famille, perçoivent une libéralisation progressive et bien tempérée des mœurs aboutissant dans sa version conjugale à la *congruent family*, on a insisté délibérément sur ce que les histoires de la famille (et les histoires de famille) occultent le plus souvent, à savoir les rapports de forces et de domination matérielle et symbolique entre groupes sociaux qui font de la famille, et de l'histoire de la famille, un enjeu et un instrument des luttes sociales. Car les origines et les transformations de la famille sont le plus souvent conçues comme le résultat du principe qui lui est systématiquement associé, la nature des choses qui, par une sorte d'enchaînement mécanique, conduit d'un système familial imposé et rigide à ce que certains perçoivent comme un état d'anomie familiale généralisée. Selon cette représentation, les événements singuliers tendent à se dissoudre dans une continuité idéale, qu'établissent les différentes traditions téléologiques (théologiques et philosophiques ou rationalistes et scientistes) et leurs chronologies anhistoriques. Si la généalogie de la morale familiale vise à corriger la vision réaliste du monde social qui fait de la nature le fondement ultime de toute connaissance, elle ne reprend pas pour autant le point de vue idéaliste qui ne constitue la famille que comme un principe de construction de la réalité sociale en oubliant que ce principe est lui-même historiquement produit selon des processus que l'ouvrage tente d'objectiver dans leurs dimensions propres et en relation les unes avec les autres.

La famille comme structure sociale et structure cognitive

Comment penser ce qui a été institué depuis si longtemps et si fortement dans les esprits et dans les mœurs, dans les

goûts et les sentiments, comme inconcevable, par exemple, la
« fille-mère » autrefois et, aujourd'hui, le « mariage des homosexuels », ces expressions apparaissant encore comme antino-
miques, voire indicibles, sinon indécentes ? Comment rendre
exotique l'objet le plus familier de tous les objets familiers,
la famille ? Et d'autant plus familier que l'interrogation sur ce
qu'est une famille participe de cette familiarité. Car l'idée
même de soumettre à l'analyse la famille comme une forme
de classification participe aussi du travail de pensée ordinaire :
qui fait partie de la famille ? Telle union forme-t-elle une
famille ? Quelle est la taille de la famille ? Quelle en est sa
composition ? Autant de questions que se posent également les
institutions bureaucratiques de prise en charge des familles
et, plus généralement, des populations : une « mère célibataire » forme-t-elle une « famille », et, si oui, celle-ci est-elle
susceptible de recevoir une prestation « familiale » ou une
simple allocation d'« aide sociale », c'est-à-dire d'indigence ?

Il n'est pas jusqu'aux discours savants, produits le plus
souvent à la demande de ces mêmes institutions, qui ne contribuent à cette évidence opaque, tant ils s'inscrivent en continuité avec la problématique commune qu'au mieux ils ne font
que formuler (« le démariage », « la famille incertaine », « la
famille monoparentale », « la famille recomposée »), faisant
passer les transformations de certaines pratiques familiales
pour des innovations théoriques (« refonder la parenté généalogique », « inventer la pluriparentalité »). Au point que l'on
peut se demander si, selon une habitude très fréquente dans
les sciences sociales, les nouveaux experts de la morale
familiale n'ont pas repris à leur compte les difficultés qu'ils
prêtent aux acteurs sociaux et qui, bien souvent, sont d'une
autre nature et d'un autre statut. Car, comme l'attestent par
ailleurs de nombreuses observations sur les familles divor-

cées dont les parents se sont remariés et ont eu des enfants
(« familles recomposées »), les relations entre enfants ou entre
enfants et beaux-parents ne sont le plus souvent guère plus
complexes que dans les familles dites « normales », au moins
dans des catégories sociales qui disposent des moyens matériels et culturels pour éviter et atténuer, voire transfigurer,
les conflits – toujours latents – entre générations, entre époux,
entre enfants, bref, pour trouver ce qu'il était convenu
d'appeler, à propos de formes de parenté infiniment plus
subtiles, la « bonne distance »[1].

À cet égard, la « sociologie de la famille », dont les
spécialistes n'ont cessé de se multiplier à la faveur des transformations de la vie familiale et des débats, notamment média-
tiques, qu'elles suscitent, pourrait être surtout révélatrice des
manières de penser et d'agir de ces experts qui projettent, en
prenant le « désordre des familles » comme centre de leurs
analyses, leurs propres désarrois face au désordre social auquel
ils se sentent confrontés tant dans leurs études que dans leur
expérience propre du monde social – les deux, on le sait, étant
souvent liés dans les disciplines qu'ils exercent. Cette
confusion et ces incertitudes n'apparaissent jamais avec autant
de netteté que dans les études sur les « nouvelles familles »,
objet, par définition, insaisissable, la première difficulté, et
non la moindre, étant de s'arracher du pathos et du fatras
familialistes, de ses classifications et de ses catégories qui
réduisent la famille aux seules interactions (notamment langa-
gières) qui s'y nouent et s'y dénouent, au-dedans et au-dehors
d'elle, ou encore des termes d'adresse et d'appellation. Car

---

1. A. Fine, *Parrains, marraines. La parenté spirituelle en Europe*, Paris,
Fayard, 1994.

dans cet univers, la dénomination enferme un ensemble de règles à suivre comme si la famille était à elle-même son propre principe et le principe de toutes les conduites, surtout en son sein, ce qui ne veut pas dire qu'elles en soient le produit, et, quand elles le sont, qu'elles ne varient pas selon les univers sociaux. C'est à la genèse des catégories de cet inconscient familialiste que tout chercheur engage inévitablement dans son travail qu'est aussi consacré cet ouvrage.

Le « cercle de famille » est aussi gros d'un cercle vicieux, imposant un mode de pensée circulaire : il enferme l'univers des questions à lui poser qui se résume, pour l'essentiel, à sa composition, au mode de relations et à la nature des échanges entre ses membres, les réponses étant impliquées par la définition même de la famille que ces questions suggèrent. S'agissant de la famille, nous participons immédiatement de l'objet que nous tentons d'étudier : pour penser la famille, nous recourons inévitablement à des modes de pensée qui sont le produit des structures familiales telles que nous les avons incorporées sous forme de schèmes de perception, de prédispositions ou d'affects, et telles que nous les reproduisons au jour le jour, notamment dans notre vie familiale. Comment penser ce qui est impensable du fait que la famille désigne indissociablement une structure sociale et un ensemble de schèmes pratiques qui orientent nos conduites ? Et même si ces schèmes sont élevés au statut ontologique de modèle (les « structures de la parenté »), notamment d'un modèle de pensée, et que celui-ci nous est si familier que, parmi les analogies, les métaphores familiales sont parmi les plus nombreuses, l'idée même de constituer la famille comme un objet de pensée est comme impensable puisque déjà pensé depuis la nuit des temps. Nous ne cessons de penser à la famille sans y penser et sans la penser. Sauf lors de crises dont la famille est, au moins apparemment, l'objet, comme lors des récents débats sur le PaCS en France. En effet, ce contrat qui officialise les unions homosexuelles met en cause le fondement des croyances et valeurs, notamment de certaines fractions des classes dominantes.

C'est dire que débanaliser les discours ordinaires et savants sur la famille ne peut être le résultat d'un acte décisoire, d'une rupture radicale fondée sur le recours, par exemple, à des analogies déconcertantes (économiques, militaires, carcérales) ou sur l'exaltation des formes illégitimes de famille et de sexualité, ne serait-ce que pour en affirmer la dimension arbitraire. En effet, ces tentatives dérivent directement, même de manière inversée, du mode de pensée auquel elles visent à échapper, qu'il s'agisse des métaphores qui renforcent les termes du lien qu'elles établissent, ou des transgressions qui réaffirment par la dénégation ce qu'elles cherchent à nier. Car la famille constitue à la fois une structure cognitive, qui permet de penser le monde social, et une structure sociale selon laquelle l'ordre social est lui-même construit et tend à se perpétuer. Les pratiques des agents sociaux participent très directement à cette forme d'évidence collective, comme l'attestent leurs investissements économiques, culturels et affectifs dont la famille est souvent le principe et qui contribuent à la pérenniser (il n'est pas jusqu'à l'orthogénie, dont certains allaient jusqu'à dire qu'elle mettrait fin à la famille, qui n'ait contribué à en renforcer la cohésion en rationalisant les pratiques contraceptives). Car les mécanismes objectifs de reproduction de la structure sociale mais aussi (et surtout) la contribution de la « famille » à cette reproduction opèrent au travers des catégories de l'expérience quotidienne, des relations concrètes et singulières des agents sociaux.

Inconscient familialiste et naturalisation de la famille

La sociologie ne peut se réduire à l'enregistrement et à l'analyse, voire à la consécration, des prénotions que les agents sociaux engagent dans la construction de la réalité sociale ; elle doit déterminer les conditions sociales de la production de ces préconstructions et des agents sociaux qui les produisent. À cet égard, l'histoire est un instrument de rupture avec l'inconscient familialiste, à condition cependant qu'elle rompe elle-même avec les expériences immédiates des agents sociaux et avec les retraductions savantes que, depuis des siècles, nombre d'historiens opèrent en toute inconscience, prenant des schèmes de pensée bureaucratiques et scolaires (comme l'opposition famille nucléaire / famille élargie, la métrique généalogique et, plus généralement, l'instrumentation démographique) pour la réalité et le sens des pratiques familiales et sociales.

Car l'histoire des formes cognitives de la famille se heurte aux mêmes obstacles qui interdisent de penser celle-ci selon des catégories qui ne sont pas déjà pré-instituées et prépensées. Cette discipline n'a pas toujours échappé au mode de pensée familialiste, elle a, au contraire, pour une bonne part, contribué à l'instaurer et à le légitimer. Sans doute, l'histoire est-elle un des moyens les plus efficaces de mettre la réalité immédiate à distance, mais du même coup elle risque de produire un effet d'idéalisation et, par là, d'éternisation[1]. Ainsi, le plus souvent, l'« histoire de la famille », dans son projet même, tend, paradoxalement, à naturaliser une institution historiquement et socialement déterminée. Utilisant des schèmes et des concepts

1. R. Koselleck, *Le futur passé. Contribution à la sémantique des temps historiques*, Paris, Éditions de l'EHESS, 1990, p. 119-131.

RÉMI LENOIR

d'analyse *omnibus*, comme les termes et les modèles de parenté, elle produit, faute de reconstituer l'espace des institutions dont la « famille » participe, un effet de déshistoricisation et d'éternisation propre à renforcer les représentations essentialistes des groupes sociaux et, plus généralement, de la société.

[...]

Une autre forme de déshistoricisation est induite par l'utilisation des termes du langage ordinaire, le travail de naturalisation des représentations passant, en ce cas, par les mots. Les définitions de la famille, on le sait, donnent lieu à des conflits dont on trouve la trace tant dans le vocabulaire ordinaire que dans le langage savant, car la notion de famille fonctionne souvent comme un principe générique d'inclusion et d'exclusion. Les débats sur ce qu'est la famille, entendue comme « vraie » famille, visent, en effet, à exclure celles qui ne répondent pas aux critères officiels : ceux des groupes dominants à un moment donné et dans des conditions socialement déterminées. L'usage et la signification des mots indigènes sont des enjeux de luttes circonstanciés que leur emploi savant tend à faire oublier et, du même coup, à réifier et à naturaliser en les sortant de leur contexte, c'est-à-dire des conditions sociales dans lesquelles ils sont produits, circulent et sont utilisés[1]. Par exemple, le mot « mariage », que Durkheim, lui-même, estimait être une prénotion, ne désigne pas les mêmes fonctions selon l'état des instruments de reproduction de la structure sociale, à savoir les mécanismes qui

---

1. Sur la pertinence des catégories généalogiques pour penser la parenté dans les sociétés exotiques, *Cf.*, entre autres, le récent débat entre M. Bouquet et R. Parkin : « Kinship with Trees », *The Journal of the Royal Anthropological Institute*, 3, 2 juin 1997, p. 374-376.

assurent la reproduction de l'espace social et des stratégies matrimoniales et successorales qui lui sont associées[1].

C'est dire que l'expérience propre du sociologue et l'analyse qu'il en fait peuvent être précieuses, dès lors qu'elles sont au service du travail scientifique d'objectivation, de la réflexivité, enrichie par la confrontation avec les réalités souvent désenchantées et douloureuses du « terrain », comme c'est fréquemment le cas dans la reconstitution des biographies et des « affaires » domestiques qui, dès qu'on commence à connaître les familles, ne sont plus tout à fait comme celles-ci paraissaient être pour l'observateur (peut-on vraiment observer une famille ?) et pour les enquêtés eux-mêmes (peut-on laisser observer sa famille ?). La connaissance pratique du sociologue, qu'il s'agisse de sa famille ou de celle de ses proches, dès lors qu'elle est elle-même soumise à la critique réflexive, peut, à cet égard, être une défense contre les tentations de l'autobiographie narcissique et du moralisme à peine masqué sous les dehors et les apparats de la science (ou de la religion).

---

1. *Cf.* R. Koselleck, « Histoire sociale et histoire des concepts », dans R. Koselleck, *L'expérience de l'histoire*, Paris, EHESS, Gallimard-Éditions du Seuil, 1997, p. 116-118. On en a un exemple dans un article bien documenté et à bien des égards extrêmement pertinent mais qui fait de la permanence du mariage depuis le XIIe siècle un acquis historique, alors que l'objet de l'analyse devrait expliquer, non pas au-delà mais grâce à des configurations de facteurs socio-économiques différentes, cette « permanence » qui, comme l'analyse l'auteur, est une adaptation continûment réajustée en fonction des enjeux que constituent les alliances matrimoniales selon l'état des systèmes des instruments de reproduction de la structure sociale ainsi que des rapports sociaux. *Cf.* J. Mulliez, « Droit et morale conjugale : essai sur l'histoire des relations personnelles entre époux », *Revue historique*, juil.-sept. 1987, p. 35-106.

Seule la sociogenèse de l'inconscient familialiste semble être en mesure d'opérer l'objectivation des catégories de cet impensé. Mais, outre que l'histoire est elle-même souvent construite selon ces catégories, elle ne fournit pas toujours les moyens pour décrire cette histoire. En effet, parce que la famille est en quelque sorte « l'évidence de toutes les évidences », les luttes que provoquent les transformations des mœurs familiales sont occultées ou déplacées par d'autres combats que l'histoire, en tant que discipline savante, enregistre, consacre et valorise parce que plus institués et donc plus faciles à faire reconnaître (comme ceux de l'« Église » et de l'« État », de « Vichy » et de la « Libération »), ou parce qu'ils correspondent mieux aux catégories contemporaines de la représentation de l'action collective (comme les « mouvements féministes » et les « luttes des homosexuels »), ou encore parce que les oppositions selon les situations ou les urgences du moment sont plus nettement définies. Or, la morale familiale s'engendre surtout au travers d'accentuations et d'atténuations de tensions ainsi que de processus sociaux moins institués, moins identifiés, moins visibles et plus lents. Non que ces derniers soient refoulés dans une sorte d'inconscient anhistorique et inaccessible, mais les instruments cognitifs grâce auxquels la genèse et la structure du familialisme peuvent être soumises à l'analyse sont eux-mêmes le produit et l'instrument inconscient de ces luttes. Il en est ainsi des « révolutions démographiques » qui ont marqué l'histoire de l'Europe occidentale au XVIIIe siècle (au moins dans certaines régions) et qui sont analysées selon les seuls critères de l'état civil (taux de natalité et de mortalité par âge dans des « populations » déterminées), alors même que la pertinence de ces notions – sans parler des moyens de les définir, voire de les mesurer – est l'enjeu de luttes entre spécialistes de la démographie historique et, plus généralement, des sciences sociales, notamment de la sociologie historique. En faire la genèse est le seul moyen de faire apparaître ce que Robert Castel appelle, après Michel Foucault, « l'histoire du présent », de faire resurgir les conflits laissés dans l'oubli, les possibles mis à l'écart et rejetés de ce qui, en se réalisant dans les structures sociales et les structures mentales qui leur correspondent, devient comme évident et naturel[1]. Ainsi, s'agissant de la transmission des biens et des pouvoirs entre générations, d'autres modes que l'héritage ont été conçus et appliqués, comme l'élection, la cooptation, ou encore l'adoption, sans parler de la simple captation et du pillage, voire de l'achat[2].

Il en est de même des disciplines savantes qui ont pris la famille comme objet. La démographie et la sociologie, par exemple, se sont formées dans les conflits au terme desquels le familialisme a accédé en France au statut d'idéologie d'État, indissociable des fondements cognitifs, moraux et politiques de la IIIe République. C'est dire que la morale familiale telle que nous la connaissons en France est inséparable de celle des nouvelles structures étatiques résultant, pour une bonne part, de ces luttes. Ainsi, la famille est devenue un des enjeux centraux des luttes politiques au XIXe siècle et au XXe siècle : à travers la « famille » ont été appréhendés les problèmes sociaux liés à la montée du capitalisme (pauvreté, éducation des enfants, rôle des femmes, place des vieux). Elle a été aussi l'arme de ces luttes qui ont eu pour enjeu l'imposition de la

1. *Cf.* R. Castel, *Les Métamorphoses de la question sociale. Une chronique du salariat*, Paris, Fayard, 1995, p. 17.
2. *Cf.* A. Burguière, C. Klapisch-Zuber, M. Segalen, F. Zonabend, (dir.), *Histoire de la famille*, *op. cit.* ; P. Ariès et G. Duby (dir.), *Histoire de la vie privée*, *op. cit.*

représentation symbolique de l'ordre social légitime : elle a été, on le sait, l'instrument par excellence de stigmatisation des classes dangereuses (prostitution, délinquance). Et le reste toujours.

Les modes d'institutionnalisation de la famille

Le familialisme est, en effet, un instrument des luttes symboliques qui tendent à imposer un principe de vision et de division du monde social, durablement inscrit dans les structures mentales (catégories de perception et de compréhension), corporelles (dispositions), sociales (droits, dispositifs) et affectives. Si la « famille » tend à s'imposer avec tant de force comme une matrice de schèmes structurant la vision du monde social, ce n'est nullement par l'effet de nécessités anthropologiques mais grâce à ce qui est au principe de cette vision, l'adéquation socialement prédéterminée entre les catégories politiques et les catégories familiales de perception du monde social. Les structures familiales apparaissent comme le fondement naturel de toutes choses, notamment de la chose publique, et cela d'autant plus qu'elles sont elles-mêmes habituellement perçues suivant les catégories selon lesquelles l'ordre politique est lui aussi construit[1]. Cette adéquation circulaire est le résultat de stratégies d'investissement symbolique des classes dominantes qui, en imposant les schèmes d'évaluation qui leur sont le plus favorables et en

1. C'est ce que rappelle, par exemple, Marcel Granet lorsqu'il établit que c'est « au terme d'une longue évolution que le fils et le père se sont considérés comme parents. Le premier lien qui les unit est un lien d'inféodation, lien juridique et non pas naturel, et, de plus, de nature extra-familiale. Le fils n'a vu un parent dans le père qu'après l'avoir reconnu pour son seigneur. », M. Granet, *La civilisation chinoise. La vie publique, la vie privée*, Paris, Albin Michel, 1968, p. 340.

facilitant les pratiques susceptibles d'être appréciées en leur faveur, contribuent à faire apparaître comme naturels les fondements économiques, culturels et politiques de leur domination. Les représentations de la famille participent ainsi très directement des stratégies qui concourent à la reproduction des structures sociales.

On en a un exemple en Europe dans la formation sinon de deux sciences, au moins de deux savoirs d'État qui ont pour objet la famille, son fondement, sa définition et sa finalité. D'une part, la généalogie qui, dans la formation et le fonctionnement de l'État dynastique, participe directement à l'imposition d'un mode de gestion légitime du pouvoir politique, notamment de son maintien et de sa perpétuation. D'autre part, la démographie qui, dans un État bureaucratique, s'intègre en continuité immédiate avec le mode de gestion et d'encadrement rationalisé des populations, typique des États modernes. Ces deux formes de savoir relèvent du système d'instruments grâce auxquels une unité sociale s'objective dans des objets impersonnels qui la symbolisent, notamment l'État, et s'incorporent à des structures mentales qui la pensent et la représentent. Ce n'est pas un hasard si au cœur même de ces deux disciplines, qui ont pour objet une des dimensions essentielles de la reproduction de la structure sociale, se retrouve, dans des configurations historiques de facteurs sociaux pourtant fort différentes, la problématique de l'héritage et de l'hérédité, bref celle de la succession. Elles contribuent, chacune à sa manière, à consolider l'unité collective et à en assurer la continuité, une des médiations étant le recours qu'elles ont toutes deux aux technologies juridiques et au droit (et aux structures étatiques auxquelles ces technologies sont liées), dont elles utilisent, réifient et éternisent les catégories.

Cette tentative de généalogie de la morale familiale en France repose sur de nombreux travaux portant sur les stratégies que, dans des contextes historiques distincts, c'est-à-dire dans des univers où les espèces de capital et les instruments de reproduction diffèrent, les agents des catégories sociales dominantes mettent en œuvre, et à travers lesquelles s'accomplit ce que Pierre Bourdieu appelle le *conatus* de l'unité domestique[1]. S'il faut remonter aux grandes transformations culturelles et sociales en Europe occidentale du Xe au XIIe siècle, c'est qu'à cette époque émergent l'État dynastique et les structures familiales fondées sur des principes sinon économiques du moins juridiques auxquels les représentations contemporaines de la famille doivent encore beaucoup, notamment les modes de formation et de transmission du patrimoine (qui ont à voir, fût-ce négativement, avec ce qu'on appelle aujourd'hui « la filiation »). Les familles de l'aristocratie carolingienne, à l'origine groupes de parenté plus ou moins lâches, ne se sont cristallisées en dynasties qu'au moment où la position de la noblesse a été liée de façon durable à la possession de terres et du château qui en dépendait. Tout ce qui pouvait maintenir l'indivision du patrimoine et renforcer la transmission patrilinéaire orientait les stratégies successorales (notamment la monogamie et l'indissolubilité du mariage). L'accent mis sur le mariage, la valeur de la virginité de l'épouse, la légitimité et l'ordre des naissances, le sexe des enfants, est corrélatif de la formation d'un mode de transmission d'un droit de propriété héréditaire peu à peu contrôlé par la famille.

---

1. P. Bourdieu, « Stratégies de reproduction et modes de domination », *Actes de la recherche en sciences sociales*, 105, déc. 1994, p. 3-12.

Sans doute, le passage de l'État domestique à l'État bureaucratique s'est-il accompagné d'une transformation de la position de la famille dans la structure des instruments de reproduction. On a ainsi assisté à un relâchement des liens de dépendance et d'allégeance à base familiale au profit de relations soumises aux structures institutionnelles de la société moderne, à l'économie monétaire généralisée, aux règles de fonctionnement de l'État bureaucratique et au droit formel qui lui est, pour une bonne part, lié. Car le développement du capitalisme, comme l'a analysé Max Weber, s'est accompagné de la substitution d'une communauté de croyance à une communauté de sang – qui, elle-même, est une communauté de croyance – , les relations sociales fondées sur la parenté tendant à freiner le processus de rationalisation des différents secteurs de l'activité sociale, échanges économiques, gestion administrative des rapports sociaux, production artistique et intellectuelle, et, même, sexualité de « l'homme professionnel » [1].

En France, cependant, la dépersonnalisation des relations économiques et politiques n'a pas immédiatement affecté les relations familiales dans les classes dominantes (à la différence de larges couches de la paysannerie et des classes populaires des villes en voie de prolétarisation), notamment dans la bourgeoisie, car les bourgeoisies d'affaires et surtout de robe ont trouvé dans un État organisé de façon bureaucratique et de type patriarcal l'instrument par lequel pouvait s'épanouir cet « *ethos* du devoir de fonction » et du « bien public » correspondant à la position qu'elles avaient conquises dans

1. *Cf.* M. Weber, « "Parenthèse théorique". Le refus religieux du monde, ses orientations et ses degrés », *Archives des sciences sociales des religions*, 61, janvier-mars 1986, p. 7-34.

l'État monarchique et aux privilèges (notamment économiques et politiques) qu'elles s'étaient fait octroyer. La « famille » a été ensuite réinventée au XIXᵉ siècle selon les principes du mode de domination rationnelle-légale, qui tend alors
à s'imposer à l'ensemble de la population sous l'action de
l'État et est à la base d'une politique visant à régulariser la vie
sexuelle et la natalité mais aussi l'éducation et l'instruction, et,
par là, d'un nouvel ordre social dont la légitimité n'est plus
autant assurée par la tradition et les formes d'organisation
administrative et religieuse qui lui étaient liées.

La famille ne serait-elle qu'une fiction, construite
notamment à travers le vocabulaire que nous employons pour
la nommer, le droit auquel nous avons recours pour la légitimer
et les rites que nous pratiquons pour la célébrer ? Sans doute y
a-t-il là autant d'indicateurs qui contribuent à confirmer que la
famille n'est qu'une structure arbitraire, au sens de Saussure.
Pourtant, les vives polémiques sur sa définition et les droits qui
lui sont associés et, plus généralement, l'histoire sociale de la
morale familiale rappellent que cette fiction collective qu'on
appelle la famille peut exister réellement, certes sous des
formes différentes, aussi longtemps qu'elle est l'enjeu d'un
ensemble de luttes qui concourent à sa reconnaissance. Aussi,
la question n'est-elle pas celle de sa réalité mais celle de cette
forme d'existence des objets sociaux que Durkheim appelait
les « institutions » et qui sont autant produites par les structures
sociales que reproductrices de ces structures, au moyen
notamment du travail collectif de socialisation qu'elles opèrent. Or, s'il est une institution qui se voit confier à peu près
universellement cette fonction, c'est bien la « famille » et ce
qui lui est assimilé, faute d'autres notions, au point que ce
qui est désigné par ce terme pourrait bien n'être que le pro-

cessus et le produit de ce mode spécifique d'intégration sociale[1].

C'est à l'évolution et à certains de ces modes d'institution-nalisation de la famille qu'est aussi consacré cet ouvrage. La famille ne se réduit ni aux interactions qui s'y déroulent ni aux définitions préétablies qui en sont données par des agents spécialisés, elle est le produit de nombreux facteurs que ces définitions et les agents qui les produisent excluent le plus souvent, les rejetant comme externes, marginaux et secondai-res. Aussi, la question est-elle double : comment la famille, de fiction nominale, tend-elle à devenir un groupe réel dont les membres sont solidaires et auxquels ils s'identifient et sont identifiés, mais aussi comment le groupe socialement construit par tant d'opérations objectives et observables peut-il appa-raître comme le groupe naturel par essence et par excellence chez les agents sociaux eux-mêmes, au point de servir de modèle à tous les autres ? Il faut tenir compte ici de tout le travail matériel et symbolique d'institutionnalisation auquel donne lieu cette construction sociale continue de la famille comme « catégorie réalisée », pour reprendre l'expression de Pierre Bourdieu[2]. Les structures sociales de parenté, les dispositions collectives auxquelles elles sont associées (par exemple, le « sens » de la famille), le travail permanent et mutuel d'intégration des membres du groupe s'inscrivent dans

1. Comme l'écrit Françoise Héritier, « tout le monde sait ou croit savoir ce qu'est la famille, cette dernière s'inscrivant si fortement dans notre pratique quotidienne qu'elle apparaît implicitement à chacun comme un fait naturel et, par extension, comme un fait universel », *Cf.* F. Héritier, « Famiglia », *Enciclopedia Einaudi*, Turin, Giulio Einaudi, vol. 6, p. 3-16.

2. *Cf.* P. Bourdieu, « À propos de la famille comme catégorie réalisée », *Actes de la recherche en sciences sociales*, 100, déc. 1993, p. 32-36.

cette entreprise de construction où la collectivité elle-même, en son ensemble et en ses différentes composantes, est mobilisée. Cette entreprise est double : d'abord pour faire exister réellement la famille, ensuite pour que cette réalité n'apparaisse pas comme le produit de ce travail. Car la famille se présente simultanément aux acteurs sociaux comme une construction en train de se faire (et de se défaire) et comme ce qui en est la négation, à savoir une essence qui trouve dans la nature le principe de son existence sociale.

JACQUES DONZELOT

LA POLICE DES FAMILLES

LA FAMILLE SUJET ET OBJET DE GOUVERNEMENT[*]

3. Le gouvernement par la famille

Introduction

Sous l'Ancien Régime, la famille était à la fois sujet et
objet de gouvernement. Sujet par la distribution interne de
ses pouvoirs : la femme, les enfants et les personnes associées
(parentèle, domestiques, apprentis) sont les obligés du chef
de famille. Objet en ce sens que le chef de famille se situe lui
aussi dans des relations de dépendance. Par lui, la famille se
trouve inscrite dans des groupes d'appartenance qui peuvent
être des *réseaux de solidarité* comme les corporations et les
communautés villageoises ou des *blocs de dépendance* du type
féodal ou religieux, ou le plus souvent les deux à la fois. La
famille constitue donc un *plexus* de relations de dépendances
indissociablement privées et publiques, un maillon des fils
sociaux qui organisent les individus autour de la détention d'un

[*] J. Donzelot, *La police des familles*, Paris, Minuit (1977/2005), p. 49-58.

état (à la fois métier, privilège et statut) octroyé et reconnu par des ensembles sociaux plus vastes. Elle est donc la plus petite organisation politique possible. Enchâssée directement dans les rapports sociaux de dépendance, elle est affectée globalement par le système des obligations, des honneurs, des faveurs et des défaveurs qui agitent les rapports sociaux. Partie prise, elle est aussi partie directement prenante à ce jeu mouvant des liens, des biens et des actions par les stratégies d'alliances matrimoniales et les obédiences clientélistes qui entretiennent la société dans une sorte de guerre civile permanente dont témoigne la fantastique importance du recours au judiciaire.

Cette inscription directe de la famille d'ancien régime dans le champ politique a deux conséquences quant à l'exercice du pouvoir social. Par rapport aux appareils centraux, le chef de la famille *répond* de ses membres. Contre la protection et la reconnaissance de l'état dont il bénéficie, il doit garantir la fidélité à l'ordre public de ceux qui en font partie ; il doit fournir aussi une redevance en impôt, en travail (corvées) et en hommes (milice). De ce fait, la non-appartenance à une famille, l'absence donc de répondant sociopolitique, pose un problème d'ordre public. C'est le registre des gens sans aveu, sans feu ni lieu, mendiants et vagabonds qui, n'étant nulle part arrimés à l'appareillage social, jouent le rôle de perturbateurs dans ce système des protections et des obligations. Personne pour couvrir leurs besoins mais personne non plus pour les retenir dans les limites de l'ordre. Ils relèvent de la charité, de l'aumône, ce don qui honore celui qui le fait parce que c'est sans espoir de retour mais qui n'intègre pas celui qui en bénéficie et entretient donc cette population flottante. Ou bien, ils relèvent de l'administration publique, qui les retient dans des hôpitaux généraux ou des renfermeries, sans autre objectif que de les mettre socialement hors jeu, de faire cesser le scandale que constitue le spectacle et le comportement de ces éléments incontrôlés. En contre-partie de cette responsabilité à l'égard des instances qui l'obligent, le chef de famille avait sur ceux qui l'entourent un pouvoir à peu près *discrétionnaire*. Il pouvait les faire servir à toutes les opérations destinées à majorer l'importance de son état, décider de la carrière des enfants, de l'emploi de sa parentèle, de la contraction des alliances. Il pouvait aussi les punir s'ils dérogeaient à leurs obligations envers la famille, et pour cela prendre appui sur l'autorité publique qui lui devait aide et protection dans son entreprise. Les fameuses *lettres de cachet de famille* prennent leur sens à l'intérieur de cet échange réglé d'obligations et de protections entre les instances publiques et l'instance familiale, faisant jouer d'une part la menace que constitue pour l'ordre public un individu en rupture de religion et de bonnes mœurs et d'autre part celle que font peser sur l'intérêt familial les désobéissances de tel ou tel de ses membres. Les placets qui réclament l'enfermement des filles dont on a lieu de craindre que la friponnerie puisse entraîner des désordres publics et des suites infamantes pour leurs familles obéissent à la même logique que ceux qui sollicitent l'internement de tel garçon qui s'est enfui avec une demoiselle d'un rang inférieur au sien. Les désordres de l'une menacent la famille par le discrédit qu'ils jetteraient sur elle, puisque cela signifierait qu'elle ne peut contenir ses membres dans les limites qui leur sont imparties et donc soulignerait le peu de fiabilité de la famille dans la tenue de ses obligations. L'escapade de l'autre nuirait tout autant à la famille en anéantissant les calculs matrimoniaux. Il s'agit toujours du même mécanisme : pour assurer l'ordre public, l'État prend appui directement sur la famille, jouant indissociablement de sa crainte du discrédit public et de ses ambitions privées. Tout se passe selon un schéma de collaboration très simple, l'État disant aux familles : vous maintenez vos gens dans les règles de l'obéissance à nos exigences, moyennant quoi vous pourrez faire d'eux l'usage qui vous conviendra et, s'ils contreviennent à vos injonctions, nous vous fournirons l'appui nécessaire pour les faire rentrer dans l'ordre.

Ce mécanisme à première vue sans faille va pourtant devenir progressivement inadéquat au long du XVIIIe siècle, faisant apparaître au cœur de cette collaboration de l'administration et des familles les germes d'un double contentieux. D'une part, la famille ne contient plus aussi bien ses membres par la prise en charge de leur entretien. Les barrières qui comprimaient les individus dans des ensembles organiques se déverrouillent lentement. La séparation entre les pauvres « honteux » (ceux qui s'abstenaient de demander des secours publiquement par crainte de déshonneur) et les mendiants implorants qui exhibent leurs misères et leurs plaies sans vergogne tend à disparaître et la fin du XVIIIe voit une augmentation considérable du chiffre des pauvres demandant des secours. De plus, les mendiants implorants se transforment peu à peu en vagabonds dangereux qui errent dans les campagnes et prélèvent, moitié par la pitié, moitié par le chantage à la violence (menace d'incendie, etc.), un impôt compétitif de celui de l'État. Organisés en bandes, ils pratiquent le pillage et sèment le désordre. D'autre part, l'autorité familiale et la pratique des lettres de cachet sont vigoureusement remises en question par ceux qui en sont les victimes. Les plaintes contre elles montent jusqu'en 1789 et l'histoire des tribunaux civils sous la Révolution révèle, à côté des procédures de reconnaissance de paternité, un nombre considérable de requêtes en dédommagement pour cause d'internement arbitraire[1]. L'administration elle-même se raidit par rapport à ces demandes, dont elle entreprend de vérifier systématiquement le bien-fondé. La construction des hôpitaux généraux répondait entre autres raisons au désir explicite de fournir aux familles pauvres un moyen de coercition contre leurs membres indisciplinés. Très vite, les administrateurs soupçonnent les familles d'utiliser ces enceintes beaucoup plus pour se débarrasser de leurs bouches inutiles, de leurs éclopés, que pour donner une leçon salutaire et momentanée aux indomptés de l'ordre social.

Ces deux lignes de déconstruction de l'ancien gouvernement des familles convergent dans la prise de la Bastille. Menée par le petit peuple et les indigents de Paris, par ceux autrement dit que les appareillages socio-familiaux ne contiennent plus, ne réussissent plus à nourrir et à entretenir, elle est l'aboutissement d'une sourde interpellation qui somme l'État de prendre en charge les citoyens, de devenir l'instance responsable de la satisfaction de leurs besoins. En même temps, elle constitue la destruction symbolique par excellence de l'arbitraire familial dans sa complicité avec la souveraineté royale, puisque c'était là notamment qu'on enfermait les individus détenus par la procédure des lettres de cachet. Sur cette double abolition se sont élaborées maintes rêveries faisant, à partir de cette table rase de l'ancien enchevêtrement des pouvoirs étatiques et familiaux le projet d'un État organisateur du bonheur des citoyens, dispensant assistance, travail, éducation et santé à tous, indépendamment des appartenances familiales vouées à la désuétude. Mais elle

---

1. *Cf.* J. Douarché, *Les tribunaux civils de Paris pendant la Révolution*, 2 vol., Paris, A. Donarche, 1905-1907.

engendre aussi sa contrepartie : le cauchemar d'un État tota-
litaire, assurant peut-être la satisfaction des besoins de tous,
mais au prix d'un nivellement des fortunes et d'un corsetage
autoritaire de la société. La famille se trouva donc projetée
au cœur du débat politique le plus central, puisqu'il y allait
de la définition de l'État. D'un côté, les socialistes, les « éta-
tistes », négateurs de la famille et donc accusés de totali-
tarisme. De l'autre, les partisans d'une définition libérale de
l'État qui laisserait la société s'organiser autour de la propriété
privée et de la famille, et donc accusés de conservatisme.

C'est en tout cas ainsi que le problème de la famille est
classiquement posé, dans les termes d'un manichéisme rassu-
rant opposant les tenants de l'ordre établi et de la famille
aux révolutionnaires collectivistes. Or, le moins qu'on puisse
dire est que ce schéma offre peu de prise pour comprendre
aussi bien le visage actuel de la famille que la nature de l'attachement que les individus des sociétés libérales lui portent.
Il n'explique pas pourquoi le sentiment de la famille est associé
à celui de la liberté, pourquoi la défense de la famille peut effi-
cacement se faire en termes de sauvegarde de la sphère d'autonomie des gens. Si la famille actuelle était un simple agent
de répercussion du pouvoir bourgeois, donc entièrement
sous la coupe de l'État « bourgeois », pourquoi les individus,
y compris et surtout les membres des classes non dirigeantes,
investiraient-ils autant dans la vie familiale ? Affirmer que
c'est sous l'effet d'une imprégnation idéologique revient à dire
pudiquement que ce sont des imbéciles et à masquer plus
ou moins habilement une carence d'interprétation. Cela n'explique pas non plus pourquoi la famille moderne organise ses
liens d'une manière aussi souple, aussi opposée à l'ancienne
rigidité juridique. Si elle était exclusivement le moyen pour la
bourgeoisie de se cramponner à une défense de l'ordre établi,

pourquoi laisserait-elle à ce point se relâcher les cadres juridiques qui consacrent son pouvoir ? Dire que c'est une contradiction entre l'idéologie libérale et les intérêts de la bourgeoisie revient à supposer qu'une réforme ne puisse être que mensonge ou aveu mais jamais solution positive à un problème.

Autrement dit, la question n'est pas tant de savoir à quoi sert la famille dans une économie libérale indexée sur la propriété privée que de comprendre pourquoi ça marche, comment elle a pu constituer un mode de conjuration efficace des dangers que faisait planer sur une définition libérale de l'État la révolte des pauvres exigeant d'en faire le principe réorganisateur de la société et aussi l'insurrection des individus contre l'arbitraire du pouvoir familial, menaçant de laminer ce fragile et décisif rempart dressé contre une gestion étatique et collective des citoyens. Le problème est donc celui de sa transformation plutôt que celui de sa conservation. S'il ne s'était agi que de la préserver contre vents et marées, contre l'assaut des affamés et la révolte des opprimés, son histoire serait celle de la défense pure et simple des privilèges qu'elle consacre, et son visage celui de la domination sans fard d'une classe sur une autre. Que les discours de dénonciation des privilèges sociaux et des dominations de classe aient dû progressivement se désolidariser de la critique de la famille ; que les revendications aient été lentement amenées à s'appuyer sur la défense et l'amélioration des conditions de vie familiale des « moins favorisés » ; qu'ainsi la famille soit devenue à la fois le point d'arrêt des critiques de l'ordre établi et le point d'appui des revendications pour plus d'égalité sociale : tout cela constitue une invite suffisante à envisager la famille et ses transformations comme une forme positive de solution aux problèmes posés par une définition libérale de l'État plutôt que comme élément négatif de résistance au changement social.

Or, qu'est-ce qui pouvait, à l'orée du XIXe siècle, menacer une définition libérale de l'État ? Deux choses.

D'une part, le problème du paupérisme, la montée saccadée de ces vagues d'indigents qui, réclamant de l'État plus de subsides, l'avaient sommé pendant l'acmé de la période révolutionnaire de devenir l'instance réorganisatrice du corps social à partir du droit des pauvres à l'assistance, au travail, à l'éducation.

D'autre part, l'apparition à l'intérieur du corps social de clivages d'une telle profondeur quant aux conditions de vie et aux mœurs qu'ils risquent d'engendrer des conflits cataclysmiques, mettant en cause le principe même d'une société libérale. Le face-à-face d'une minorité bourgeoise civilisée et d'un peuple barbare qui hante la cité plus qu'il ne l'habite faisait planer sur elle la menace de sa destruction.

Dans les questions mises en concours par les Académies au cours de la première moitié du XIXe siècle, c'est-à-dire à une époque où les académies et sociétés savantes avaient un rôle plus grand dans la vie intellectuelle que les universités, des connexions plus étroites avec la vie politique, un rôle de conseiller et d'inspirateur déclaré du gouvernement dans les enquêtes sur la classe ouvrière qui sont souvent commanditées par ces mêmes académies, ce sont toujours les deux mêmes interrogations qui reviennent en leitmotiv : 1. Comment peut-on résoudre la question du paupérisme et de l'indigence en conjurant le danger que représentent les discours faisant de l'augmentation des prérogatives de l'État le seul moyen d'y parvenir, aux dépens du libre jeu économique (Malthus, Gérando, Villermé) ? 2. Comment réorganiser disciplinairement les classes laborieuses que les anciens liens de commensalité et de vassalité n'attachent plus à l'ordre social, subsistant par endroits dans des formes qui servent beaucoup plus de points de résistance à l'ordre nouveau (les corporations, les canuts lyonnais, etc.), disparaissent ailleurs au profit d'une irresponsabilisation totale de la population qui devient incontrôlable et fragile, du fait de la morbidité régnante, et de la naissance des villes industrielles (De la Farelle, Frégier, Cherbulliez)? Le problème est d'autant plus délicat qu'il ne peut être résolu comme sous l'Ancien Régime par une pure et simple répression, puisque l'économie libérale nécessite la mise en place de procédures de conservation et de formation de la population. Au XVIIIe siècle, la promotion de ces nécessaires équipements collectifs allait de pair, dans le discours des Lumières, dans le discours prérévolutionnaire, avec une mise en question de l'ordre politique. Une fois sauté le verrou de l'ancien pouvoir de souveraineté, c'est la rupture de l'alliance entre classes populaires et classes bourgeoises, puisque l'intérêt politique des premières était le maintien d'une conjonction entre réorganisation de l'État et développement des équipements collectifs, entre bonheur et révolution, alors que l'intérêt des secondes était évidemment leur dissociation, seul moyen de maintenir leurs positions acquises et la marge de jeu nécessaire à l'économie libérale. Si bien que les deux questions majeures dont on parlait peuvent se résumer en une seule : comment assurer le développement de pratiques de conservation et de formation de la population en les détachant de toute assignation directement politique pour néanmoins les lester d'une mission de domination, de pacification et d'intégration sociale ?

Réponse : Par la philanthropie. La philanthropie qu'il ne faut pas entendre comme une formule naïvement apolitique d'intervention privée dans la sphère des problèmes dits

sociaux, mais qu'il faut considérer comme une stratégie délibérément dépolitisante face à la mise en place des équipements
collectifs par l'occupation d'une position névralgique à équidistance de l'initiative privée et de l'État. Si l'on considère les
foyers autour desquels va s'organiser l'activité philanthropique au XIXᵉ siècle, on constate qu'ils se caractérisent tous
par la recherche d'une distance calculée entre les fonctions
de l'État libéral et la diffusion des techniques de bien-être et
de gestion de la population. Il y a d'abord un *pôle assistantiel*
qui prend appui sur cette définition libérale de l'État pour
renvoyer vers la sphère privée les demandes formulées à son
adresse en termes de droit au travail et à l'assistance. Donc un
pôle qui utilise l'État comme *moyen formel* pour faire passer
un certain nombre de conseils et de préceptes de comportement, pour renverser une question de droit politique en une
question de moralité économique : puisqu'il n y a pas de hiérarchie sociale en droit, puisque l'État n'est plus le sommet
d'une pyramide d'oppressions féodales, puisque par rapport
à lui nous sommes tous formellement égaux, vous n'avez pas
à réclamer en droit votre prise en charge par l'État, mais
vous n'avez pas non plus de raisons de refuser nos conseils,
car ils ne sont plus des ordres. Plutôt qu'un droit à une
assistance d'État dont le rôle ainsi accru viendrait perturber
le jeu de cette société libérée des entraves dont il était la clef
de voûte, nous vous donnerons les moyens d'être autonomes
par l'enseignement des vertus de l'épargne et ce sera bien le
moindre droit de notre part que de sanctionner par une tutelle
sourcilleuse les demandes d'aide que vous pourriez encore
avancer, puisqu'elles constitueraient l'indice flagrant d'un
manquement de moralité.

Il y a ensuite *un pôle médical-hygiéniste* qui, lui, ne vise
pas à enrayer une demande inflationniste du rôle de l'État, mais

au contraire à l'utiliser comme instrument direct, comme *moyen matériel* pour conjurer les risques de destruction de la société par l'amoindrissement physique et moral de la population, par l'apparition de luttes, de conflits qui porteraient dans le libre agencement des rapports sociaux le fer d'une violence politique menaçant d'anéantir ce que l'État a pour simple mission de garantir. «La tendance médicale est le pendant nécessaire de la tendance industrielle, car l'influence que cette dernière a dû exercer sur la salubrité est hors de doute, en ce sens qu'elle a dû multiplier le nombre des dangers auxquels les populations manufacturières sont en général beaucoup plus exposées que les peuples agricoles. Toutefois, si les causes d'insalubrité se sont multipliées avec l'extension des arts de l'industrie, il faut convenir que l'étude perfectionnée des sciences d'où ces causes sont nées directement offre, pour les prévenir et les combattre, des moyens qu'on ignorait autrefois : c'est la lance d'Achille qui guérit les blessures qu'elle fait.» [1] Ce texte programmatique du mouvement des philanthropes hygiénistes explicite parfaitement le sens dans lequel ils entendent leur action. Celui d'une fonction d'inspirateur des interventions étatiques là et seulement là où la libéralisation de la société économique risque de s'inverser en son contraire. L'ensemble des mesures relatives à l'hygiène publique et privée, à l'éducation et à la protection des individus, prendront effet d'abord au niveau des problèmes que peut poser à l'économie la gestion élargie de la population qu'elle occupe ; problèmes de conservation mais aussi d'intégration, et, à partir de là, elles rayonneront, faisant de la

---

1. *Annales d'hygiène publique et de médecine légale*, préambule au tome I, 1827.

sphère industrielle le point d'application et le support d'une civilisation des mœurs, d'une intégration des citoyens. C'est dans cet esprit de préservation de la société libérale par l'adaptation positive des individus à son régime et seulement à ce titre que les hygiénistes inciteront l'État à intervenir par la norme dans la sphère du droit privé.

Voilà donc trouvé le thème à l'intérieur duquel faire passer la nécessaire montée des équipements collectifs sans qu'ils entament la définition libérale de l'État. Reste à voir pourquoi ça a marché. Par l'effet d'une imposition brutale ? Certainement pas. On peut déjà remarquer que ces deux axes de la stratégie philanthropique substituent des formes de pouvoir positif à l'ancienne manière du pouvoir de souveraineté : le conseil efficace plutôt que la charité humiliante, la norme préservatrice plutôt que la répression destructrice. Mais il y a plus. Car, s'ils ne sont pas administrés arbitrairement par un pouvoir capricieux maniant alternativement l'aumône et le fouet, c'est que ces nouveaux dispositifs contiennent une monnaie d'échange, qu'ils constituent le terme d'une alternative quotidienne dont l'autre est une situation pire. Si le discours sur la moralité de l'épargne a pu fonctionner, ce n'est pas principalement (même si ç'a été le cas dans certaines entreprises paternalistes) parce qu'on a obligé les ouvriers à déposer une part de leurs maigres ressources dans les caisses d'épargne, mais parce qu'elles leur permettaient par cette épargne d'obtenir une *autonomie de la famille* plus grande à l'égard des blocs de dépendance ou des réseaux de solidarité qui subsistaient tant bien que mal. Si les *normes hygiénistes* relatives à l'élevage, au travail et à l'éducation des enfants ont pu prendre effet, c'est qu'elles offraient à ceux-ci et, corrélativement, aux femmes, la possibilité d'une autonomie accrue à l'intérieur de la famille contre l'*autorité patriarcale*.

Autrement dit, la force de cette stratégie philanthropique est de renvoyer sur la famille les deux lignes de décomposition qui en émanaient pour les coupler en une nouvelle synthèse propre à résoudre les problèmes de l'ordre politique. Dans un sens, la famille devient par l'épargne *point d'appui* pour faire refluer vers elle les individus que son débridement portait à interpeller l'État comme instance responsable politiquement de leur subsistance et de leur bien-être. Dans l'autre, elle devient *cible* par la prise en compte des plaintes qui émanaient des individus contre l'arbitraire familial, prise en compte qui permet d'en faire les agents reconducteurs des normes étatiques dans la sphère privée. De sorte que l'on pourra essayer de comprendre la libéralisation et la valorisation de la famille qui vont se développer à la fin du XIXe siècle, non pas comme le triomphe de la modernité, la mutation profonde des sensibilités, mais comme le résultat stratégique du couplage de ces deux tactiques philanthropiques.

TABLE DES MATIÈRES

CRITIQUES DE LA FAMILLE
ET CRITIQUES DU POUVOIR

**DÉCOUVRIR LES COLLECTIONS THÉMATIQUES
DE LA LIBRAIRIE VRIN**

LA COLLECTION TEXTES CLÉS

Chaque volume de la collection Textes Clés propose, dans un domaine majeur de la réflexion, un recueil de textes jusque là disséminés ou peu accessibles à un large public. Par ces textes, d'une certaine longueur, de langue française ou traduits, et s'inscrivant pour la plupart dans des débats philosophiques contemporains, on s'efforce de tracer pour le lecteur une perspective actuelle et cohérente sur le sujet choisi. Chaque recueil contient une présentation générale qui explicite la thématique retenue et justifie le choix des textes ; lesquels sont eux-mêmes précédés d'une introduction particulière qui en facilite la lecture. L'orientation générale du volume est suggérée par deux ou trois notions données en sous-titre.

LES TITRES DE LA COLLECTION
TEXTES CLÉS

346

Métaphysique contemporaine. Propriétés, mondes possibles et personnes
Textes réunis par E. GARCIA et F. NEF, 384 pages, 2007

Philosophie animale. Différence, responsabilité et communauté
Textes réunis par H.-S. AFEISSA et J.-B. JEANGÈNE-VILMER, 384 pages, 2010

Philosophie de l'action. Action, raison et délibération
Textes réunis par B. GNASSOUNOU, 384 pages, 2007

Philosophie de l'esprit
Textes réunis par D. FISETTE et P. POIRIER
– vol. I : *Psychologie du sens commun et sciences de l'esprit*, 384 pages, 2002
– vol. II : *Problèmes et perspectives*, 384 pages, 2003

Philosophie de la connaissance. Croyance, connaissance, justification
Textes réunis par J. DUTANT et P. ENGEL, 448 pages, 2005

Philosophie de la logique. Conséquence, preuve et vérité
Textes réunis par D. BONNAY et M. COZIC, 448 pages, 2009

Philosophie de la médecine
Textes réunis par M. GAILLE
– vol. I : *Frontière, savoir, clinique*, 480 pages, 2011
Textes réunis par É. GIROUX et M. LEMOINE
– vol. II : *Santé, maladie, pathologie*, 420 pages, 2012

Philosophie de la musique. Imitation, sens, forme
Textes réunis par R. MULLER et F. FABRE, 316 pages, 2012

Philosophie de la religion. Approches contemporaines
Textes réunis par C. MICHON et R. POUIVET, 384 pages, 2010

Philosophie des sciences
Textes réunis par S. LAUGIER et P. WAGNER
– vol. I : *Théories, expériences et méthodes*, 370 pages, 2004
– vol. II : *Naturalismes et réalismes*, 424 pages, 2004

Philosophie du corps. Expériences, interactions et écologie corporelle
Textes réunis par B. ANDRIEU, 384 pages, 2010

Philosophie du langage
Textes réunis par B. AMBROISE et S. LAUGIER
– vol. I : *Signification, vérité et réalité*, 384 pages, 2009
– vol. II : *Sens, usage et contexte*, 384 pages, 2011

Philosophie du théâtre
Textes réunis par M. HAUMESSER, C. COMBES-LAFITTE et N. PUYUELO, 352 pages, 2008

Philosophie japonaise
Textes réunis par M. DALISSIER, S. NAGAI et Y. SUGIMURA, 480 pages, 2013

Psychologie morale. Autonomie, rationalité pratique et responsabilité
Textes réunis par M. JOUAN, 384 pages, 2008

LA COLLECTION THÉMA

Dirigée par Jean-Christophe Goddard

Chaque volume de la collection Thema propose une approche pluraliste d'une notion susceptible d'être mise au programme des enseignements de philosophie générale.

Il consiste dans un ensemble limité de contributions vouées chacune à l'analyse et à l'interprétation d'un moment significatif de l'histoire philosophique.

Afin d'éviter la dispersion des connaissances et d'ouvrir un accès aux doctrines mêmes, aux questions originales qu'elles soulèvent et aux profondes transformations qu'elles font subir à la notion, chaque volume consacre à ces moments forts de larges exposés rédigés par des historiens de la philosophie.

LES TITRES DE LA COLLECTION THÉMA

Le langage
Sous la direction de G. KÉVORKIAN, 218 pages, 2013

Le principe
Sous la direction de B. MABILLE, 240 pages, 2006

La pulsion
Sous la direction de J.-C. GODDARD, 240 pages, 2006

Le temps
Sous la direction d'A. SCHNELL, 240 pages, 2007

LA COLLECTION « QU'EST-CE QUE ? » CHEMINS PHILOSOPHIQUES

Dirigée par Roger Pouivet,
assisté de Christian Berner, Stéphane Chauvier, Paul Clavier et
Paul Mathias

La collection des *Qu'est-ce que ? – «Chemins Philosophiques»* a pour objet de favoriser la compréhension de notions et d'étayer la réflexion philosophique.

Chaque ouvrage offre un traitement cohérent et complet de la problématique par le biais de deux approches complémentaires de la notion concernée : un exposé de l'enjeu philosophique et des principales articulations théoriques de la notion, suivi d'une présentation de textes accompagnés d'un commentaire.

Ces deux parties permettent ainsi au lecteur de saisir la complémentarité de la pensée contemporaine et de la tradition philosophique.

LES TITRES DE LA COLLECTION
« QU'EST-CE QUE ? »

Qu'est-ce qu'une décision politique ? par B. BERNARDI
Avec un texte de C. Schmitt, 2003

Qu'est-ce qu'une conception du monde ? par C. BERNER
Avec des textes de W. Dilthey et J.-M. Ferry, 2006

Qu'est-ce que l'interprétation juridique ? par P. BOUCHER
Avec des textes de P. A. Gammarus et F. Gény, 2013

Qu'est-ce que le mal ? par H. BOUCHILLOUX
Avec des textes de saint Paul et G. W. F. Hegel, 2005

Qu'est-ce que l'humanisme ? par C. BOURIAU
Avec des textes de Pic de la Mirandole et
N. Malebranche, 2007

Qu'est-ce que l'imagination ? par C. BOURIAU
Avec des textes de Pic de la Mirandole et E. Cassirer,
2003

Qu'est-ce qu'une civilisation ? par A. CAMBIER
Avec des textes de G. Simmel et M. Freitag, 2012

Qu'est-ce que l'État ? par A. CAMBIER
Avec des textes de Montesquieu et C. Lefort, 2004

Qu'est-ce qu'une ville ? par A. CAMBIER
Avec des textes de W. Benjamin et Platon, 2005

Qu'est-ce que la nation ? par P. CANIVEZ
Avec des textes de J. G. Fochte et E. Renan, 2004

Qu'est-ce que mentir ? par P. CAPET
Avec des textes de Saint-Augustin et B. Williams,
2012

Qu'est-ce qu'un jeu ? par S. CHAUVIER
Avec des textes d'Épictète et Pascal, 2007

Qu'est-ce qu'une personne ? par S. CHAUVIER
Avec des textes de J. Locke et H. Sidgwick, 2003

354

Qu'est-ce que la connaissance ? par J. DUTANT
Avec des textes de B. Russell et P. Unger, 2010

Qu'est-ce qu'une œuvre architecturale ? par H. GAFF
Avec des textes de L. I. Kahn et N. Leach, 2007

Qu'est-ce qu'une religion ? par P. GISEL
Avec des textes de G. Simmel et Thomas d'Aquin,
2007

Qu'est-ce que l'animalité ? par J.-Y. GOFFI
Avec des textes de J. S. Mill et D. Davidson, 2004

Qu'est-ce que le principe de précaution ? par D. GRISON
Avec des textes d'Aristote et H. Jonas, 2012

Qu'est-ce que la bioéthique ? par G. HOTTOIS
Avec un texte de H. T. Engelhardt Jr., 2004

Qu'est-ce que la curiosité ? par A. IBRAHIM
Avec des textes de Saint-Augustin et D. Hume, 2012

Qu'est-ce que la laïcité ? par C. KINTZLER
Avec des textes de N. Condorcet et J. Locke, 2007

Qu'est-ce que l'analyse ? par S. LAPOINTE
Avec des textes de E. Kant et B. Bolzano, 2008

Qu'est-ce qu'un nombre ? par M. LE DU
Avec des textes de G. Frege et E. Cassirer, 2004

Qu'est-ce qu'une action ? par P. LIVET
Avec des textes d'Aristote et D. Davidson, 2005

Qu'est-ce que le cosmopolitisme ? par L. LOURME
Avec des textes de M. Nussbaum et E. Kant, 2012

Qu'est-ce que la politesse ? par M. MALHERBE
Avec des textes de l'Encyclopédie et A. Shaftesbury,
2008

356

ACHEVÉ D'IMPRIMER
EN OCTOBRE 2013
PAR L'IMPRIMERIE
DE LA MANUTENTION
A MAYENNE
FRANCE
N° 2123253P

Dépôt légal : 4ᵉ trimestre 2013